中南民族大学民族学一流学科建设经费资助

土家族丧葬仪式的
人类学研究

胡　觅　著

中国社会科学出版社

图书在版编目（CIP）数据

土家族丧葬仪式的人类学研究 / 胡觅著 . -- 北京：中国社会科学出版社，2023.5

ISBN 978-7-5227-1305-2

Ⅰ.①土…　Ⅱ.①胡…　Ⅲ.①土家族—葬俗—文化人类学—研究　Ⅳ.① K892.22

中国国家版本馆 CIP 数据核字（2023）第 067959 号

出 版 人	赵剑英
责任编辑	王莎莎
责任校对	张爱华
责任印制	张雪娇

出　　版	中国社会科学出版社
社　　址	北京鼓楼西大街甲 158 号
邮　　编	100720
网　　址	http://www.csspw.cn
发 行 部	010 - 84083685
门 市 部	010 - 84029450
经　　销	新华书店及其他书店

印刷装订	北京市十月印刷有限公司
版　　次	2023 年 5 月第 1 版
印　　次	2023 年 5 月第 1 次印刷

开　　本	710×1000　1/6
印　　张	13.75
插　　页	2
字　　数	217 千字
定　　价	88.00 元

凡购买中国社会科学出版社图书，如有质量问题请与本社营销中心联系调换
电话：010 - 84083683

引　言

　　本书试图回答这样的问题：在中国的乡村社会中，类似于撒叶儿嗬这样的纪念仪式如何传承社会记忆。这里首先涉及两个话题，第一个涉及社会记忆的表现形式及其本质；第二个涉及以撒叶儿嗬为个案的操演仪式如何拥有和延续集体属性。

　　记忆并不是一个新话题。在过去的一个多世纪，人类在记忆研究的领域内表现出极大热情，经过各方专家努力的记忆研究跳出了心理学框架，引领个人记忆研究成为社会记忆研究。在先驱者莫里斯·哈布瓦赫（Maurice Halbwachs）开创的传统中，社会记忆研究是抚今追昔的集体记忆研究，过去的意象服务于当下的需求。时间流逝，万象更新，但是现在的人可以设法保存过去的记忆，服务现代，服务未来。学界围绕社会记忆、围绕过去与现在的关系展开热烈讨论。当然，社会记忆在突出集体属性的同时，不能忽略个体记忆的作用。因此，社会记忆的研究要关注个人与群体之间的关联性。后来的学者认为哈布瓦赫没有能够理清个人与群体之间的关系，所以他们孜孜以求，努力探索，加以澄清。

　　本书根据保罗·康纳顿（Paul Connerton）的身体操演理论，认为除了个人－集体理论流派的二分，还可以存在心理－操演的理论流派二分。无论是集体欢腾还是个人记忆，它们主要停留在心理层面，而康纳顿的身体记忆理论可以突破心理局限，让社会记忆具有肉身性，让它拥有物质表达，纠正当前社会记忆研究中有关身体操演研究的不足。本书因此认为，操演性的纪念仪式是社会记忆得以表达和传承的有效方式，可以很好地解释撒叶儿嗬仪式的活态传承。于是，要通过撒叶儿嗬民族志个案回答"社会记忆如何延续至今"的问题，就需要关注两个要点：第一，在乡村社会中长时段流传的纪念仪式，已经成为保留和重现过去的载体，是抚今追昔的桥梁；第二，纪念仪式是集体活动，它兼有个体特征和集体属性，型塑了个人与群体之间的关系。即便在心理失忆发生之后，乡村社会中长时段传承的纪念仪式也能够刻写在身体之上，变成"无言"的操演记忆，成为"抚今追昔"的通道。

记忆固然属于个体官能，但个体是集体的"产物"，个体官能最终是"集体官能"。父母生身，个体从一开始就是"集体的"；个人是宇宙中的一个"颗粒"，在万象共生中存在。[①]因此，个体受到集体的限定，乃至万象的制约，个体的记忆终归要汇入集体的记忆，成为集体记忆的一部分。当群属个体站在现在的位置去追溯那些曾经的过往，除了他们意识中对过去的一丝丝遗存，仅仅依靠自己很难完全回忆过去。[②]人们注定要借助外在的方式回忆过去，以周期性的群体聚会重现故我。在群体的生产生活中，存在着一种周期性的聚会，它以仪式的方式呈现——仪式是群内人员表达社会情感的方式，是他们探索过去与现在之间的关系的重要途径，也是建构社会记忆[③]和强化社会记忆[④]的重要方式。由此可见，仪式本质是记忆的重要形式。

涂尔干（Émile Durkheim）将仪式带来的集体欢腾作为社会团结的来源，也作为集体记忆产生、保持和更新的重要机制。哈布瓦赫继承涂尔干的理论，发展出"集体记忆"的概念，认为集体记忆的本质是抚今追昔的重构[⑤]，社会机制帮助我们存贮和理解过去，他是第一个强调这一点的社会学家。哈布瓦赫试图在个人主义和集体主义之间寻找平衡，将个人记忆力置于社会框架之中。虽然个人能够产生记忆，但是只有在社会的范围内，他们的个人记

---

① 纳日碧力戈：《万象共生中的族群与民族》，中国社会科学出版社 2015 年版。

② [意]吉奥乔·阿甘本：《宁芙》，蓝江译，重庆大学出版社 2016 年版。

③ 刘亚秋：《"青春无悔"：一个社会记忆的建构过程》，《社会学研究》2003 年第 2 期；杨晓明：《知青后代记忆中的"上山下乡"——代际互动过程中的传递与建构》，《青年研究》2008 年第 11 期。

④ 陈宁：《社会记忆：话语和权力》，《社会学家茶座》2007 年第 1 期；陈蕴茜：《国家典礼、民间仪式与社会记忆——全国奉安纪念与孙中山符号的建构》，《南京社会科学》2009 年第 8 期；戴建国：《水书与水族社会记忆》，《前沿》2011 年第 3 期。

⑤ [法]莫里斯·哈布瓦赫：《论集体记忆》，毕然、郭金华译，上海人民出版社 2002 年版，第 59 页。

忆才具有意义。① 但是人们如何理解和再现过去呢？他认为，同代人一道参加纪念集会，就能重演和回顾本群体的思想传统，循环往复，不忘故我。②

康纳顿认为，仅仅提出过去与现在的关联还不够，还需要提出具体操作的方式。他指出，正是仪式性操演为人们提供了源源不断可供回忆的知识和意象。③ 仪式性操演可以很好地解释撒叶儿嗬仪式为何流传至今，它属于仪式记忆，通过年复一年的操演，不断激活身体记忆，成为久存民间的活态传承形式。

需要注意的是，学者对仪式的本质有不同认知。秉持功能论观点的学者认为仪式的本质是行动、是实践；秉持知性论观点的学者认为仪式的本质是文化叙事。布洛克（Maurice Bloch）认为仪式不完全属于行动，也不完全属于叙事，需要将二者中和起来。④ 在大多数情况下，仪式是行动与叙事之间的桥梁，它一方面联结行动与信仰；另一方面涉及集体表征和集体信仰，这些都是社会记忆的重要内容。这说明，社会记忆是仪式的重要内容，仪式本质上是社会记忆的重要形式。如康纳顿所言，从纪念仪式可以找到社会记忆。⑤ 同理，单凭文本去寻找社会记忆是不够的，还需要从撒叶儿嗬这样的纪念仪式中临场发现。

撒叶儿嗬，俗称"跳丧"，是流传于清江⑥ 流域土家地区融"歌舞鼓"为一体的传统表演艺术，距今已有几千年的历史。这种纪念仪式是表达土家人社会记忆的重要途径，同时也是该地区个人参与集体活动并成为群体一员的重要方式，个人与群体之间的关系通过这种民间仪式得到确定。在清江流域，人们集体参加撒叶儿嗬，纪念亡人，送别亡者，"丧事当作喜事

---

① [法]莫里斯·哈布瓦赫：《论集体记忆》，毕然、郭金华译，上海人民出版社2002年版，第68—69页。

② [法]莫里斯·哈布瓦赫：《论集体记忆》，毕然、郭金华译，上海人民出版社2002年版，第43页。

③ [美]保罗·康纳顿：《社会如何记忆》，纳日碧力戈译，上海人民出版社2000年版，第4页。

④ Maurice Bloch, *From Blessing to Violence:History and Ideology in the Circumcision Ritual of the Merina of Madagascar*, Cambridge: Cambridge University Press, 1986, p.195.

⑤ [美]保罗·康纳顿：《社会如何记忆》，纳日碧力戈译，上海人民出版社2000年版，第5页。

⑥ 长江一级支流，古称夷水，因"水色清明十丈，人见其清澄"而得名。清江发源于湖北省恩施州利川市之齐岳山，流经利川、恩施、宣恩、建始、巴东、长阳、宜都七个县市，在宜都陆城汇入长江。

办"，撒叶儿嗬使本地人的丧葬活动有别于周边其他丧葬活动。撒叶儿嗬仪式传男不传女，在缺乏文字记载的数千年中，通过人们集体参与丧葬活动、通过集体操演，而被活态传承下来。该仪式中的很多禁忌内容实质上是与巴人后裔的信仰习俗相关。新中国成立以后，受到政治环境的影响，撒叶儿嗬在某种程度上濒临消失，但是仍有一些县镇的撒叶儿嗬顽强地保存下来，其中恩施州巴东县、宜昌市的长阳县和五峰县保持得比较完整。这三个地区的撒叶儿嗬在基本的歌舞套路上有相似之处，但在舞姿及套路的某些方面有一些差别。长阳县的撒叶儿嗬于 2006 年加入第一批国家级非物质文化遗产名录，获得官方认可，该县资丘镇的撒叶儿嗬又最具代表性。资丘撒叶儿嗬的历史发展与清江流域其他地区类似，但它在复兴过程中又拥有"独特"的资源。

本书立足于长阳县资丘镇民族志个案，追踪撒叶儿嗬产生、发展和变迁的脉络，描述资丘撒叶儿嗬的起源、歌舞鼓的表现方式和传承方式，描述参演者、参演时间和地点，描述撒叶儿嗬的现状与发展，深入其社会背景，分析当地的历史文化信仰，分析相关的中国传统社会思潮，讨论在这种特定社会框架①下社会记忆的形塑过程。从民族志观察中，本书提出三个问题：撒叶儿嗬如何在土家人的社会记忆中呈现？男性歌舞者的身体实践对相关社会记忆有何作用？撒叶儿嗬仪式传达的社会记忆为何不连贯？本书对第二个问题最感兴趣，它与操演的仪式记忆关系密切，而且与其他两个问题也密切相关。

在以康纳顿为代表的身体社会记忆的研究中，他对社会记忆是如何传播和保持的问题作了解答：他区分了个体层次与集体层次不同的记忆方式，将社会记忆定位于纪念仪式和身体实践的研究之中。他的研究弥补了西方

---

① 哈布瓦赫把记忆的社会框架界定为一套社会共同的规则、组织结构、祖先的传统、思考模式甚至社会思想等一系列的综合体。社会框架是一个看起来简单但又内容复杂的事物。这种记忆的社会框架的作用是什么？除了能够更好地依据事实对记忆加以分类，确定不同记忆之间彼此的关系，避免成为个体记忆的结果、总和或组合的综合体，它就是一些工具。集体记忆可以用于重建关于过去的意象，在每个时代，这个意象都是与社会的主导思想相一致的。个体通过把自己置于群体的位置来进行回忆，群体的记忆也通过个体的记忆来实现，并且在个体记忆之中体现自身。参见莫里斯·哈布瓦赫《论集体记忆》，毕然、郭金华译，上海人民出版社 2002 年版，第 70—71、100—103 页。

记忆理论对身体实践的忽视，也成为国内记忆研究的范式之一。本书有选择地借用他的理论，希望在比较和反思中以民族志个案辨析他的研究。本书认为他的理论逻辑是没有问题的，但他在暗示社会记忆传承性的同时，却忽略了其可变可塑的特点，且他对记忆方式的不稳定性缺乏足够重视。

目录

第一章

撒叶儿嗬仪式：社会记忆研究的一个切入点

　　撒叶儿嗬，俗称"跳丧"，是流传于清江流域土家地区融"歌舞鼓"为一体的传统表演艺术，载歌载舞，鼓韵传神，承载了数千年历史积淀。每当有老人去世，"人死众家丧，一打丧鼓二帮忙"，亲朋乡邻纷纷前来，以一场热闹的撒叶儿嗬追忆亡人生平、陪伴亡人并为亡人送行。在不断重复的仪式活动中，祖先的日常生活、情感和实践被延续至今，构成了人们的社会记忆：通过口传身授的具体方式，有关过去的内容和意象成为他们抚今追昔的桥梁。于是，社会记忆如何延续至今的问题，成为贯穿在撒叶儿嗬仪式行为中的一个核心议题。

　　社会记忆指向过去，既涉及物质，也涉及情感和心智。社会学、人类学的社会记忆理论受益于西方的心理学和历史学，经历了两次"高潮"，形成诸多理论流派。围绕着社会记忆如何延续的话题，已有的理论可以被划分为三大类：第一类是从哈布瓦赫的"沟通记忆"向阿斯曼"文化记忆"的转变，研究者将作为记忆主体的个人与集体联系起来，并赋予其文化的意义；第二类是以康纳顿为代表的身体社会记忆的研究，他将社会记忆定位于群体层次的纪念仪式与个体层次的身体实践之中，这成为他的突出贡献；第三类是致力于在综合意义上关注记忆媒介的研究，他们在空间的维度中讨论社会记忆的维持和储存。基于现有的理论，本书聚焦于撒叶儿嗬仪式所呈现的操演性社会记忆，有选择性地利用人类学家康纳顿的社会记忆研究范式，兼及其他相关记忆理论，同时借鉴国内社会记忆理论研究的成果，通过民族志个案研究，反思社会记忆理论。

第一节　社会记忆：从个体到群体的嬗变

记忆是个体的官能，个体是记忆活动的主体，但个体始终受到集体的限定，个体记忆离不开群体环境，最终属于集体记忆。哈布瓦赫指出，在一个社会中有多少群体和机构，就有多少集体记忆。[①] 记忆被视为社会文化活动，把个人记忆引向社会记忆，这为传统的人类学和社会学开辟了新的研究路径，超越了心理学记忆研究的局限性。

社会记忆的研究始于欧洲，最初由三个不同的来源组成：第一个来源出自法国社会人类学家哈布瓦赫，他的集体记忆理论深刻影响了社会记忆研究，成为它的主要来源；第二个来源出自英国心理学家弗雷德里克·巴特雷特（Frederick C.Bartlett），他最先从社会视角研究记忆，注重影响记忆的社会条件，在"自由记忆"与记忆的具体环境之间做比较分析；第三个来源出自德国学者阿比·瓦尔堡（Aby Warburg），他用社会记忆分析具有历史积淀的艺术品 [②]，认为每个时代都会根据需要重温传统的某一方面，以建构特定的象征意义系统，这些象征组合在一起就是记忆，称为"古代遗留的残迹"。

在哈布瓦赫之前，集体记忆的研究是缺席的。直到 19 世纪末、20 世纪初，独特的社会视角才让记忆研究大放光彩。[③] 社会记忆研究从人类学、心理学、史学扩展到其他学科。20 世纪 20 年代，以哈布瓦赫为主要推手，社会记忆研究出现第一个"高潮"。此后，直到 20 世纪 70 年代后期，受到民族主义思潮的影响和政治变迁环境的影响，西方社会再次迸发了对记忆研究超乎寻常的热情，它一直持续到 20 世纪末才逐渐冷却下来 [④]，这个时期

---

① ［法］莫里斯·哈布瓦赫：《论集体记忆》，毕然、郭金华译，上海人民出版社 2002 年版，第 40 页。

② 转引自张俊华《社会记忆研究的发展趋势之探讨》，《北京大学学报》（哲学社会科学版）2014 年第 5 期。

③ Nicolas Russell, "Collective Memory Before and After Halbwachs", *The French Review*, Vol.79, No.4, 2006.

④ 钱力成、张翮翾：《社会记忆研究：西方脉络、中国图景与方法实践》，《社会学研究》2015 年第 6 期。

的记忆研究成为一个新的"记忆潮"。我国的社会记忆研究起步较晚，直到2000年之后才开始出现，以介绍西方社会记忆的理论为主，主要关注社会记忆理论在本土的适用性，涉及了记忆与历史事件、记忆与认同、记忆与族群等主题[①]，随着理念导向更趋成熟，国内社会记忆研究在理论和经验层面取得了更大的进展。

一 社会记忆的概念

自希腊以降，记忆就是社会思考者的一项主要工作。但直到19世纪末、20世纪初，记忆研究才散发出新的活力与生机。在厘清社会记忆发展的脉络之前，有必要认真梳理一些近义词，它们代表了社会记忆理论发生与发展的不同阶段和不同取向。

在哈布瓦赫的著作之前，集体记忆的概念是缺席的，但是我们可以发现20世纪之前的法语文本中存在和群体有关的记忆（memories attributed to groups），涉及不依赖个人而代代相传的记忆。奥夫曼（Hugo von Hofmannsthal）于1902年首先明确使用了集体记忆（collective memory）一词，指的是"抑制我们内部神秘祖先的力量，并将积累的集体记忆堆积成层"[②]。

涂尔干和哈布瓦赫分别在《宗教生活的基本形式》与《社会记忆的框架》中提出的相关观点，成为集体记忆研究的重要来源。"集体欢腾"（collective effervescence）仪式在给参加者带来愉悦的同时，也建构了集体身份，更是产生、维续和不断更新集体记忆的重要途径。哈布瓦赫指出，所有记忆都依赖家庭、社会阶级及宗教团体等群体的助力。历史学家马克·布洛赫（Marc Bloch）从1925年开始，也在有关封建社会的著作中采用了集体记忆一词，"在时间中研究人类的历史"[③]。本雅明（Walter Benjamin）没有直接使用社会记忆或集体记忆一词，他用马克思主义分析社会构成和资本主义社会的艺术品，表达对传统的留恋。他认为，一件艺术品在某地

---

① 郑广怀：《社会记忆理论和研究述评——自哈布瓦奇以来》，http://www.sociologyol.org/yanjiu-bankuai/fenleisuoyin/shehuixuelilun/2007-04-23/1539.html。

② T. Schieder, "The Role of Historical Consciousness in Political Action", *History and Theory*, Vol.17, No.4, 1978.

③ Marc Bloch, *Feudal Society*, trans., L.A.Manyon, Chicago: University of Chicago Press, 1974.

某时诞生，就此构成了历史的一部分，这也是艺术品区别于其复制品的最本质特征。本雅明认为，复制品取代原作的时代，就是传统崩溃的时代。当然，传统本身富有生气，具有极大的可变性。[①] 德国的古埃及学家扬·阿斯曼（Jan Assmann）创造了社会记忆研究的一套体系，他使用了"文化记忆"（cultural memory）一词。阿斯曼在沟通记忆和文化记忆之间作了区分，认为前者是哈布瓦赫的兴趣所在，重点关注记忆如何在群体内部以及日常生活中传播；而后者则更能激发他的研究兴趣，因为它能够重新建构过去。在他们之后也有一些学者在研究中使用公共记忆或者大众记忆等术语，抑或使用涵盖面较广的社会之记忆（societal memory）一词，旨在区分强调社会互动的社会记忆。[②]

那么，社会记忆的定义是什么？康纳顿、奥力克（Jeffrey Olick）等人非常重视从实践的观点定义社会记忆。康纳顿认为研究社会记忆的重点在于探讨它的传授行为，所以他提请大家注意社会记忆研究中两个十分重要的领域——纪念仪式和身体实践，而身体操演又是其中最核心的议题。[③] 奥力克等人的研究聚焦于社会记忆如何塑造我们的过去，涉及的范围包括意识与无意识、公共与私下、物质与沟通等等。他们认为社会网不同，记忆实践（mnemonic practices）也会不同，社会记忆不是一件孤立的事项。[④] 哈拉尔德·韦尔策（Harald Welzer）与王明珂都强调社会记忆中的媒介。韦尔策把社会记忆定义和群体的综合经验相联系，他遵循彼得·伯格（Peter Berger）的观点，认为社会记忆需要借助口头方式、文献方式、拍摄方式以及纪念仪式等方式来实现。[⑤] 王明珂则认为，在一个社会中，依靠各种中介来保存和维持的就是社会记忆。[⑥]

---

① Walter Benjamin, *The Work of Art in the Age of Mechanical Reproduction*, New York: Schocken/ Random House, 1936.

② 张俊华：《社会记忆研究的发展趋势之探讨》，《北京大学学报》（哲学社会科学版）2014 年第 5 期。

③ [美] 保罗·康纳顿：《社会如何记忆》，纳日碧力戈译，上海人民出版社 2000 年版，第 40 页。

④ Jeffrey Olick and Joyce Robbins, "Social Memory Studies: From Collective Memory to the Historical Sociology of Mnemonic Practices", *Annual Review of Sociology*, Vol.24, No.1, 1998.

⑤ [德] 哈拉尔德·韦尔策：《社会记忆：历史、回忆、传承》，季斌译，北京大学出版社 2007 年版。

⑥ 王明珂：《华夏边缘——历史记忆与族群认同》，社会科学文献出版社 2006 年版。

应该承认，社会记忆研究一直存在争论，定义的不同反映了研究侧重点和个体偏好的差异，概念界定的混乱不可避免。维维安（Bradford Vivian）直接将公共记忆等同于政治记忆，将族群的公共记忆与社会政治状况关联起来。[①] 相反，哈布瓦赫则将集体记忆的概念与历史、历史记忆和自传记忆区别开来，他认为集体记忆是积极有效的，可形成我们身份的过去。美国哲学教授凯赛（Edward Casey）也对社会记忆和集体记忆做出区分，并且与个人记忆和公众记忆相联系。[②] 在他看来，所有的纪念活动都需要集体参与，纪念活动涉及心智、身体和地点，这些都是完成记忆的重要组成部分。集体记忆不同于社会记忆，不同的载体之间不存在纽带联系——由于参与者纪念的是同一个人物或者事件，相同的记忆内容使参与者组成"集体"，因而集体记忆并无塑造记忆者身份的功能。[③] 凯赛认为个人、集体与社会记忆都能够生成公共记忆。[④]

总的来说，一些学者把集体记忆看作综合性的，另一些则不然。施瓦茨（Barry Schwartz）认为集体记忆不等于历史，不是历史的替代物。应该说，历史、仪式和纪念性符号体系塑造了集体记忆。[⑤] 奥力克等人认为集体记忆能鼓励人们意识到很多他们可对现实所做的事情。[⑥] 沃茨奇（James Wertsch）偏好回忆（remembering）一词，他认为研究回忆比研究记忆更重要。记忆是我们曾经拥有的，回忆是我们曾经做过的，回忆是一个动态过程。[⑦] 所以沃茨奇更感兴趣的集体记忆是集体回忆，它是行动者利用文化工具的一种中介行为（mediated action）。康纳顿、芬特雷斯（James

① Kendall Phillips, *Framing Public Memory*, Tuscaloosa,Alabama: University of Alabama Press, 2004, p.190.

② Edward Casey, *Remembering: A Phenomenological Study*, Bloomington:Indiana University Press, 1987.

③ 张俊华:《社会记忆研究的发展趋势之探讨》,《北京大学学报》（哲学社会科学版）2014 年第 5 期。

④ Kendall Phillips, *Framing Public Memory*, Tuscaloosa, Alabama: University of Alabama Press, 2004, p.20.

⑤ Barry Schwartz, "Social Change and Collective Memory: The Democratization of George Washington", *American Sociological Review*, Vol.56, No.2, 1991.

⑥ Jeffrey Olick and Joyce Robbins, "Social Memory Studies: From Collective Memory to the Historical Sociology of Mnemonic Practices", *Annual Review of Sociology*, Vol.24, No.1, 1998.

⑦ James Wertsch, *Voices of Collective Memory*, Cambridge: Cambridge University Press, 2004, p.17.

Fentress）与威科姆（Chris Wickham）等人倾向于使用社会记忆而非集体记忆。康纳顿探讨群体的记忆如何传播和保存，他将群体界定为小的面对面社会，如村寨和俱乐部，如广阔领土的社会，如民族国家和世界宗教。[1]芬特雷斯与威科姆担忧"集体意识的概念明显远离了个人的实际想法"，这存在"把个人看成机器人，被动服从内化的集体意志"的风险。[2]

一些学者批评集体记忆或社会记忆内容过于宽泛，他们倾向于使用更具体、更单一的命名，如公共记忆、大众记忆、文化记忆、官方记忆、本国记忆、地方记忆及家庭记忆等。举例来说，"香港记忆"就是为呼应联合国科教文组织的"世界记忆"而建立起来的多媒体数码平台，旨在唤起和分享香港市民的集体记忆，增强香港人的本地归属感。[3]泽利泽（Barbie Zelizer）使用视觉记忆（visual memory）的概念，认为它能提升过去为当代服务的能力。[4]菲利普斯（Kendall Phillips）指出20世纪八九十年代社会公共记忆的兴起是由美国大众对"官方历史"累积的不信任所引发。[5]同时，具体化命名潮流中强调文化或政治文化及其饱含情感的特征。文化记忆是"在正式的历史话语之外被分享、卷入文化产品并灌输了文化意义的记忆"，阿斯曼区分的文化记忆，是对过去意义的传播，即明确的历史参照与意识。[6]而奥力克等人把过去的意象也作为政治文化档案的一部分。[7]在更细致的讨论中，社会记忆拥有社会再生产的情感力量。[8]雅各布森指出，语言作为记忆过程的媒介，具有情感性/表达性的功能。[9]也有人认为集体

① Paul Connerton, *How Societies Remember*, New York: Cambridge University Press, 1989, p.1.

② James Fentress and Chris Wickham, *Social Memory*, Oxford, UK: Blackwell, 1992.

③ 参见"香港记忆"，http://www.hkmemory.hk/。

④ Kendall Phillips, *Framing Public Memory*, Tuscaloosa, Alabama: University of Alabama Press, 2004, p.161.

⑤ Kendall Phillips, *Framing Public Memory*, Tuscaloosa, Alabama: University of Alabama Press, 2004, p.2.

⑥ Jeffrey Olick and Joyce Robbins, "Social Memory Studies: From Collective Memory to the Historical Sociology of Mnemonic Practices", *Annual Review of Sociology*, Vol.24, No.1, 1998.

⑦ Jeffrey Olick and Daniel Levy, "Collective Memory and Cultural Constraint:Holocaust Myth and Rationality in German Politics", *American Sociological Review*, Vol.62, No.6, 1997.

⑧ 郭景萍：《社会记忆——一种社会再生产的情感能量》，《学习与实践》2006年第6期。

⑨ Roman Jacobson, "Lingusitics and Poetics", in Thomas Sebeok, ed., *Style in language*, Cambridge, Mass: MIT Press, 1960, p.4.

记忆的概念不能为神话、传统及历史意识等简单明了的词汇增光添彩。格德（Noa Gedi）与艾兰（Yigal Elam）则认为，"对集体记忆一词的滥用是一种入侵行为，掩盖了词汇之间良好的差异"[①]。

本书认为，社会记忆具有坚实的文化基础，本质上是综合性的，属于互动实践活动的浓缩，针对的是"过去"所发生的事件，既涉及物质，也涉及情感和心智。以此为基础，本书将通篇使用"社会记忆"一词。

二 社会记忆研究的主要对象

社会记忆概念的流变过程，被置于一般性社会理论的发展过程中，它是不同观点论争的体现，其丰富性和复杂性突出了本领域的非聚合、跨学科和无中心性。[②]尽管如此，社会记忆研究者们围绕着一些问题取向——过去和现在的关系、社会记忆如何延续、社会记忆如何再现等[③]，形成了各自不同的看法。这些问题取向成为社会记忆研究的主轴线，也是将松散的理论观点"紧密连接"在一起的重要研究对象。

西方的社会记忆研究有"二元性"的传统。哈布瓦赫继承了其师涂尔干的观点，后者区分了神圣生活与世俗生活的概念，并通过集体仪式来阐明行为与信仰系统的关系。以此为基础，哈布瓦赫及其以后的学者，围绕着社会记忆理论研究的核心问题，即过去与现在的关系，形成了"现在中心观"或"过去中心观"的二元论辩。随着社会记忆研究的推进，二元性的传统受到了质疑和挑战。

（一）过去与现在的关系

人们对过去与现在之间关系的讨论，也会涉及社会记忆的再现和延续等问题，毕竟过去与现在的关系不是两个概念的关联问题，它需要被置于动态的过程中进行考察。根据"二元性"传统的划分，过去与现在的关系被总结成三类不同的立场：现在中心观、过去中心观和综合观。

---

① Jeffrey Olick and Joyce Robbins, "Social Memory Studies: From Collective Memory to the Historical Sociology of Mnemonic Practices", *Annual Review of Sociology*, Vol.24, No.1, 1998.

② Jeffrey Olick and Joyce Robbins, "Social Memory Studies: From Collective Memory to the Historical Sociology of Mnemonic Practices", *Annual Review of Sociology*, Vol.24, No.1, 1998.

③ 李波、伍进：《聚居少数民族传统文化的社会记忆载体探析》，《贵州社会科学》2013 年第 8 期。

刘易斯·科瑟（Lewis Coser）在《论集体记忆》一书序言中，就提到了哈布瓦赫的观点可以归纳为"现在中心观"，它是指在过去与现在的关系问题上，过去的图像是服从于现在的各种关怀与需求的。哈布瓦赫受到了柏格森（Henri Bergson）和涂尔干的学术影响，又对布隆代尔（Charles Blondel）的研究方法感兴趣，他的集体记忆理论形成了"两面"：一是记忆是个体的官能，二是记忆必须是在社会框架之中。除了哈布瓦赫，米德（George Mead）、霍布斯鲍姆（Eric Hobsbawm）及兰格（Terence Ranger）的观点也是"现在中心观"的。米德在《过去的本质》与《现在的哲学》中表明，他不是在褒扬现在，而是在强调现在所占的重要位置。米德的"现在中心观"有几个立论的观点：第一，过去是不可挽回的；第二，现在稍纵即逝；第三，现在包含了过去和未来。[1] 霍布斯鲍姆和兰格的观点可以看作米德观点的推进。他们一方面强调发明出来的传统是为新的需要而服务，另一方面又强调这与过去保持了一种连续性，而这正是米德所缺少的。[2] 除此之外，"现在中心观"的相关论述很容易与工具主义联系起来，比如伯格将过去视为根据现在的观点而进行的重构，反对过去是不变的观点。[3] 与传统的发明相反，史密斯（Anthony Smith）指出为了实现目标，民族主义者会重构过去。我们的神话、记忆、象征必须持续更新和再述，以确保我们的生存。[4]

"过去中心观"是相对于"现在中心观"的另一种主张。顾名思义，这种观点强调的是对过去的图像的关注，强调过去决定身份并限制现在的行为。[5] 希尔斯（Edward Shils）和涂尔干是其代表人物。希尔斯对传统十分着迷，从定义来看，传统的概念几乎等同于社会记忆的概念。或者说，社

① George Mead, "The Nature of the Past", in John Coss, ed., *Essays in Honor of John Dewey*, New York: Henry Holt, 1929; George Mead, *The Philosophy of the Present*, London: Open Court Publishing Company, 1959.

② Eric Hobsbawm and Terence Ranger, *The Invention of Tradition*, Cambridge: Cambridge University Press, 1983.

③ Peter Berger, *Invitation to Sociology: A Humanistic Approach*, New York: Doubleday, 1963.

④ Anthony Smith, *The Ethnic Origins of Nations*, Maiden: Blackwell, 1991.

⑤ Jeffrey Olick, Vered Vinitzky-Seroussi, Daniel Levy, eds., *The Collective Memory Reader*, Oxford: Oxford University Press, 2011, p.242.

会记忆在他那里就是传统。[①]他认为过去的一切内容，都通过行动或实践的方式继续在当代存活着。涂尔干对神圣生活与世俗生活的区分以及各种仪式的探索，在某种程度上也已表明他十分关注过去的作用。涂尔干对仪式功能的讨论，明显与社会记忆关联起来。仪式是道德和社会的，是从祖先那里传承下来的，它们具有群体整合的功能。通过积极或消极的仪式，有关过去的信念得以重现；仪式的周期性的举行，又强化了群体的团结和对传统的信仰，这些信仰继续传袭下去。[②]为了佐证过去的重要性，阿斯曼和舒德森（Michael Schudson）也提出了一些看法。阿斯曼将记忆研究的任务定为"记忆史"[③]，他认为现在被过去纠缠，过去被现在以各种方式重构，记忆史的研究将现在归因于过去的重要性。舒德森指出，现在形塑了我们对过去的理解，但这只是真相的一半。更重要的另一半是过去形塑现在，既使最有权的人、阶层和组织都不希望如此。[④]

在社会记忆研究的领域内，除了"过去中心观"和"现在中心观"以外，还出现了一种"第三条道路"。顾名思义，它是试图在过去与现在的"二元性"传统中找到一些综合的意义。比如舒瓦茨、奥力克和康纳顿都对社会记忆的传统研究方法表示怀疑。舒瓦茨复兴并拓展哈布瓦赫的观点，他试图克服"现在中心观"和"过去中心观"之间的二元对立，且怀疑现在中心观将集体记忆化约为政治事实。[⑤]奥力克对集体记忆研究的心理学、社会及文化模式采取多维度的考察，试图整合个人与集体层次的范式[⑥]，所以这是对哈布瓦赫的"集体与个人之间未解张力"的一种直接批评。康纳顿指出，以往对社会记忆的探讨忽视了身体的维度，所以他认为纪念仪式和身体实践都是再现社会记忆的重要方式。[⑦]另外一些学者则对社会记忆

①　Edward Shils, *Tradition*, Chicago: University of Chicago Press, 1981.
②　[法]爱弥儿·涂尔干：《宗教社会的基本形式》，渠东、汲喆译，上海人民出版社1999年版。
③　Jan Assmann, *Moses the Egyptian: The Memory of Egypt in Western Monotheism*, Cambridge: Harvard University Press, 1997.
④　Michael Schudson, "The Past in the Present Versus the Present in the Past", *Communication*, Vol.11, 1989.
⑤　Barry Schwartz, *Abraham Lincoln and the Forge of American Memory*, Chicago: University of Chicago Press, 2000.
⑥　Jeffrey Olick, "Collective Memory: The Two Cultures", *Sociological Theory*, Vol.17, No.3, 1999.
⑦　[美]保罗·康纳顿：《社会如何记忆》，纳日碧力戈译，上海人民出版社2000年版，第5页。

的功能和意义作了进一步的阐述，沃茨奇从记忆功能的"准确性标准"和"有用的过去"出发，指出前者不是唯一的评判标准，二者应该串联起来使用。[1] 布迪厄（Pierre Bourdieu）没有意识到他的观点不仅是身体社会学的，而且还贯通了社会记忆的研究，他将身体习性作为阶层分类的指标。[2]

（二）社会记忆的传播方式

记忆是意义的集合体而非真理的容器，很多学者强调记忆作为身份媒介的观点以及各种技术媒介在传播记忆中的作用。[3] 传播方式的研究很好地回应了"社会记忆是如何延续"的问题，勒鲁瓦－古尔汉（André Leroi-Gourhan）对记忆技术史的五步法解释影响了很多研究者。他认为，集体记忆的历史可分为五阶段：口头传播－使用表或索引的书写传播－索引卡－办公工作自动化－电子序列传播，最后一种传播是社会生存的必要。[4] 从以上划分可以看出，社会记忆的传播经历了从"口头—书写"传统向大众传媒发展的历史变革。

传统意义上的记忆传播技术，包括口头、文字书写和身体操演等。在历史发展早期，口头—书写传统是社会记忆的最重要保存和传播方式。[5] 福柯（Michel Foucault）也曾指出，那些被禁止写作、出版和表达自己的历史见地的人，有自己记录历史的方式。[6] 这种大众记忆的表现形式更加鲜活，它通过口述或者写作或唱歌的方式来传播。沃茨奇利用"文本"、叙事等一些文化工具来阐明社会记忆的本质，认为它是一种中介行为，需要文化工具与行动者参与。[7] 阿斯曼夫妇在对文化记忆的研究中，指出它们通过文本、仪式、纪念碑等文化形式以及朗诵、实践和观察等组织沟通方式得

① James Wertsch, *Voices of Collective Memory*, Cambridge: Cambridge University Press, 2004, pp.31-33.

② [法] 皮埃尔·布迪厄、华康德：《实践与反思：反思社会学导引》，李猛、李康译，中央编译出版社 1998 年版。

③ Jeffrey Olick, Vered Vinitzky-Seroussi, Daniel Levy, eds., *The Collective Memory Reader*, Oxford: Oxford University Press, 2011, p.311.

④ André Leroi-Gourhan, *Gesture and Speech*, Cambridge: MIT Press, 1993.

⑤ 李技文：《亻革家人的社会记忆与族群认同》，《湖北民族学院学报》（哲学社会科学版）2010 年第 5 期；戴建国：《水书与水族社会记忆》，《前沿》2011 年第 3 期。

⑥ Michel Foucault, "Film in Popular Memory: An Interview With Michel Foucault", in Martin Jordan, trans., *Radical Philosophy*, Vol.11, No.11, 1975.

⑦ James Wertsch, *Voices of Collective Memory*, Cambridge: Cambridge University Press, 2004, p.13.

以保存。^①这种传统在没有文字的族群中体现得最为明显，口传身授成为他们最重要的记忆传播方式。^②但口头传播的不稳定性问题^③，使得这种技术常常遭受诟病。古迪（Jack Goody）比较了记忆研究的口头传统和识字传统，他认为口传记忆不可靠，口传和笔记经常是结合起来使用的，这也凸显了文字记忆的较少变动性。^④此外，尽管身体十分重要，它在记忆术中还是不受重视。凯赛认为，纪念活动不是记忆的派生模型，而是其中的一部分，他强调了纪念活动中的参与和身体的维度——回忆寄生于身体记忆之上，它帮助人们实现纪念活动。^⑤他的观点与康纳顿的论述十分相似，康纳顿强调记忆中被忽视的身体维度，他认为记忆是通过体化的方式沉淀于身体之中的^⑥，这可以与阿斯曼、哈金（Ian Hacking）等人的观念相媲美。

　　在讨论大众传媒的作用之前，社会记忆研究者们还找到了对代际传播相关议题的研究兴趣。早在哈布瓦赫的论著中，他就提及在工人阶级家庭中，家庭内部记忆的传播主要依靠祖父母来完成。^⑦他的观念受到后世学者的抨击，大家指出其工人家庭的狭隘性，但这对社会记忆的代际传播问题还是具有启发性的。赫希（Marianne Hirsch）以"后记忆"的概念，表明了事件发生于过去，但影响波及未来的立场。她认为创伤记忆通过故事、图像和行为的方式从上辈人传递至子女，所以子女也一同经历了创伤记忆。^⑧相反，韦尔策等人提出与唐纳德（Merlin Donald）"内部／外部记忆"相似的观点，他们探索了记忆在家庭中传播的模式和机制。他们指出，尽管祖父母一辈人对纳粹的记忆很深刻，但是孙辈却并没有将这些记忆纳入

---

①　Jan Assmann, "Collective Memory and Cultural Identity", *New German Critique*, Vol.65, No.65, 1995.

②　李技文：《亻革家人的社会记忆与族群认同》，《湖北民族学院学报（哲学社会科学版）》2010年第5期。

③　刘亚秋：《从集体记忆到个体记忆——对社会记忆研究的一个反思》，《社会》2010年第5期。

④　Jack Goody, "Memory in Oral and Literate Traditions", in Patricia Fara and Karalyn Patterson, eds., *Memory*, Cambridge: Cambridge University Press, 1998.

⑤　Edward Casey, *Remembering: A Phenomenological Study*, Bloomington: Indiana University Press, 1987.

⑥　[美]保罗·康纳顿：《社会如何记忆》，纳日碧力戈译，上海人民出版社2000年版，第91页。

⑦　Jeffrey Olick, Vered Vinitzky-Seroussi, Daniel Levy, eds., *The Collective Memory Reader*, Oxford: Oxford University Press, 2011, p.152.

⑧　Marianne Hirsch, "The Generation of Postmemory", *Poetics Today*, Vol.29, No.1, 2008.

自己的历史知识体系中。[1]

随着社会的发展，新出现的大众传媒对记忆研究的影响不可小觑。大众传媒增加了社会记忆传播的渠道、加快传播的速度并扩大传播的影响力，比如唐纳德描述了人类社会由"外部存贮系统"的介绍和发展所引起的重大转变，他认为内外部存贮系统结合起来能使记忆更稳定、记忆能力更强大。[2] 汤普森（John Thompson）和大众记忆学者群（Popular Memory Group）对大众传媒技术的功能也做出说明。汤普森从技术论的角度描述了晚期现代性的传统在大众媒介影响下所发生的变化。他指出，借助于写作、书报、电话、电视和广播等媒介的传播方式，并没有损害传统，传统的象征内容持续刻写于沟通之中。[3] 伯明翰大学当代文化研究中心的一群大众记忆学者认为广播、电视和出版社等公共媒体，是建构历史的主要来源。[4] 还有一些针对新闻业和电视等具体对象的研究表明，这些技术往往容易被意识形态所左右。[5] 泽利泽（Barbie Zelizer）讨论了新闻记者与集体记忆塑造之间的关系。她认为，记者用自己的方式设定集体记忆和重构过去，历史依赖记者写下的"第一草稿"，而过去也能帮助记者阐明现在的意义。[6] 达扬（Daniel Dayan）和卡茨（Elihu Katz）着重描述了人们在电视上看到的那些历史事件，它们作为一种电子纪念方式，一方面呈现历史的框架；另一方面又对集体记忆进行编辑和再加工，最终与其他的历史版本竞争。[7]

---

[1] Harald Welzer, Sabine Moller and Karoline Tschuggnall, "*Opa War Kein Nazi*": *Nationalsozialismus und Holocaust im Familiengedachtnis*, in Daniel Levy and Jeffrey Olick, trans., Frankfurt: Fischer, 2002.

[2] Merlin Donald, *Origins of the Modern Mind: Three Stages in the Evolution of Culture and Cognition*, Cambridge: Harvard University Press, 1991.

[3] John Thompson, "Tradition and Self in a Mediated World", in Paul Heelas, Scott Lash and Paul Morris, eds., *Detraditionalization: Critical Reflections on Authority and Identity*, Maiden: Blackwell, 1996.

[4] Popular Memory Group, "Popular Memory: Theory, Politics, Method", in Robert Perks and Alistair Thomson, eds., *Oral History Reader*, New York: Routledge, 1998.

[5] 周海燕：《吴满有：从记忆到遗忘——〈解放日报〉首个"典型报道"的新闻生产与社会记忆建构》，《江苏社会科学》2012 年第 3 期；吴俊范：《上海棚户区污名的构建与传递：一个历史记忆的视角》，《社会科学》2014 年第 8 期。

[6] Barbie Zelizer, "Why Memory's Work on Journalism Does not Reflect Journalism's Work on Memory", *Memory Studies*, Vol.1, No.1, 2008.

[7] Daniel Dayan and Elihu Katz, *Media Events: The Live Broadcasting of History*, Cambridge: Harvard University Press, 2006.

大众传媒对社会记忆研究的影响，远远不止于这些媒介本身。在一些学者的观点中，空间结构、城市、宗教、科学甚至是记忆本身，都成为社会记忆研究的新对象和传播的新媒介。威尼茨－塞鲁西（Vered Vinitzky-Seroussi）从以色列首相被暗杀的事件入手，将参与者、时间和空间结构都作为纪念叙事的表达方式。①布瓦耶（M.Christine Boyer）从本雅明将整个巴黎城市作为过去遗存的做法中受到启发，指出现代都市是文本也是集体记忆的环境，城市中的博物馆和图书馆都是记忆的设备。②赫尔维尤－列格（Danièle Hervieu-Leger）将宗教作为连接过去、现在和未来的记忆链，现代社会对这个记忆链失去兴趣，本质是一种失忆行为。③魏因里希（Harold Weinrich）认为集体记忆的重要媒介不仅包括规范、档案、名誉、城市，而且还有科学。他认为记忆和科学互为中介——人文社科不能缺少历史经验，同时它们又受限于科学忘记的规则和语言。④最后，瓦格纳－帕兹费兹（Robin Wagner-Pacifici）指出，记忆由一系列文化载体和形式所协调，但记忆本身也是一种媒介，它是我们存在于时间中的形式。⑤

（三）社会记忆的影响因素

在社会记忆的研究中，社会记忆的动力学是常常被提及的话题。作为一个"被解释的变量"，社会记忆受到哪些因素的影响，或者与哪些因素形成互相影响的局面，都是值得思考的问题，它回应了"社会记忆是如何再现"的问题。本书总结了三大影响因素：权力、身份和声誉。

1. 权力

作为当代政治工程和文化实践的内容，人们对记忆如何再造以及怎样为当前的需求服务等问题的讨论，形成了社会记忆研究的"工具主义"取向，结果社会记忆成为现代背景下政治的有力工具，它常常屈从于政治。

① Vered Vinitzky-Seroussi, "Commemorating a Difficult Past: Yitzhak Rabin's Memorials", *American Sociological Review*, Vol.67, No.1, 2002.

② M.Christine Boyer, *The City of Collective Memory: Its Historical Imagery and Architectural Entertainments*, Cambridge: MIT Press, 1994.

③ Danièle Hervieu-Leger, *Religion as a Chain of Memory*, Piscataway: Rutgers University Press, 2000.

④ Harold Weinrich, *Lethe: The Art and Critique of Forgetting*, Ithaca: Cornell University Press, 2004.

⑤ Robin Wagner-Pacifici, "Memories in the Making: The Shapes of Things That Went", *Qualitative Sociology*, Vol.19, No.3, 1996.

康纳顿在"社会如何记忆"的话题上，也强调了权力与社会记忆之间的相互关系：社会记忆是政治权力的一个方面，而过去的形象一般会使现在的社会秩序合法化。① 在某种意义上，社会记忆一方面受到权力的操控②，另一方面其自身就是一种权力。③

权力与记忆之间的关系，首先体现在一小部分人和多数人之间的竞争。在托克维尔（Alexis de Tocqueville）的研究中，他认为贵族社会是记忆社会，民主社会是忘却社会。④ 在贵族社会中，一小部分人的影响力不能忽略；而在民主社会中，每个人对社区的影响力都是有限的。托克维尔的说法影响了后续的一些研究，特别是官方记忆和公共记忆之间张力的形成问题。霍布斯鲍姆和兰格曾经将这种张力表现于"传统的发明"，他们发明的不仅是传统，还有传统主义。但是森尼特（Richard Sennett）和舒德森（Michael Schudson）将张力的矛头指向了具体的个人或者法人。森尼特将工人阶级意识与大众文化关联起来。他认为，对于那些不好的记忆，比如被公司解雇的经历，资本主义企业鼓励工人们将这种记忆"私人化"，它最终与企业的历史毫无关系，这种记忆将成为个人主观、内化的经历。⑤ 舒德森对水门事件的研究指出，当过去之感的生产权不在史学家手中，过去很有可能会成为合法化的来源而非真相的表达途径。⑥

学界对权力与记忆之间关系的讨论，还促进了反记忆研究的出现，包括福柯、大众记忆研究群和塞缪尔（Raphael Samuel）等人，他们寻觅的不仅仅是官方记忆的替代品；与博德纳（John Bodnar）一样，他们还在怀疑官方记忆的动机和机制。福柯是反记忆理论的主要创造者之一，他认为反记忆这种替代的和隐秘的记忆形式能反抗或干涉官方对过去的主要看法。记

① [美]保罗·康纳顿：《社会如何记忆》，纳日碧力戈译，上海人民出版社 2000 年版，第 3 页。
② 沈关宝、杨丽：《社会记忆及其建构——关于黄道婆的集体记忆研究》，《东岳论丛》2012 年第 12 期；董国礼、蒋宁：《社会记忆与蒋介石形象的塑造：1949—2014》，《华东理工大学学报》（社会科学版）2014 年第 6 期。
③ 陈宁：《社会记忆：话语和权力》，《社会学家茶座》2007 年第 1 期；罗彩娟：《权力与社会记忆》，《中国社会科学报》2009 年 8 月 20 日第 7 版。
④ Alexis de Tocqueville, *Democracy in American*, Cambridge: Sever & Francis, 1863.
⑤ Richard Sennett, "Disturbing Memories", in Patricia Fara and Karalyn Patterson, eds., *Memory*, Cambridge: Cambridge University Press, 1998.
⑥ Michael Schudson, "The Past in the Present Versus the Present in the Past", *Communication*, Vol.11, 1989.

忆是斗争中的重要元素：控制记忆就等于控制了人们的动态，控制经历就等于控制了他们之前斗争的知识。[①] 博德纳的公众记忆与福柯的大众记忆有一些相似性，他认为公众记忆的核心是有关爱国主义的象征语言，本地和个人的过去通常被整合进国家化的公众记忆中，帮助社会理解过去、现在和将来。[②] 大众记忆研究群也意识到控制记忆的问题，他们认为记忆的社会生产过程还依赖人人参与。[③] 而对于"遗产工业"的出现，塞缪尔质问：这种怀旧是传统的发明，还是国家社会失败后的反应或者是工人阶级的需求？他认为我们要用还原和反思的视角看待怀旧问题，"遗产的流行"可以看作人们逃离阶级的一种努力。[④]

2. 身份

社会学对记忆的研究，在很大程度上是与身份问题相关联的。哈布瓦赫在讨论群体记忆的时候，受到涂尔干对社会整合机制讨论的影响，没有群体内共享的记忆，也就不可能形成群体的身份。哈布瓦赫研究的工人阶级，在马克思（Karl Marx）和韦伯（Max Weber）的论述中早已经是政治文化研究的一部分，所以当集体记忆被划分为家庭记忆、宗教记忆和阶级记忆的时候，它们包含了很多相同的议题，身份就是其中之一。[⑤]

身份与记忆的关系，本质上是相互的。[⑥] 哈布瓦赫指出，共享的过去是构成群体身份的重要内容，那些追随哈布瓦赫的研究者，将集体记忆与群体身份的探讨继续向前推进。奥力克和贝拉（Robert Bellah）提供了集体记忆形成群体身份的研究视角，而史密斯、泽鲁巴维尔（Yael Zerubavel）和

[①] Michel Foucault, "Film in Popular Memory: An Interview With Michel Foucault", in Martin Jordan, trans., *Radical Philosophy*, Vol.11, No.11, 1975.

[②] John Bodnar, *Remarking America: Public Memory, Commemoration, and Patriotism in the Twentieth Century*, Princeton: Princeton University Press, 1992.

[③] Popular Memory Group, "Popular Memory: Theory, Politics, Method", in Robert Perks and Alistair Thomson, eds., *Oral History Reader*, New York: Routledge, 1998.

[④] Raphael Samuel, *Theatres of Memory*, London: Verso, 1996.

[⑤] Jeffrey Olick, Vered Vinitzky-Seroussi, Daniel Levy, eds., *The Collective Memory Reader*, Oxford: Oxford University Press, 2011, p.11.

[⑥] 王会莹、Warunee Wang：《泰东北伊沙恩人社会记忆重构中的族群认同》，《湖北民族学院学报》（哲学社会科学版）2012 年第 5 期。

诺拉（Pierre Nora）提供了国家身份模型对记忆加以利用的观点。[①] 奥力克认为，集体记忆的概念包括了个人记忆在集体框架中的形成。个人大脑和心智会影响记忆，种族和阶级也会影响记忆，但是反过来记忆也会形塑群体的身份。[②] 在一个真正的社区中，比如家庭、教会等，它们通过复述故事而形成的叙事是社会团结的来源。[③] 在民族国家的大框架中，史密斯认为，民族身份由共享过去的观念所支持。[④] 泽鲁巴维尔也认为每种纪念行为再生产的纪念叙事它关注群体的独特身份，有助于国家的形成和群体的团结。[⑤] 相类似地，诺拉描述了记忆文化从现代到后现代的划时代变迁。在历史的民主化进程中，伴随着诸多少数族群的去殖民化斗争，他们往往将过去作为自己身份重塑的重要内容。[⑥]

身份与记忆的关系，还体现在群体身份是集体记忆实现的基础。在哈布瓦赫的论述中，虽然个人能够产生记忆，但是只有在社会的范围内他们的个人记忆才具有意义；只有在社会内部，个体才能实现回忆、识别并对记忆加以定位。身份是群体归属的基本内容，群体身份一方面可以通过共同的仪式、共同的集体意识和集体表征呈现出来，它有助于强化群体的共享记忆[⑦]；另一方面，正如在权力关系中常常探讨的，集体记忆的变迁会引

[①] Jeffrey Olick, Vered Vinitzky-Seroussi, Daniel Levy, eds., *The Collective Memory Reader*, Oxford: Oxford University Press, 2011, pp.178-179.

[②] Jeffrey Olick, "Collective Memory: The Two Cultures", *Sociological Theory*, Vol.17, No.3, 1999.

[③] Robert Bellah, Richard Madsen, William Sullivan, Ann Swidler and Steven Tipton, *Habits of the Heart: Individualism and Commitment in American Life*, Berkeley: University of California Press, 1985.

[④] Anthony Smith, *The Ethnic Origins of Nations*, Maiden: Blackwell, 1991.

[⑤] Yael Zerubavel, *Recovered Roots: Collective Memory and the Making of Israeli National Tradition*, Chicago: University of Chicago Press, 1995.

[⑥] Pierre Nora, "Reasons for the Current Upsurge in Memory", *Transit*, No.22, 2002.

[⑦] 纳日碧力戈：《各烟屯蓝靛瑶的信仰仪式、社会记忆和学者反思》，《云南大学社会科学学报》2002 年第 2 期；王明珂：《华夏边缘——历史记忆与族群认同》，社会科学文献出版社 2006 年版；彭兆荣、朱志燕：《族群的社会记忆》，《广西民族研究》2007 年第 3 期；李技文：《亻革家人的社会记忆与族群认同》，《湖北民族学院学报》（哲学社会科学版）2010 年第 5 期；钟年：《社会记忆与族群认同——从〈评皇券牒〉看瑶族的族群意识》，《广西民族学院学报》（哲学社会科学版）2000 年第 4 期；陆文东：《集体记忆和族群认同——以瑶族长鼓舞为考察对象》，《广西师范大学学报》（哲学社会科学版）2014 年第 1 期。

起身份的变迁，身份的变化也能成为集体记忆被重构的重要原因。①

3. 声誉

奥力克和罗宾斯（Joyce Robbins）认为，记忆的静态与动态研究集中的两大经验领域是声誉研究（reputation studies）与知识社会学。声誉的社会学研究不是一个新领域，马克思、韦伯等人早已有所论述，它以一种前所未有的方式关注个人如何被记住，这一研究始于人们意识到声誉与终生成就之间的松散联系；除了才能，社会因素也在保卫与维持个人的声誉上起作用，比如一些著作、人物及思想被挑选出来并因特别重要而被保存。库恩（Thomas Kuhn）的说法是，声誉的一个重要点是一本著作或一种观点与范式转换之间的亲密度。②库利（Charles H. Cooley）用互动论的视角研究名声和声誉，他强调社会过程形成了历史成就被铭记的可能性。声誉有其象征含义，可表示流芳的美德，而人们追逐名声是因为现在的需要。③

声誉研究与社会记忆的关系，还体现在声誉能够强化社会记忆。尽管我们常常关注声誉的积极效应，但那些消极事件和人物的记忆也是声誉动力学研究的一部分。朗氏（Gladys Lang and Kurt Lang）对声誉动力学的社会学研究，比较了不同领域声望的建立和存续的各种环境，以及年龄、在艺术界的地位和有遗孀继承等因素的影响。他们认为，生前很微小的声誉差异，在死后追认的过程中会形成显著差异。集体记忆的保存依赖于传播手段，随着艺术品的传播，其中的人物成就随着工艺品一起，被刻画于记忆之中。④杜莎姆（Lori J. Ducharme）和法恩（Gary A. Fine）强调声誉研究中的"极化效应"，与成功人士如何被英雄化和失败人士如何被恶魔化并

---

① 朱力：《群体性偏见与歧视——农民工与市民的磨擦性互动》，《江海学刊》2001 年第 6 期；胡晓红：《社会记忆中的新生代农民工自我身份认同困境——以 S 村若干新生代农民工为例》，《中国青年研究》2008 年第 9 期；索端智：《历史事实、社会记忆、族群认同——以青海黄南吾屯土族为个案的研究》，《青海民族学院学报》2006 年第 1 期；陈思慧：《瑶族归侨的社会记忆与认同建构——以广西十万山华侨林场为例》，《广西民族研究》2011 年第 4 期；牛津：《集体记忆理论研究的文献综述》，《群文天地》2012 年第 22 期；陈丽：《村庄集体记忆的重建——以安徽宅坦村为例》，《安徽行政学院学报》2012 年第 3 期。

② 转引自 Jeffrey Olick and Joyce Robbins, "Social Memory Studies: From Collective Memory to the Historical Sociology of Mnemonic Practices", *Annual Review of Sociology*, Vol.24, No.1, 1998。

③ Charles Horton Cooley, *Social Process*, New York: Charles Scribner's Sons, 1918.

④ Gladys Lang and Kurt Lang, "Recognition and Renown: The Survival of Artistic Reputation", *American Journal of Sociology*, Vol.94, No.1, 1988.

被否定人格的观念相似。有关英雄身份的记忆和事件反映了社会整合形成的思想，对消极人物和事件的记忆与值得保存的常识相悖。集体记忆中邪恶的长存例证了社会通过道德界限调控人口流动的机制。我们并不能完全否认有恶意的人或事件，它们也具有警醒后人的正面功能。[1]

此外，声誉社会学的研究还是政治、权力和竞争关系的体现。[2]帕特森（Orlando Patterson）对奴隶制的研究指出，奴隶制本质是一种社会死亡。由于"出生异化"，奴隶与权利、祖先和遗产等问题是不相关的。奴隶也有过去，但他们是不被认可的，所以这最终造成他们也没有什么可继承或向后代传递下去的经验知识。[3]舒瓦茨对内战后华盛顿贵族形象的变迁、林肯形象等内容的讨论，也对历史声誉的研究有所贡献。[4]这些人物形象的变迁都与战争、社会宏大叙事和文化系统等内容相关，它也是政治和权力关系的反映。

第二节　问题的提出：撒叶儿嗬仪式中的社会记忆

从社会记忆的理论可知，类似于撒叶儿嗬的纪念仪式是研究社会记忆的重要方式之一。得益于田野中的观察，本书提出三个经验问题：撒叶儿嗬如何在当地人的社会记忆中呈现？男性歌舞者的身体实践对社会记忆有何作用？撒叶儿嗬仪式传达的社会记忆为何不连贯？本书对第二个问题最感兴趣，它与操演仪式记忆唇齿相依，而且与其他两个问题密切相关。以问题为切入点，本书尝试从撒叶儿嗬这样的纪念仪式中临场发现社会记忆，探索它如何延续千年，成为人们"抚今追昔"的通道，厘清心理与身体、

---

[1]　Lori J. Ducharme and Gary Alan Fine, "The Construction of Nonpersonhood and Demonization: Commemorating the 'Traitorous' Reputation of Benedic Arnold", *Social Forces*, Vol.73, No.4, 1995.

[2]　Jeffrey Olick, Vered Vinitzky-Seroussi, Daniel Levy, eds., *The Collective Memory Reader*, Oxford: Oxford University Press, 2011, p.250.

[3]　Orlando Patterson, *Slavery and Social Death: A Comparative Study*, Cambridge: Harvard University Press, 2007.

[4]　Barry Schwartz, "Social Change and Collective Memory: The Democratization of George Washington", *American Sociological Review*, Vol.56, No.2, 1991;Barry Schwartz, *Abraham Lincoln and the Forge of American Memory*, Chicago: University of Chicago Press, 2000.

个人与群体、过去与现在之间的关系。

在已有理论观点的基础上，笔者进入田野点，并继续思考如何能将社会记忆的理论视角与撒叶儿嗬仪式的研究结合起来。在导师与合作导师的建议下，笔者一边阅读理论，带着理论中的问题去看田野中的现象，一边又尝试用田野中的事实去建构一个更好的框架，这个工作一直在持续进行。在资丘田野调查的过程中，在被问及某某现象为什么如此时，很多人并不能说明白，或不知所以。整体而言，普通民众对传统文化的了解并不深入，一些高龄老人也是一知半解，这促使笔者去了解本地人在历史发展过程中形成了哪些社会记忆，为什么会形成这样的社会记忆，目前还剩下哪些记忆，以及哪些内容又属于失忆的范畴。

在鄂西地区的田野观察中，有三个经验问题逐渐形成：第一是根据笔者在长阳县周边其他县市的 Y 镇和 Q 镇的参与观察发现，土家人与周边地区群众处理死亡事件的大部分流程都是相似的，这促使笔者去了解，作为一种流传了几千年的风俗习惯，它究竟是怎么产生的以及为什么会产生？即，它在本地人记忆中是什么样的呈现？这是必须借助田野工作和文献查阅要解决的第一个问题。第二个问题是，清江流域的撒叶儿嗬，是由男人跳并由男人来传承的，而且歌舞鼓的表达方式是基本固定的。这里涉及的问题就是，撒叶儿嗬成为一种男性气质的展演，它流传了多少年？帮助本地人记忆了什么内容？记忆了多少？换言之，它在土家人社会记忆中起到了什么作用？第三个经验问题是，在新中国成立之后的一段时期，撒叶儿嗬逐渐销声匿迹，但是它又慢慢回到人民群众的生活中，成为现代葬礼中不可缺少的一部分。受到某些因素的影响，流传千年的撒叶儿嗬仪式所表达的社会记忆并不是连续的。那么，影响社会记忆的持续性的因素是什么？

在这些经验问题中，第二个问题最吸引笔者，它是本文需要聚焦的话题，与社会记忆研究关系密切。当然，它也无法摆脱其他"困扰"——到底有哪些社会记忆在传播？它们是否一直在传播？就社会记忆本身的特点而言，它围绕着记忆的主题，形成了一些关联的问题取向，这些问题取向是讨论社会记忆研究的关键所在。结合理论的特点和来自田野的观察，笔者试图探索社会记忆如何一直保持下去的话题——撒叶儿嗬有其自身的产生、发展与变迁的历史，在它之中，撒叶儿嗬所传达的有关过去的记忆，是如何从过去延续到现在，并保持了几千年之久，成为人们现在看到的样子？这个记忆的过程是如何可能的？简言之，本书的理论问题就是：社会记忆是如何延续的？这里面包含了记忆如何传播或传承的方式，也包含了它的持续性议题，涉及它与过去的关系问题。

第三节　文献回顾

社会记忆的理论研究突出了研究者们不同的侧重点。过于松散的理论研究涉及许多学科，包括历史学、人类学、社会学、文学评论、心理学、艺术史及政治科学，研究主题也是多种多样，给分类造成一定困难。不过，学者们都致力于回答一个最基本的问题，即"记忆所系"（Les Lieux de Mémoire）。该词汇由法国著名的史学家皮埃尔·诺拉提出，指认社区中具有重要意义的纪念性遗产，即"记忆存放处"。本书所指的"记忆所系"并不仅仅是"记忆存放处"，它还是记忆的切入点，对它的探索反映了研究者解答记忆延续方式的不同努力方向。

一　从集体记忆到文化记忆

受到导师涂尔干的影响，哈布瓦赫对群体记忆的集体属性很感兴趣，他于1925年提出"集体记忆"的概念。在他看来，群体是记忆的来源，人们洞见过去的深度也取决于群体，脱离了群体的环境是无法谈论集体记忆的，所以他将个人置于集体的环境之下，将记忆置于社会框架之下。哈布瓦赫也继承了涂尔干对群体性纪念仪式的研究与讨论，认为群体中的人们通过社会交往的方式互通往来，从而形成了集体记忆。在他们之后，当代的一些研究者，比如威尼茨－塞鲁西和特罗约（Michel-Rolph Trouillot）等人，也以纪念仪式为切入点，讨论了它们为明辨过去而遇到的困难。[①]

作为一块基石，哈布瓦赫的研究刺激了当代另一些研究成果的出现。

---

① Vered Vinitzky-Seroussi, "Commemorating a Difficult Past: Yitzhak Rabin's Memorials", *American Sociological Review*, Vol.67, No.1, 2002;Michel-Rolph Trouillot, "Abortive Rituals: Historical Apologies in the Global Era", *Interventions*, Vol.2, No.2, 2000.

扬·阿斯曼提出"文化记忆"的概念，是对前人研究的继承兼批判。阿斯曼认为，哈布瓦赫的集体记忆就是一种建立在日常沟通形式上的"沟通记忆"，而与沟通记忆相对的"文化记忆"为记忆的研究注入文化的活力，将记忆、文化与群体关联起来。文化记忆的概念包括了一些可以反复利用的文本、图像以及仪式，它们有助于稳定和表达社会的自我形象。[1]与他的研究相类似的，有阿蕾达·阿斯曼（Aleida Assmann）对写作、规范和档案等记忆技术做出的广泛性解读，朗氏将历史证据的保留和存档与声誉流传的关联性研究，唐纳德对人类大脑之外的读、写、看等储存技术的研究，以及列维-斯特劳斯（Claude Levi-Strauss）对档案与历史之间的关联研究。[2]基于对文本、图像等媒介的探索，文化记忆为大众传媒研究提供动力，比如汤普森、利普希茨（George Lipsitz）和大众记忆学者群对大众传媒技术的功能性说明，泽利泽对新闻业与集体记忆塑造之间的关系研究等。[3]

二　纪念仪式与身体实践

对哈布瓦赫的观点既批判又继承的另一个人物是康纳顿，他的社会记忆理论定位于纪念仪式和身体实践的研究之中。他认为哈布瓦赫并没有回答个人与群体记忆方式的差别，也没有指明它们之间不同的记忆方式。在康纳顿对不同层次记忆的研究中，他将社会记忆与个体的身体实践关联起来，这成为他的一种突出贡献。[4]

---

[1]　Jan Assmann, "Collective Memory and Cultural Identity", *New German Critique*, Vol.65, No.65, 1995.

[2]　Aleida Assmann, *Cultural Memory Studies: An International and Interdisciplinary Handbook*, Berlin: Walter de Gruyter, 2008; Merlin Donald, *Origins of the Modern Mind: Three Stages in the Evolution of Culture and Cognition*, Cambridge: Harvard University Press, 1991; Claude Levi-Strauss, *The Savage Mind*, Chicago: University of Chicago Press, 1966.

[3]　John Thompson, "Tradition and Self in a Mediated World", in Paul Heelas, Scott Lash and Paul Morris, eds., *Detraditionalization: Critical Reflections on Authority and Identity*, Maiden: Blackwell, 1996;George Lipsitz, *Time Passages: Collective Memory and American Popular Culture*, Minneapolis: University of Minnesota Press, 1990;Popular Memory Group, "Popular Memory: Theory, Politics, Method", in Robert Perks and Alistair Thomson, eds., *Oral History Reader*, New York: Routledge, 1998;Barbie Zelizer, "Why Memory's Work on Journalism Does not Reflect Journalism's Work on Memory", *Memory Studies*, Vol.1, No.1, 2008.

[4]　[美]保罗·康纳顿：《社会如何记忆》，纳日碧力戈译，上海人民出版社2000年版，第5页。

（一）仪式及其分类

在康纳顿开创的传统中，纪念仪式成为社会记忆研究的重要方式，但是，它只是根据功能进行分类的一种亚型，对它的探索不能脱离仪式研究的整体环境。学者对仪式的研究经历了三个阶段：第一，是有关仪式的起源及本质的早期研究，包含神话学、现象学以及精神分析；第二，有关仪式的功能和结构的问题，包括社会整合、功能主义、新功能主义以及结构主义的论述；第三，有关象征、语法及实践的问题，涉及文化意义、象征系统、语言学、操演及实践的讨论。①

在神话与仪式学派中，泰勒（Edward B.Tylor）认为宗教起源和原始人的"万物有灵"信仰相关。而威廉·罗伯森·史密斯（William Robertson Smith）反对泰勒的观点，形成了反知性论者的论调。他认为人的行为根植于非理性的冲动，原始逻辑并不只是理性——人们崇拜的是社会，而非神灵。史密斯的立场影响了后来的一些学者，比如弗雷泽（James George Frazer），他提出"文化表达形式的源头之一就是仪式的"观点。现象学分析则追求一种知性论的取向，将宗教视为有待理解、解释及适应的认知的中心，现象学派要在它们自身的参考中解释宗教现象。作为一个主观论者，弗洛伊德（Sigmund Freud）也利用仪式去帮助完善他的人类心智理论。②早期有关仪式的研究大多与宗教、文化等内容有关，大部分人都在寻找历史性或者宗教反历史性的本质。仪式作为一种工具，它在各种数据和假设中发挥了作用，被用来寻找人类行为的宗教根源。尽管有些观点或思想不再适用，但学者们对仪式分析的坚持是具有积极意义的。③

社会整合研究的代表人物涂尔干指出，仪式的作用就是保证神圣的一方不被侵犯，在周期性的仪式中，群体团结会得到强化，增进人们的凝聚力。莫斯（Marcel Mauss）同意宗教本质是社会性的观点，但是认为二者不能混为一谈。在功能主义取向中，学者研究仪式如何影响组织

① Catherine Bell, *Ritual: Perspectives and Dimensions*, New York: Oxford University Press, 2009.

② Catherine Bell, *Ritual: Perspectives and Dimensions*, New York: Oxford University Press, 2009, pp.12-16.

③ Catherine Bell, *Ritual: Perspectives and Dimensions*, New York: Oxford University Press, 2009, pp.20-22.

及社群的工作。结构主义代表人物拉德克里夫－布朗（Alfred Radcliffe-Brown）在某些方面扩展了涂尔干的思想，他试图在宗教观念与社会结构之间寻找更为系统性的关联，认为宗教是社会组织的一部分。马林诺夫斯基（Bronislaw Malinowski）和涂尔干都强调仪式对个体情感的功能，即规范情感的表达或者减轻不安、悲伤等，拉德克里夫却强调仪式能减轻不安，但也能产生它。功能主义的研究将社会视为封闭、静态、结构化的社会关系系统，其中隐含了"宗教与仪式是维持社会的社会机制"的观点。新功能论者试图描述多重文化系统之间的互动，比如拉波特（Roy Rappaport）研究了新几内亚部落的仪式，认为它就是当地生态系统平衡的一部分。拉德克里夫试图在结构化关系中寻找意义和功能的平衡，埃文斯－普理查德（Edward Evan Evans-Pritchard）认为仪式不是想象的建构，而是外化的、可观察的，社会结构的内容能反应在仪式中。后来的一些学者及其研究，比如范热内普（Arnold Van Gennep）将仪式具体化为一系列仪式链过程，特纳（Victor Turner）在仪式中发现了一系列结构秩序及非结构共同体，格鲁克曼（Max Gluckman）强调仪式能表达社会张力和疏通冲突等，进一步讨论了仪式的本质和功能，探索仪式在社会结构关系中所处的位置。单纯关注仪式在社会中的功能无法回答另外一些问题，在这种背景下，更多人开始关注仪式的意义到底是什么。①

仪式研究的第三个阶段，文化性取代了社会性成为人们讨论的焦点，仪式被定义为"文化系统与社会系统彼此互动与和睦的方式"。在象征主义文化者看来，社会组织与象征的关系不再那么重要，他们更重视独立的系统，如语言在原始沟通中的作用，这标志着从象征表呈社会事实向寻求不同语境中象征意义的转变。拉德克里夫和伊利亚德（Mirces Eliade）注意到了仪式与语言形态学的相似之处，另一些人将仪式与文本做比较，指出要通过解码才能理解意义，还有些学者提到了语义学和仪式的关联、说话与操演的关系。功能主义结构论者和象征主义文化论者之间的界限本身就不太明确，很多学者试图将两种观点综合为一，比如特纳、道格拉斯（Mary

---

① Catherine Bell, *Ritual: Perspectives and Dimensions*, New York: Oxford University Press, 2009, pp.23-60.

Douglas）和里奇（Edmund Leach）等。在对仪式意义的讨论中，里奇认为仪式能让文化饱含意义；格尔兹（Clifford Geertz）通过对斗鸡的研究，认为仪式的功能是展示社会热情。另一些专注实践的学者，如布迪厄、布洛克等人，将仪式的权力意义、结构含义表达出来。这些成果串联起仪式研究的发展历程，反映了仪式研究的精细化趋势，具有序列意义。更为重要的是，仪式研究与社会、文化、意义和实践的紧密联系，使它成为社会记忆的潜在表达方式，迎合了学者们的诉求。

在西方的研究中，仪式往往与宗教研究相关，而后者的内容卷帙浩繁，兹不赘述。仪式研究的另一个重要方面，是它的分类。在中西方的人类学、社会学及其他学科的理论与实践之中，仪式既与普通人的生活息息相关，也可以与整个国家的公共生活同步。在汉语中，所谓"礼仪"一词，既包括古人尚礼并以礼待人的交际法则，也包括了将这些法则付诸实践的仪式，所以仪式的出现与礼节是同步的。中国古人创造了"五礼"之说，他们将祭祀称为为吉礼，将行冠礼及结婚等称为嘉礼，将礼待宾客称为宾礼，将军旅诸事称为军礼，将丧葬诸事称为凶礼，这"五礼"的分类反映了中国古代人处理人与鬼神、普通人与不同阶层人士之间关系的社会形式，涉及了人一生要经历和参与的诸种仪式场合，也包括了国家政治生活的仪式秩序。

涂尔干提出世俗生活与神圣生活的的二分法，将仪式分为消极膜拜和积极膜拜两类。消极膜拜构成了社会的禁忌系统，它可以保持神圣世界不受玷污。积极膜拜促进了人与神圣世界的交流沟通，它的目的在于保持社会各方面的更新和兴旺。在对仪式的分类研究中，神圣 / 世俗二分法是比较有代表性的。除此之外，特纳对日常生活的仪式体系做出分类，强调了仪式的公共性和他本人对社会文化功能的态度，将仪式分为生命危机仪式和消灾仪式，因此这种分类也不够全面。贝尔（Catherine Bell）综合前人的做法，尝试提出仪式分类的六种既简亦全的类型：过渡仪式或者生命周期仪式，是对出生、成年、成家及死亡等人生重大事件的纪念；岁时及纪念仪式，指人们回忆重大历史事件的日子；相互共享仪式，是人类向神灵献祭而祈求回报的礼物交换行为；消灾仪式，是人类试图纠正事物被打扰或失序状态的行为；盛宴、斋戒和节日的仪式，是公开展示人们的宗教文化情感的行为；政治仪式，旨在建构、展示和提升政治组织的权力及子部分政治旨趣的仪式实践。[1]还有一种常用的划分方法，即将仪式分为表达性的和工具性的，这种划分回应了学界对仪式的定义——仪式可以被分解成实践性质的行动与文化性质的陈述（statement），知性论者认为仪式是一种陈述，功能论者认为它是一种行动，还有学者认为仪式既不全是陈述也不全是行动。[2]换言之，表达性和工具性是仪式的两种功能。由此可以看出，寻求一种万能的分类是很困难的，在很大程度上，每种分类都是根据研究的主旨确定，比如康纳顿就选择了纪念仪式。

（二）身体的记忆

仪式及纪念仪式是群体层面的概念，在个体层面，社会记忆的研究突出了身体的贡献，利用身体媒介将个体整合在集体之中。围绕着身体的记忆研究被划分成了三大类：第一类是身份（identity）的研究，它是身体记忆研究中最常见的一类，包括了伽达默尔（Hans-Georg Gadamer）、艾尔曼（Ron Eyerman）、梅吉尔（Allan Megill）等人的贡献。[3]第二类是有关口头表达的研究，它也是身体的一种实践活动，在文化记忆的讨论中并没有受到额外的重视。实际上，福柯、耶鲁沙利米（Yosef Hayim Yerushalmi）、安东尼·史密斯以及贝拉等人，都对口头的表达表示出了极大的研究兴趣。[4]第三类是有关身体实践的研究，或者是对身体习惯的研究。布隆代尔（Charles Blondel）很早就批评哈布瓦赫并不重视记忆的肉体基础[5]，不仅是哈布瓦赫，其他很多学者也不重视记忆的肉体基础。在少有的几位

① Catherine Bell, *Ritual: Perspectives and Dimensions*, New York: Oxford University Press, 2009.

② Maurice Bloch, *From Blessing to Violence: History and Ideology in the Circumcision Ritual of the Merina of Madagascar*, Cambridge: Cambridge University Press, 1986, p.195.

③ Hans-Georg Gadamer, *Truth and Method*, New York: Continuum International, 1989;Ron Eyerman, "The Past in the Present: Culture and the Transmission of Memory", *Acta Sociologica*, Vol.47, No.2, 2004; Allan Megill, *Historical Knowledge, Historical Error: A Contemporary Guide to Practice*, Chicago: University of Chicago Press, 2007.

④ Michel Foucault, "Film in Popular Memory: An Interview With Michel Foucault", in Martin Jordan, trans., *Radical Philosophy*, Vol.11, No.11, 1975;Yosef Hayim Yerushalmi, *Zakhor: Jewish History and Jewish Memory*, Seattle: University of Washington Press, 1982;Anthony Smith, *The Ethnic Origins of Nations*, Maiden: Blackwell, 1991;Robert Bellah, Richard Madsen, William Sullivan, Ann Swidler and Steven Tipton, *Habits of the Heart: Individualism and Commitment in American Life*, Berkeley: University of California Press, 1985.

⑤ Charles Blondel, "Revue Critique: M. Halbwachs Les cadres sociaux de la memoire", *Revue Philosophique*, Vol.101, 1926.

研究者中，凯赛将人们参与纪念活动的身体维度和身体经验提出来加以强调，康纳顿则将身体实践视为传达过去的重要方式，他的理论为具身（embodiment）研究做出贡献。对于习性（habitus）与体化之间的关系，布迪厄指出"人们待其身体的方式揭示了习性最深的性情倾向"①。在布迪厄的观点中，习性②是人们通过参与实践而与世界相关的一种直接方式，在个体与世界的关系之中，作为社会身体的行动者被赋予了一系列性情倾向，于是存在这一种集体意义上的习性，作为个人或者社会化的生理态身体，存在建构习性阶层的可能性。③除此之外，在根植于戏剧类研究的主题中，一些学者注意到操演（performance）的重要性。康纳顿认为操演是一种累积了习惯的身体力量，在涂尔干、贝尔、范热内普以及特纳等人的研究中，操演则是仪式过程中的一种重要表达机制，它暗示了参与者在仪式活动中的主动性，意味着文化生活可以被视为一种动态的生产过程，构成象征系统的一部分。于是，他们将作为实践类型的操演，看成是仪式过程中极富象征意义的行为。从这个角度而言，关注仪式操演的学者们，已经具备了区分群体层面与个体层面不同记忆方式的潜力。

三　综合性视角下的记忆

除了集体记忆、文化记忆和有关身体记忆的研究，社会记忆研究的主题还有很多，它的切入点也还有很多。以诺拉、伯克为代表的社会记忆研究者，尝试了"集合"的做法，将前人的各种研究切入点与新近流行的其他记忆媒介都囊括进来。在诺拉的观点中，赋予历史意义的任何地点、物体或概念，例如纪念碑、博物馆、事件、国旗或人物的符号，甚至是具有

---

① Pierre Bourdieu, *Distinction: A Social Critique of the Judgement of Taste*, Cambridge: Harvard University Press, 1984, p.190.

② 习性是被忘却的历史和无意识的自发性。作为身体化的、内化为第二天性的以至于被忘却的历史，习性乃是习性赖以产生的全部过往的有效在场。据此，习性使实践相对独立于直接现时的外在决定因素。这种独立性是使动的和能动的过往的独立性，以累积的资本形式发挥作用，它在历史的基地上生产着历史，从而确保变化过程中的恒定性，而正是这一变化过程造就了作为世界中的自成一个世界的个别行动者。"习性是既无意识也无意志的自发性，因此习性不只对立于机械论中无历史之事物的机械的必然性，同样也对立于唯智论中'无惯性'之主体的反思的自由。"参见于海《西方社会思想史》，复旦大学出版社 2005 年版。

③ Pierre Bourdieu, *Pascalian Meditations*, Stanford: Stanford University Press, 1997, pp.142-163.

象征意义的颜色，都是"记忆所系之处"，所以从过去发源而来的文化标志、地点、实践和表达，无论它们是物质的纪念碑还是无形的语言和传统，都成为记忆的载体。[①]在伯克的观点中，影响记忆的媒介包括了口头的传统、文本、图像、互动以及空间。[②]在当代的研究中，人们对物质的客体，比如图书馆、博物馆、纪念碑的兴趣逐渐增加，研究者们围绕着空间的话题，形成了较有影响力的一系列研究，其中利维·维果茨基（Ley Vygotsky）、阿多诺（Theodor Adorno）、布瓦耶、塞缪尔以及扬等人都在空间的维度中探讨记忆。[③]另外，在社会记忆的研究中，还有一些新兴的媒介，比如法律、记忆、历史以及科学等，也成为研究者们试图探讨以及超越的研究对象。

综上所述，鉴于社会记忆的研究本身包含了诸多的研究话题，这些话题之间比较分散，给分类造成一定困难。围绕着记忆研究的切入点，本书总结了以哈布瓦赫互动性质的"集体记忆"理论向外、向后发散的研究成果，包括了文化记忆和身体记忆的研究，以及综合性的记忆研究。不难发现，随着以记忆、历史、科学等主体为媒介的研究越来越多，社会记忆的对象难以穷尽；与此同时，在传统的社会记忆研究中，如康纳顿所指出的，只有有关身体的记忆是被大大忽视的——人们不重视身体的记忆，不关注身体的经验，而它们的确也是社会记忆研究的重要维度和理论视角。

四　现有研究的不足与努力的方向

社会记忆的概念流变过程，是围绕着诸多近义词形成观点论争的过程，也是一种社会理论的成长和发展历程。这个过程的丰富性和复杂性，彰显了社会记忆研究的非聚合、跨学科和无中心性。一方面，较为松散的理论

---

① Pierre Nora, "Between Memory and History: Les Lieux de Memoire", *Representations*, Vol.26, No.26, 1989.

② Peter Burke, "History as Social Memory", in Thomas Butler, ed., *Memory: History, Culture and the Mind*, Maiden: Blackwell, 1989.

③ Ley Vygotsky, *Mind in Society*, Cambridge: Harvard University Press, 1978; Theodor Adorno, *Prisms*, Cambridge: MIT Press, 1983; M.Christine Boyer, *The City of Collective Memory: Its Historical Imagery and Architectural Entertainments*, Cambridge: MIT Press, 1994; Raphael Samuel, *Theatres of Memory*, London: Verso, 1996; James Young, *At Memory's Edge: After-Images of the Holocaust in Contemporary Art and Architecture*, New Heaven: Yale University Press, 2002.

体系使社会记忆的宏大框架可以包容多学科的研究，为历史学、人类学、社会学、文学评论、心理学、艺术史及政治科学等学科提供研究视角；另一方面，社会记忆由上至下、横跨地理范围，研究单一或复杂社会的特性，也促使它围绕过去与现在的关系问题，形成了一些问题取向，它们成为社会记忆研究的主轴线。

社会记忆研究所呈现的特点，以及它所包含的内容，并不局限于前文所综述的内容。在社会记忆研究的范畴内，记忆与历史、与传统之间的关联和论辩、与国家或者民族形成之间关系的探索 ①、与身份之间的相互性，在当代研究中记忆作为一种媒介的应用、它的工具性倾向，以及"二战"后西方世界在记忆领域做出的道德与正义的讨论，通通都为社会记忆的研究做出了贡献。也正是在这个意义上，社会记忆的研究囊括了诸多领域与诸多的主题，这大大增加了理论分类的困难程度。根据研究切入点的选择，本书尝试厘清四类重要的记忆理论，它们分别是建立于互动之上的集体记忆、强调文化背景的文化记忆、突出身体实践的社会记忆以及试图囊括更多内容的综合性记忆。这种分类反映了研究者们对互动以及其他形式的偏爱，也凸显了他们在身体经验和身体维度研究中的不足。

虽然在切入点和研究主题的选择上呈现出了多元性，但是在对一些研究问题的回答中，社会记忆研究又紧密地联结起来，这一系列问题成为人们认知和理解社会记忆的关键所在。在过去与现在的关系问题上，哈布瓦赫及其之后的研究者们选择了不同的立场。"现在中心观"的学者们将过去几乎置于现在的对立面上，认为现在对过去的重构才是记忆得以延续的途径；"过去中心观"的学者们认为过去是存在于现在之中的，过去能在现在中得以新生，也要为现在的信仰而服务；"第三条道路"的学者们看到了过去与现在之间更多的可能性。这些学者的共同之处在于，在现在与过去的关系上，他们并没有绝对的概念偏好，现在与过去之间存在历时性的关联。哈布瓦赫的"现在中心观"给予了过去必要的关注，他没有轻视或者抛弃过去。米德在现在的本质与过去的本质中来回探索，他对现在的社会性本

---

① Ernest Renan, "What is a Nation", in Homi Bhabha, ed., *Nation and Narration*, London: Routledge, 1990.

质的阐述，仅仅是一种适应当下系统需求的重新调试。他并不重视过去的概念，但他也没有否定过去的意义，对"过去并没有与时俱进"深表遗憾。霍布斯鲍姆及兰格的观点，更是以一种疯狂的姿态寻求发明的传统，它是基于当代需求得不到满足而形成的针对过去的一种策略。希尔斯十分强调连续性的概念，或许他看到了过去在连续性中发挥的重要作用，他认为过去其实一直都存在，在现在社会中可能只是换了装扮而已。涂尔干在此问题上的立场不需再次重申。走第三条道路的学者们从二元转向多维角度进行研究，他们的研究重点也从记忆的社会功能转向它的文化意义，以及对社会记忆研究范式的讨论。这足以表明，学者们不再深陷于过去与现在孰轻孰重的争论中，他们对社会记忆的文化意义研究更感兴趣。

对于偏爱媒介分析的研究者而言，记忆是一种实践，还是一种技术。在社会转型和变迁的背景下，社会记忆的传播方式经历了"口头—书写"传统向大众传媒发展的历史变革，它影响了社会记忆的内容和过程。在国内众多学者的研究中，口传身授是最原始也是最重要的记忆传播方式，尤其是对无文字的少数族群而言。西方的学者更关注口传方式的不稳定性，忽略了口头叙事的深度。[①]身体实践也长期被忽略，得不到焦点性的关注，这实在是一大憾事。在新媒体大爆炸的时代，报纸、广播、电视、网络也逐渐成为传统媒介的一员，那些更加宏观或包容性更强的实体，比如城市、科学、宗教和时空结构等，反而以新一代记忆传播媒介的身份自居。当记忆本身也成为记忆传播的方式时，人们对信息和技术的失控感更加明显。就国内的研究议题而言，关注传统媒介所传达的深度含义还是很有必要的。

在社会记忆的研究史中，贯穿社会记忆变迁议题的是它的动力学研究，它反映了社会、群体以及个人之间的互动关系。其中，权力、身份和声誉是常常被论及的相关因素，它们往往与政治文化密切相关。在国内的研究

---

① 刘亚秋：《从集体记忆到个体记忆——对社会记忆研究的一个反思》，《社会》2010 年第 5 期；何潇：《"苦"：上海打工者的社会记忆和日常体验》，《北方民族大学学报》（哲学社会科学版）2014 年第 4 期；郭于华：《心灵的集体化：陕北骥村农业合作化的女性记忆》，《中国社会科学》2003 年第 4 期。

中，人们关注社会记忆的功能[①]，对社会记忆的动力学研究是欠缺的。与前者相比，动力学分析是从现在的立场出发，去探究记忆与过去的关系，它从历时的研究角度出发，还需要社会框架与文化系统等的支持。更为重要的是，动力学研究可以帮助现在的人们在回溯记忆的内容和过程时，对记忆是如何再现的问题进行深入的观察和反思。

简言之，社会记忆研究的"松散性"，增加了研究者做理论分类的难度。但围绕着记忆的主题，社会记忆研究形成了一些关联的问题，有助于人们更好地认识和理解记忆的内容和过程。在现有的研究中，有以下不足之处：首先，身体的作用被忽视；其次，现有的研究虽然涉及了历时角度，但是其时间跨度有限——比如，有关代（generation）的研究、"二战"后大屠杀记忆的代际传递等，它们讨论的最多是两三代人的记忆传递，缺少长时段的研究；再次，在历史与记忆的研究中，静力学的探索较多，比如历史究竟有没有为记忆服务等。综上，在社会记忆的研究中，身体的、历时且动态的分析仍旧是一个可以努力的研究方向。

康纳顿从"社会是如何记忆"的主题出发，回答了记忆如何保存和维持的问题，并涉及了过去与现在的关系以及记忆如何再现等问题。他指出了哈布瓦赫研究中群体与个人不同层次记忆的混淆问题，还强调了在社会记忆的研究中，学界缺少对身体习惯的重视。[②]他的研究成为现代社会记忆研究的里程碑。在中国本土的经验中，他的理论是否具有适用性和解释能

①　钟年：《社会记忆与族群认同——从〈评皇券牒〉看瑶族的族群意识》，《广西民族学院学报》（哲学社会科学版）2000 年第 4 期；刘亚秋：《"青春无悔"：一个社会记忆的建构过程》，《社会学研究》2003 年第 2 期；康忠慧：《民间信仰与社会记忆——对桂西壮族岑氏土官崇拜的文化解释》，《民族文学研究》2006 年第 4 期；陈宁：《社会记忆：话语和权力》，《社会学家茶座》2007 年第 1 期；关丙胜：《对精英、记忆和民族的思考》，《前沿》2010 年第 12 期；李技文：《仡佬人的社会记忆与族群认同》，《湖北民族学院学报》（哲学社会科学版）2010 年第 5 期；李波、伍进：《聚居少数民族传统文化的社会记忆载体探析》，《贵州社会科学》2013 年第 8 期；陆文东：《集体记忆和族群认同——以瑶族长鼓舞为考察对象》，《广西师范大学学报》（哲学社会科学版）2014 年第 1 期。
②　康纳顿认为，尽管要讨论的是不同话题，但它们之间保持着密切的逻辑联系。这种逻辑关系可以表达为："它涉及焦点的不断缩小。如果说有什么社会记忆的话，那我就要争辩说，我们可能会在纪念仪式上找到它。但是，纪念仪式只有在操演的时候，它们才算是纪念性质的。没有一个关于习惯的概念，操演作用是不可思议的；没有一个有关身体自动化的观念，习惯是不可思议的。"参见 [美] 保罗·康纳顿《社会如何记忆》，纳日碧力戈译，上海人民出版社 2000 年版，第 5 页。

力，是本书接下来关注的首要问题。

第四节　调查方法与调查点的说明

社会记忆是一个比较抽象的概念，如果要研究它，就应该在经验现象中找到一个合适的切入点。从前人的研究中受到启发，笔者选择了鄂西地区的一种纪念仪式作为窥探和理解土家人社会记忆的方式。以此为基础，本节简要介绍了田野的选择和进入，以及采用的具体研究方法。本书采用文献研究和实地研究的方法，其中实地研究包括了参与式观察和半结构访谈。以田野为观照，本书尝试回答"社会记忆如何延续"的理论问题。

一　调查方法

本书选择了湖北省长阳县土家族自治县的资丘镇作为田野研究地点，依托该地区的民间文化艺术团，参与观察他们的外出表演以及本地人丧葬礼仪的过程，又对其中的专家、参与者及其他人员进行半结构式访谈。在社会记忆理论的指引下，对收集的田野资料进行深入分析。由于土家人没有自己的书写文字，在日常的生产生活中，他们培育了一种的实用的方式去传达本地人的社会记忆，延续群体的核心价值。

（一）选择田野和田野的进入

笔者首先确定了社会记忆研究的主题。笔者于 2010 年暑期与几位同学在恩施州来凤县做中国综合社会调查（CGSS）。在这次调查中，访问员不仅接触了当地淳朴热情的土家人，领教了他们"令人费解"的方言，品尝了当地人待客的"油茶汤"，还看到了很多新奇的事物，比如老年人穿戴的对襟衣和头帕、深山之中的长方形木制民居、民居外挂满玉米的横梁"装饰"、客厅内大红纸制的"祖德流芳"暨"天地君/国亲师位"以及客厅内摆放的棺木等。或许就是这次亲身的经历，埋下了今日笔者选择研究对象的种子。

之后，笔者开始利用网络和熟人，不断深挖土家人的资料，最后收集了围绕"死亡"话题的诸多材料，比如对死亡事件的处理方式、对祖先的祭祀、对各种神的祭祀等。由于这些话题不够集中，不同地区的土家人在这些习俗上也存在差异，笔者下定决心要寻找一个田野点或者可以做比较的两三个田野点，然后对田野点的情况做深入的探索。接下来，通过对各方面情况的摸底，笔者打算先对湖北省宜昌市的长阳县或者五峰县、恩施州的巴东县以及湖南的任意一个土家族自治县的传统社区做初步了解，最终选定其中的一个或者几个社区进行深入观察。

长阳县是笔者首先去的地方，它距离笔者上次田野调查的地点最近，而且在长阳可以找到很多同学和朋友为研究指路。8月份，笔者先去了长阳的县城龙舟坪镇。借着在当地观光的机会，笔者发现它是一个城镇化水平较高的地区，在很多方面它的特色并不突出。后来朋友告诉我，如果要做调查，应该往清江中上游方向走，那里的土家社区保留了较多的传统文化，这为本书的选择提供了很好的指导。接下来，通过在网络上的搜索，笔者发现长阳县的资丘镇是当地最具代表性的社区，该地地理位置相对偏僻，传统文化氛围浓厚，它与巴东、还有湖南石柱等地都有一种共同的习俗——撒叶儿嗬。撒叶儿嗬是一种流传了几千年的送别亡人的习俗，它在清江流域有整体消亡的趋势，但是长阳资丘是保护得比较好的地区之一。资丘作为文化古镇声名大噪，与当地撒叶儿嗬的出名、与它在2006年率先加入国家非物质文化遗产保护名录密不可分。前期的文献阅读提示笔者，这种习俗与笔者所要写的社会记忆大大相关。[①] 所以笔者决定，先去资丘镇了解这种处理死亡现象的特殊方式。之后很长的一段时间，笔者搜集了大量相关的素材，并借助做交换生的机会，做了一些理论方面的阅读与储备。

2016年7月初的一个早晨，笔者和同行者[②] 匆忙从市区赶往长阳县城，然后在县城的汽车站搭乘前往资丘镇（桃山）的班车。在山底和山顶的无数次颠簸中，终于在下午一点半的时候，班车抵达了资丘镇。笔者就近办理了入住，吃了饭，然后便询问当地文化站所在之处。由于隔河岩水电站的修建，以前的资丘古镇被淹没，全镇搬迁到桃山。资丘新镇完全依山而

---

① 在对文献的整理和阅读之后，笔者发现，在经典的人类学与社会学研究中，仪式（尤其是周期性举行的纪念仪式）是探讨一个社群或社会的社会记忆的重要方式。在下文中笔者也将证明，为什么社会记忆在纪念仪式上表现得最好。换言之，社会记忆与纪念仪式之间的关系，使得本书研究存在可能性和可行性。

② 第一次前往资丘是夏季暴雨高峰期，笔者提前得知山上易发泥石流和滑坡灾害，所以另外邀请了一人一同前往，以便相互照应。

建，集镇上最繁华的地带步行即可到达，面积不大。文化站坐落在后街，与镇政府不过百米远的距离，与入住的地方也不过百八十步有余。文化站与街面的商铺连在一起，它橘红色的外部饰面以及较为别致的书画风格，让人印象深刻。在文化站二楼的办公室，笔者见到了正在忙碌的站长。在说明来意之后，站长非常大方地赠送了几本文化站编纂的书籍给笔者，并热情地告诉笔者，如果方便，她会介绍我们去参加村民小组的"跳丧"活动，晚上等她的电话即可。站长如此热心的帮助，令人十分感动。

从文化站出来，笔者打听到撒叶儿嗬的国家级代表性传承人[1]就住在对街的二楼上，所以也想腆着脸皮去拜访他。对街的小楼年代已久，在进入大门的斜坡之侧，高高挂着他们艺术团的牌匾。笔者胆怯地上楼，碰到似乎正准备出门的老先生。简单几句话寒暄之后，老先生领着我们到他的办公室坐下。后来一打听才知道，老先生与友人早已有约。临街靠窗的办公室内，整齐摆放了一些资料夹，墙上挂满了各种获奖证书。因为没有任何人的介绍，彼此都不甚了解，气氛稍微有点儿尴尬。由于很多专家、学者、记者之前都来拜访过老先生，只见他驾轻就熟地拿起桌上的一份资料夹，开始给笔者上撒叶儿嗬的介绍课。随着讲授的推进，他越来越激动，越来越兴奋，在烟圈的飘动之中，师生之间的互动氛围稍稍改善。讲完之后，老先生得知笔者所属的学校以及学生的身份，态度更加友好了。随后，他将之前台南某高校学生撰写的硕士论文借给笔者参考，帮助笔者加深对这种习俗的了解，并约定如果还有其他问题，就再去找他。笔者回到房间之后，迅速翻阅借来的论文。笔者记下了其中的一些疑点，在晚上五六点钟给老先生还书的时候，顺便向他再次请教了这些问题。老先生毫不吝啬地向他人传授知识的那种态度，至今令人钦佩和感动。

到了晚上，站长如约打来电话，让村民"跳丧"小组的琴大姐接笔者去他们练习的地方。这里是位于学校下面的一小块平坝，距离镇中心大概两三公里的距离。晚上学校已经关门，所以在这里训练所产生的击鼓和歌舞声不会扰民。

---

① 根据学术规范，文中的人名均做匿名化处理。张先生（1947—2017），男，土家族，资丘镇天河坪村人，非物质文化遗产土家撒叶儿嗬项目国家级代表性传承人。

接下来几天，笔者到了晚上还是去参加村民小组的活动，去感受他们的歌舞之美，并试图与他们熟悉起来。恰巧过几天有一场专门的文艺汇演，所以在站长的安排下，笔者又参加了资丘民间文化艺术团的彩排工作。老先生也在其中叫鼓和指导，他向各位师傅介绍笔者是来实习的学生。站长非常热心地指导笔者对不同套路的歌舞进行录制，这些材料后来成为笔者自学的重要资料。

　　在收集了一段时间的资料之后，笔者有点心烦意乱。首先是笔者发现撒叶儿嗬的歌舞内容如此丰富，完全超出了本人现有的理解能力；其次是笔者意识到撒叶儿嗬不单单是一种仪式，它与当地人的丧葬流程、与他们的文化还有其他很多内容都是相关的。要是笔者能深入学习并了解、理解这一个田野点的情况，写作的素材可以说是完全够了。笔者心心念念其他未去过的田野点，只好拜托那些地区的同学或者了解那些地区的朋友帮忙搜集资料，让笔者能在心里对这几个地方都"有所了解"，以便做出对照。在他们的努力之下，笔者心里大概有个底儿了。之后，笔者静下心来，准备对资丘的撒叶儿嗬"追根逐底"。在腆着脸皮找人访谈的过程中，笔者发现自己还是个"陌生人"，很难获得一些自己认为比较有价值或有深度的材料。笔者多次向老先生说明，并获得了他的支持和允诺，他同意在下一次外出打"包丧鼓"的时候带上笔者，去葬礼现场参与观察。

　　机会很快就来了。由于此时节是夏季高温雨季，几场大雨下来，资丘镇各地均遭受了不同程度的泥石流灾害，结果道路损毁，电线杆、自来水水管等基础设施都被山上滚下的巨石砸断了。老先生的团队接到了几单外出打包丧鼓的业务，考虑到这些业务所在地都在山中，通行路面可能不畅，如遇土路，路面湿滑且车人难行，老先生就说让笔者再等等。翌日，老先生告诉笔者五房龄村有一场葬礼，让笔者在约定的时间叫一辆跑出租业务的摩托车（"摩的"）先到某处等他们，然后他们团队成员再把笔者带过去。包丧鼓团队进入事主家庭时，大门外已经围满了密密麻麻的人。师傅们进门就开始吹奏乐器并带领孝子女游丧，笔者夹在人群中，找了个地方默默观察现场的活动，并在方便的时候拿出手机拍摄一些照片和视频。晚上开台吃饭之后，师傅们依照来之前的分组，每四位舞者和一位歌师轮流在大门外的空地处表演撒叶儿嗬，每轮的时间大概是十分钟。师傅们驾轻就熟地在空地上舞蹈和高歌，围观群众纷纷掏出手机拍摄，笔者也趁着这个机会拿出录像设备做了不少记录。这是笔者第一次在现场观察撒叶儿嗬和土家人的丧葬礼仪，一切是那么新鲜又震撼人心。在震惊之余，笔者仍有很多不熟悉和不理解之处。在师傅们休息的时候，笔者时不时凑上去闲聊两句，直到早上五点半表演结束。之后，所有的师傅们去了事主邻居家休息，笔者无处可去，只能在微微亮的田野道路上来来回回走动，哆哆嗦嗦地等待太阳出来，以驱赶深夜的寒意。早上开台吃饭之后，师傅们一路吹打着乐器送灵柩到茔地，等这一切结束的时候，都已经过了正午。老先生安排其中一位师傅带笔者下山，所有人饥肠辘辘地各自回家。

在进入田野之前，笔者对撒叶儿嗬仪式作了一些功课，所以在文化站站长安排下观看了多场彩排和民众自发舞蹈之后，笔者对它的歌舞鼓内容已经不再陌生。但是在真正的葬礼上，笔者观看到的不仅是撒叶儿嗬，还有本地人的一整套丧葬礼仪。后来笔者恳请老先生讲解过几次，笔者记录下来，对照着视频和书目，逐渐加深了对这一整套礼仪的深刻认知和理解。在不断的学习、摸索、请教的过程中，笔者对资丘处理死亡事件的做法有了总体的了解。实际上，从进入田野的方式和寻找访谈对象的过程可以看出，本书的研究对象其实是属于两个层面的：第一个层面是群体意义上的"资丘撒叶儿嗬"，这是把资丘镇的撒叶儿嗬仪式作为整体来研究；第二个层面是个体意义上的资丘民众，这些人是集体活动的参与者。笔者曾将自己的访谈对象分为四类人：第一类是作为非遗项目代表性传承人的老先生和其它各位能接触的本地专家，比如新老师，他是省级项目长阳南曲的传承性代表人，是资丘镇民间文化的"青年才俊"，擅长丧葬礼俗及其他礼仪问题；第二类是资丘民间艺术团的表演成员，该团记录在册的团员有29人，大多数人的职业是农民；第三类是每天晚上自发参与跳撒叶儿嗬的群众，他们中大多数都是女性，以锻炼身体为目的；第四类就是在葬礼中能接触的普通人。在资丘断断续续的田野作业中，笔者发现自己对第一类和第二类对象的访谈，主要是借助了老先生的力量，以及本人腆着脸皮的追问；对第三类对象和第四类对象的访谈，主要是随机的选取，看看谁闲下来了有时间可以闲聊几句。在这种模式下，笔者与老先生的团队还是保持了一定程度的互动，其中有些师傅对笔者也比较"好奇"，他们与笔者逐渐熟悉起来。由此可见，经过一段时间的交流，老先生和文化站长成为笔者进入田野的介绍人。

（二）研究方法

本书的研究是质性研究，其中主要的研究方法有两类：第一，文献研究法。这部分主要是做一个主题阅读的工作，文献内容涉及土家人的历史、土家人的巫术文化、撒叶儿嗬相关研究、社会学与人类学学科对仪式研究、禁忌研究的相关书目、社会记忆理论研究的相关书目等。第二，实地研究，包括对仪式的参与式观察及一些人物的半结构式访谈。参与式观察的内容主要包括葬礼活动中的歌舞鼓、葬礼的整个流程，以及一些公益性质的表演。在初次进入田野之时，参与式观察有助于笔者快速认识田野中所有潜在的对象，为研究问题的提炼做准备。但是，单纯的参与观察并不能让笔者深入了解土家人纪念仪式及其相关现象的内涵、特征以及它们之间的关联。于是，根据研究需求，形成一些具体的研究问题，并就这些问题去"咨询"相关的人士，成为本书研究必不可少的一种研究方法。事实上，深入访谈有时间、地点和场合的限制，为了更加灵活及有效地获取他人的观点，本书采取了半结构式的访谈方法，结合附录中的具体研究问题，对上述列举的研究人员进行目的性和机遇式的访谈。核心访谈的人物在10-15位。需要指出的是，实地研究方式的选择在很大程度上取决于研究对象的特点。撒叶儿嗬是清江流域土家丧葬活动中的一种仪式，在丧葬活动之外的场合，跳撒叶儿嗬是不被允许的。鉴于它的特殊性，本书将依托桃山社区的民间文化艺术团展开研究，该团是非物质文化遗产土家撒叶儿嗬项目的国家级代表性传承人张先生创办并组建的、专门从事红白喜事的商演并代表资丘镇参加各种公益演出的团体，以该团的"实习生"身份参与他们外出表演的各种活动，在观察仪式过程的同时，也参与群体成员的"闲聊"，为深度访谈打下基础。除此之外，参与观察还可以帮助笔者深入理解和识别访谈对象的"言论"，减少后期资料分类和整理过程中的误差。

二 调查点概况

资丘位于湖北省西部地区，东与鸭子口乡交界，南与五峰土家族自治县相连，西与渔峡口镇接壤，北与火烧坪乡毗邻，距离其所属长阳县城102公里。该镇下辖19个行政村、1个社区，总人口4.2万，集镇常住人口三千余人，本地的九成居民都是土家族。在历史上，资丘作为长江沿线航运的重要物资集散点，有"小汉口"的美称。随着社会的发展，航运在当代人们的生活中仍然发挥重要的交通作用。在资丘新镇的广场上，竖立着一块石碑，上面刻着"文化古镇"四个大字，因山歌、南曲和撒叶儿嗬三大文化"法宝"而命名。

有关资丘的介绍，具体可以从六个方面来阐述：第一，在语言文字方面，土家人有自己的语言土家语，属于汉藏语系藏缅语族土家语支。在改土归流的影响下，土家语逐渐退出了当地人的生活。同时，土家人没有自己的书写文字。资丘镇居民通用西南官话成渝片方言，汉字是书写文字。第二，在亲属关系与姓氏方面，土家人以父系血缘为主导原则建构社会关系，丧服制度中使用受儒家五伦影响的"五服"制度。本地以田、覃、向、李等大姓为主，但是大姓宗族与是否参与同姓人的家庭活动并无太大关系。土家族大姓中的覃、田、向、李主要分布在渔峡口和资丘，田氏在资丘有天池口、连宗、巴山、桃山、白沙坪、泉水、茅莲等八个田氏祠堂；覃氏在资丘与渔峡口一带繁衍生息，资丘有柿贝覃氏、白虎垅覃氏等。第三，在宗教信仰方面，土家人具有多神信仰，如反映在其民间故事中的土地、生育、猎神等；他们具有祖先崇拜的意识，反映在对向王（禀君）神、家庭祖先的祭祀；他们的历史文化信仰是巫术；土家人认为白虎当堂是家神，所以以白虎为图腾。第四，在生计方式方面，本地的第一产业以农业种植业，如烟叶、茶叶、高山蔬菜、药材、椪柑等为主，兼养殖业；第二产业以煤炭、铁矿石等开采、加工工业为主；第三产业包括全镇两个金融网点、两间两百余平米规模的大超市、宾馆和招待所 7 间共 200 个左右床位等。第五，在地方行政制度方面，唐宋之后形成的羁縻制度与土司制度影响深远。在改土归流之前，清江北岸的资丘白沙坪村玉江湾隶属于玉江司，资丘淋湘溪村隶属于麻栗司；长阳西部清江以南广大区域隶属于容美土司管辖。明清改土归流之后土家族受中央政府统一管理。新中国成立之后，民族平等和民族团结政策呼之欲出。经过中央和地方的五次识别调查，于 1956 年 10 月将土家族认定为一个单一的少数民族。[1]1984 年，国务院批准

---

① 黄光学：《中国的民族识别》，民族出版社 1994 年版，第 112 页。

在长阳设立土家族自治县，与其他自治县一样享有更多的自治权利。第六，在日常生活习俗方面，他们喜好酸辣食品，做菜"无辣不欢"。他们还会制作烟熏肉类，保质期较长，且风味独特。土家人对土葬有深厚的感情，还会为高龄老人跳撒叶儿嗬，以载歌载舞的活动送别亡人。本地的手工艺也较出名，土家女性擅长自制花铺盖和衣物。随着商品经济的繁荣，制作花铺盖和衣物的人越来越少，绣鞋垫成为她们闲暇时的爱好。在本地人的传统中，鞋垫是为心爱的人所做的，一双鞋垫上花色缤纷多彩，完工至少历时半月之久。

第二章

社会记忆载体：撒叶儿嗬仪式及其重要性

在选定社会记忆研究的经验对象之后，撒叶儿嗬仪式与社会记忆之间的关系必须被清楚阐明。纪念仪式是仪式分类体系中服务于纪念性目的一个子类，它具有操演、形式主义和重复性的特征；在每一次重复性的纪念活动中，一个社群的身份会被传达和记忆。更为重要的是，只有在仪式类型的互动中，一个社群的记忆才会更好地被保存、传达和保持。所以，本章的观点是，纪念仪式是社会记忆的重要形式。如康纳顿所言，我们可以从纪念仪式中找到社会记忆。[①]

第一节　撒叶儿嗬仪式概况

撒叶儿嗬是土家人在历史发展过程中创造出来的文化遗产，它是众人闹夜伴亡的纪念性活动。受到历史因素的影响，撒叶儿嗬成为本地丧葬礼仪流程的一部分。尽管如此，它并未影响撒叶儿嗬仪式的热闹性质，以及它通过歌舞鼓去实现重复操演的本质特征。

一　撒叶儿嗬及其纪念属性

在中国人传统的礼仪分类中，与死亡有关的仪式或实践，至少应该实

---

① [美]保罗·康纳顿:《社会如何记忆》，纳日碧力戈译，上海人民出版社 2000 年版，第 5 页。

现三种目的：第一是"以丧礼哀死亡"，当有人去世之后，所有的亲朋好友前来吊唁并祭奠，在追忆死者生平的一系列活动中纪念死者，向死者表达敬意。第二是完成下葬行为，使"魂气归于天，形魄归于地"。后人将尸骨埋入土地或者葬于他处，最终将亡者送入另一个世界中，亡者也就完成了在人世间的一段旅程。第三是孝子女以"服丧"和祭祀的形式供奉亡父母，表达作为后人的敬意。本章接下来要讨论的一种土家传统仪式，它最重要的特点是在亡人下葬之前，所有亲朋好友齐聚起来纪念他并为他送行——随着死亡时间和实践的向后推移，越来越少的人会特意去纪念他，他也会慢慢成为祖先群体的一部分，其形象也会在生者的脑海中逐渐消散。所以，这样的一种仪式完成了"哀死亡"的目标，即所有亲朋齐聚以追忆亡者生平、怀念死者并在下葬前最后一夜陪伴亡魂，它既指涉了生命周期仪式中的个体死亡现象，表明个体即将回归祖先群体；同时也是对个人生命中的重要事件，或者家庭、社区集体参与的一种表达和记忆。出于此种目的，它可以被看作服务于群体纪念性目的的纪念仪式（commemorative ceremonies）或更加具体化的死亡仪式（death ritual）[1]，而非仅仅服务于个体生命周期的过渡仪式。

撒叶儿嗬，俗称"跳丧"，是流传于清江流域土家地区的一种"歌舞鼓"一体的原始表演艺术，距今已有几千年的历史，它出现在北部的土家聚居区，有"南摆手北跳丧"之说。依据潘光旦先生的认定，土家人的祖先是巴人，"巴"既可以是人称，也可能是地名或图腾。[2] 土家族族称的使用经历了从"巴"到"蛮"、从"蛮"到"土家"的过程，它是汉人大量迁入之后民族交融的产物。[3] 在此区域的土家山寨之中，每当家里有老人去世，"人死众家丧，一打丧鼓二帮忙"，邻居亲朋都聚集到一起为亡人送行，

---

[1] Death Ritual，是针对死亡而操演的行动，国内学者将该词翻译并对照为"丧葬仪式"，其实二者还是存在差异的。丧葬仪式是一系列旨在帮助死者完成下葬的活动，而死亡仪式不仅是指这种有关埋葬的活动，还包括了其他与死亡相关的仪式，例如本书中的跳丧，其原意是通过歌舞鼓的欢乐场面来追忆亡者、娱乐死者并为其送行，但与此同时，跳丧也可以为活人而跳，即在死亡发生之前，众人就模拟某人身故之后的欢送场面。这种仪式传习下来成为清江流域土家人社会记忆的一部分。

[2] 潘光旦：《湘西北的"土家"与古代的巴人》，载《中国民族问题研究集刊·第四辑》，中央民族学院研究部 1955 年版，第 440 页。

[3] 《土家族简史》，湖南人民出版社 1986 年版，第 11—12 页。

为去世之人准备一场隆重的丧葬礼仪。①

在本地，人们一般将丧事称为"喜丧"，它主要是指老人在去世后，走的是顺头路，所以这是件令人高兴的事情，丧事应该当作喜事办。老北京有种说法，老人在年满七八十岁之后去世，且生前福寿双全者，才能被称为"喜丧"。本地人的"喜丧"与老北京的说法有一些不同之处，他们的"喜丧"是有条件的。在本地人的观点中，老人年满六十周岁，生前生活富裕、家庭关系好、生活很幸福，这样的人自然死亡后才能算"喜丧"。换言之，尽管事主年满七十岁，但是生活贫困、家庭关系不好，或遭遇了年纪轻轻就惨死的非自然死亡状况，这样的人去世不能算"喜丧"，而是"悲丧"。②尽管如此，不论逝者年龄大小，只要他/她有儿有女，众人还是能够组织一场纪念性质的撒叶儿嗬；反之，在无儿无女或惨死的状况下，众人一般都不跳撒叶儿嗬。在"喜丧"的场合中，人们可以多跳几个晚上；反之，就少跳或不跳。

除了"喜丧""悲丧"，还有另一种可以跳撒叶儿嗬的场合，即"做生斋"，俗称"打活丧"。有的老人无儿无女，死后没有人为他们跳丧鼓，于是在年满六十周岁的时候，他们会聘请专业人员来跳一场，以表示生前已享受到死后应享的待遇。但现在"做生斋"的状况并不多见。非遗项目土家撒叶儿嗬的国家级代表性传承人张先生，称他自己在六十大寿与七十大寿的时候都做了生斋。由于"做生斋"需要一定的经济基础，费钱费力，一般的家庭往往难以承受。"做生斋"的程序与丧葬礼仪的程序相同，一样要布置灵堂，唯独不同于真正葬礼的是红色替代白色成为主色调，被人们称为"红喜事"，棺材则以纸做的假棺材代替，在烧纸"化灵"的时候一同烧掉。"做生斋"的老人便可以在生前目睹"死后"亲友们为自己跳撒叶儿嗬的场景，甚至参与其中。③

作为一种闹夜伴亡的形式，跳撒叶儿嗬的活动一般发生于亡者遗体下

---

① 撒叶儿嗬是一场完整的土家葬礼中的一部分，也是其中最重要的一部分，它是土家人的历史文化传统。

② 张先生口述，2016 年 7 月 17 日。

③ 黄楸喻：《土家族丧葬仪式音乐——以湖北省长阳县资丘镇为例》，硕士学位论文，台南艺术大学，2012 年，第 33 页。

葬掩埋的前一天晚上。有的家庭也会根据经济状况、死亡季节①、死者生前品德等特点来决定是否连续几天晚上跳撒叶儿嗬，直至亡人下葬掩埋。亲朋好友在怀念死者的同时，也陪伴亡人度过在人世间的最后时光。作为一种农民歌舞，撒叶儿嗬需要鼓手和舞者的参与。一名鼓手，不仅要鼓点敲击准确，还要有高亢嘹亮的嗓音，能够边击鼓边领歌，故有的地方称其为"歌师"。张先生将好鼓手的特点总结为"鼓点子准、唱腔要正、吐词清楚、表情要真"，能将鼓点与歌词、腔调完美结合在一起，是十分有难度的。资丘有句古话："女人不跳丧，男人不送竹米。"②也就是说，撒叶儿嗬基本是男人专属的歌舞活动，女性是不适合参与进来的。跳撒叶儿嗬的舞者一般都是两人或四人组合，其中两人对跳的形式最常见。其他参与进来的人也会组成双数，两两对跳；在有些动作中，例如一段歌舞进入高潮即将结尾的时候，众舞者纷纷围成一个或几个大圈，高唱到"撒叶儿嗬耶"并结束舞蹈。在整晚的表演中，换人换曲的现象时有发生，但整个过程基本都是一气呵成。由此可见，撒叶儿嗬是土家人参与纪念和送别亡者的活动，是土家地区丧葬活动有别于其他周边地区丧葬活动的主要特征，是清江流域土家人"丧事当作喜事办"的主要方式。

有关撒叶儿嗬的来源有两种说法，一是它来源于武王伐纣时期的巴人歌舞，是军前舞或战舞，是战士出征杀敌用以呐喊助威和祭奠战友的方式。《华阳国志·巴志》记载："巴师勇锐，歌舞以凌殷人，（殷人）前倒戈，故世称之，武王伐纣，前歌后舞也。"武王的军队与殷人的队伍相对之时，巴人跳起了军前舞，在高亢激昂的歌唱和战鼓声中预习各种拼搏动作，又利用这种振聋发聩的声响去鼓舞士气，并令对方战战兢兢。这是一种军前舞和混战时的呐喊助威的混合体。休战之时，巴人士兵围绕着战友的尸体，以歌舞的方式祭奠他们，并誓报血仇。巴人军队来势凶猛、越挫越勇，敌人军心涣散，最终倒戈兵败。③经过后人的艺术加工，战舞中围绕尸体唱歌的形式演变为亦歌亦舞的艺术在巴楚一带流行。但是民间在祭祀亡人的时候多用巴地

---

① 土家地区流行土葬，尸体下葬之前需要在家里停放几天。由于夏季气温高，尸体便不能在屋内停放太久，否则易腐坏。

② 根据刘大伯口述，2016 年 7 月 22 日。"送竹米"是指娘家人前来探望产妇和新生儿的活动。

③ 徐文华：《跳丧舞的源流与特征》，http://www.tujiazu.org.cn，2005 年 12 月 20 日。

方言各唱各腔，《通典》曰："巴渝舞①其辞既古，莫能晓其句读。"《隋书·地理志》记载："江夏之郡，多杂蛮左……颇与巴渝同俗。死丧之纪……其左人则又不同，无哀服，不复魂。始死，置尸馆舍，邻里少年，各持弓箭，绕尸而歌，以扣弓箭为节，其歌词说平生之乐事，以至终卒，大抵亦犹今之挽歌也。"此种"绕尸而歌""以扣箭为节""说平生之乐事"，与现代撒叶儿嗬的表演与歌唱内容已经非常相似了。②

第二种来源与古时巴国初民对祖先的祭祀有关，它是反映图腾现象的祭祀性歌舞。③《后汉书·南蛮西南夷列传》曾记载巴人的祖先廪君在去世之后，魂魄化成了白虎，而老虎是会吸人血的，所以巴人就开始供养它。这说明了古代巴人已经具有祭祀祖先的观念和礼仪。④王逸《楚辞章句》记载："昔楚国南郢之邑，沅湘之间，其俗信巫而好祠，其祠必作歌舞乐鼓舞以乐诸神。"战国时期楚国的领土是相当大的，巴人所在地区是楚国的一部分。又说："屈原放逐，窜伏其域……出见俗祭祀之礼，歌舞之乐，其词陋鄙，因以作《九歌》之歌。"巴人对其祖先祭祀，必采用歌舞的方式，以期能娱乐诸神，令大家都开心。而这种歌舞祭祀的习俗与当地巫术风俗密不可分。当屈原见到此种风俗时，觉得巴人所演唱的歌曲实在是粗鄙，所以便作了《九歌》这样的歌词。⑤唐代樊绰《蛮书》引《夔府图经》记载："初丧，击鼓以道哀，其歌必号，其众必跳，此乃白虎之勇也"。又说："巴氏祭其祖，击鼓为祭，白虎之后也。"这里明确指出巴人祭祀是与白虎图腾相关联的，最初的跳丧就是祭白虎神。⑥

纵观这两种说法，并不能二者选一。反之，这两种起源都有其合理之处，并不矛盾，它们只不过是撒叶儿嗬发展过程中不同时期的演变，以及

---

① 汉高祖令人将武王伐纣的军前舞改编为巴渝舞。
② 黄柏权：《土家族白虎文化》，中国文联出版社 2001 年版，第 159 页。
③ 田玉成、刘光菊：《人类非物质文化遗产的代表作——土家撒叶儿嗬》，《民族大家庭》2006 年第 1 期。
④ 《南蛮西南夷列传》记载："廪君死，魂魄世为白虎；巴氏以虎饮人血，遂以人祠焉"参见范晔《南蛮西南夷列传》，载范晔、司马彪编撰《中华历史文库·后汉书卷八十六》，银冠电子出版有限公司 2004 年版，第 2286 页。
⑤ 黄柏权：《土家族白虎文化》，中国文联出版社 2001 年版，第 158 页。
⑥ 黄柏权：《土家族白虎文化》，中国文联出版社 2001 年版，第 159—160 页。

具有不同的附着点而已。① 清江流域的土家人从历史流传中继承了这种做法，"临丧祭祀，有歌有舞"，它逐渐成为本地人传统文化的一部分。在处理死亡现象的诸多仪式和方式中，为什么土家人将这种亦歌亦舞的活动长久保存下来，成为丧葬礼仪 ② 中最重要的一部分？事实上，在清江流域的土家地区，撒叶儿嗬从产生到现在，见证了几千年的连续性历史。1949 年之后的一段时间，撒叶儿嗬受到了政治环境的影响，被冠以"封资修黑货"的帽子而遭到全面禁止。经历过政治动荡时期，清江流域的撒叶儿嗬在某种程度上已经濒临灭绝。虽然有消亡的整体趋势，但一些县镇的撒叶儿嗬仍顽强生存下来，其中恩施州巴东县、宜昌市的长阳县和五峰县三地是其保存较为完整的地区。这三地的撒叶儿嗬在基本的歌舞套路上有相似之处，在舞姿及一些套路上也存在不同之处。长阳县的撒叶儿嗬于 2006 年加入国家第一批非物质文化遗产项目名录 ③，由此获得了官方认可的地位。在长阳县，资丘镇的撒叶儿嗬是最生动而又最具代表性的。资丘的撒叶儿嗬与清江流域其他地区的撒叶儿嗬仪式共享了相同的历史谱系，但它又具备了一些复兴过程中的"独特"资源。

从撒叶儿嗬仪式的发展史可以看出，它具有十分悠久的历史，而且包含了土家先民的生活智慧；它见证了本地人几千年的连续发展史，其自身也遭遇了毁灭性的打击；它产生于久远的过去，但至今尚存，成为村寨丧葬礼仪中最具有本地特色的纪念仪式。从当地人的口述中，有三种理由令这种歌舞仪式长久保存下来，生生不息。简言之，这种纪念仪式符合本地人日常生活中的三种精神态度：首先，子女应该遵守孝道，在父母去世之后应为其"认真严肃"地送终，跳撒叶儿嗬就是一种隆重的送别方式④；其次，它是村庄礼尚往来的一种表现形式，是众人在"打不起豆腐送不起情，

---

① 田玉成、刘光菊：《人类非物质文化遗产的代表作——土家撒叶儿嗬》，《民族大家庭》2006 年第 1 期。

② 本地区的丧葬礼仪以儒家的做法为基本骨干，完美糅合了佛家的思想，借助佛家及道家的超度方式，助力亡者灵魂升天。其中，撒叶儿嗬是当地人传统的纪念仪式，具有自身的特色。

③ 巴东县和五峰县的撒叶儿嗬也在 2014 年加入第四批国家级非物质文化遗产项目名录。

④ 本地人视孝敬老人为一种美德，是报答父母的方式，在父母去世之后，本地区的风俗是子女为父母办一场热热闹闹的送别仪式。所以，本地的丧葬礼仪是带有厚葬色彩的。土家人认真严肃地对待丧葬礼仪，是受到孝文化影响的产物，也是热热闹闹办葬礼的社会原因之一。

跳一夜丧鼓送人情"的时代就传习的人际互惠方式，是村庄劳动分工和完成一场葬礼的基础；第三，是对贝尔"相互共享仪式"的一种案例表达，是后人以载歌载舞的方式送别，"如果令祖先高兴，后人可以向祖先寻求福佑（blessing）"的世俗目的的写照。[①]

综上，通过一个简单的描述可知，土家纪念仪式撒叶儿嗬所传达的不仅仅是生命周期中个体死亡事件的发生，它还是整个家庭、整个社区发生的重大事件，是后人与祖先（神灵）之间保持互惠沟通的重要方式。在本地人看来，撒叶儿嗬是一种纪念并送别亡人的集体参与仪式，也是热热闹闹让祖先高兴的实践活动，更是后人对亡人一系列纪念活动[②]的开端。

二　丧葬流程与撒叶儿嗬的定位

在对仪式进行分类的研究中，人们会发现有些种类的仪式，比如过渡仪式或者生命周期仪式、与岁时有关的仪式、相互共享的仪式等，在很大程度上具有一个共性，即它们可以不断重复进行，具有重演的特征。无论是个体从出生、成熟、成家到死亡的一系列过渡过程，还是人们根据年、

---

① 在布洛克的观点中，他认为人们通过二次葬的方式，让死者回到祖先集体中去，这不仅是将祖先的葬礼与社区的完整联系在一起，而且还表明"如果令祖先高兴，后人可以向祖先寻求福佑"的世俗目的。中国人的祖先崇拜现象，既是一种产生于巫术信仰之中的凡人与神灵的神圣关联，也是在孝文化影响下人们"善事父母"和"尊祖敬宗"的表现。中国人对祖先的崇拜和敬奉，其实与布洛克的看法无太多差异。华琛在华南地区的研究也指出类似的看法，他认为死亡并不是某种关系的结束，"人与鬼之间的互惠并没有终结，而是强化"。在前文巫术信仰的起源中，人类通过欢快的歌舞形式娱乐天神，以期从天神那里获得庇佑和帮助。这与人们认真勤勉地祭祀祖先，希望从祖先那里获得福佑的做法是一致的。撒叶儿嗬是一种热热闹闹送别亡人的仪式，它虽然不同于逢年过节对祖先的敬奉，但它是展示孝子女对亡故父母心意的最好方式，所以它也掺杂了"祈福庇护"的目的。可见，祖先崇拜的崇高形式与祖先庇佑的功利目的，是土家人对死亡含义的深度发掘与向下延伸。参见 Maurice Bloch, *Placing the Dead: Tombs, Ancestral Villages, and Kinship Organization in Madagascar*, London and New York: Seminar Press, 1971; James Watson, "The Structure of Chinese Funerary Rites Elementary Forms, Ritual Sequence, and the Primacy of Performance", in James Watson and Evelyn Rawski, eds., *Death Ritual in Late Imperial and Modern China*, Berkeley: University of California Press, 1988。

② 本地区的亡人纪念活动受到了我国历朝历代礼制的影响，其中儒家的丧葬礼仪影响最大。儒家的丧葬礼仪主要包括殡丧、埋葬、服丧三个主要阶段。也就是说，从老人死亡到完成下葬，还不是一场丧葬礼仪的终结。在亡人下葬之后，家人不仅需要为亡人继续服丧，在以后每年的重要岁时季节，比如过年、清明、中元节等，结婚、生子、做寿等家庭重大事件发生之时，都需要对他们予以敬奉和祭拜。所以，丧葬礼仪中的纪念仪式只是对亡人纪念实践的开端。

月、日的岁时分割而形成的纪念活动，或者是人们在某个重要时刻集体向神灵的敬奉等实践，都在持续不断地往复着他们过去所做的一切。仪式的重复性宣称了人们在继承着过去的传统，而且他们会延续这种传统。

在清江中游的土家聚居区，每当山寨中有老人去世，邻居亲朋纷纷赶来，大家不仅会为去世老人跳一场送别的撒叶儿嗬，还会为他／她举办一场完整的丧葬礼仪，后者包括了老人从落气到上山下葬、葬后祭祀等过程。这一系列的繁琐程式在本地区流传许久，是任何葬礼中都不可或缺的。在五房龄村等地的田野观察发现，当地人会重复践行以下的程序。

烧落气纸、放落气鞭铳 "落气"即人去世之后没有了气息，亲人为亡人准备一些黄色草纸，焚烧落气纸，作为他／她启程"上路"的盘缠。放落气鞭和落气铳的功能有两个：首先是鞭炮的声音大，特别是土家人使用的"铳"，属于黑火药的一种，声音巨大、振聋发聩，人们认为它能吓走附近的恶鬼；其次是通过落气鞭和三声落气铳，能够告知乡邻，家中有人去世。[1]

成立治丧团队、报丧把信 当乡邻听到鞭炮声，便会赶到孝家帮忙。所有丧葬事宜由都管先生[2]统筹，详细状况会写在一张白纸上，形成一份"执事人员名单"，贴在孝家大门外的墙上，其他人根据分工各司其职。都管会安排相应的人员给亡人的亲朋好友"把信"[3]，即告知某人去世的消息以及何时下葬，请亲朋好友前来吊唁、参与送葬。

收敛 老人落气之后，需要找来村庄中有经验的人，给老人擦洗身体并穿上事先准备的老衣。老衣的件数是单数，一般是七件或九件衣裤，家中只准备五件或三件的情况很少。按照当地风俗，死者上身衣物穿双数，下身穿单数，再配一套鞋袜，比如亡人在生前准备了七件老衣，那么上衣有四件，裤子有三条。

迎尸上踏 人们把整理好遗容的尸体从床上移动到一张大木板，即灵

---

[1] 因为响铳的数量在土家族地区有约定俗成的含义，所谓"一铳喜二铳忧，三铳四铳把命丢"，一响铳是有喜事发生，如结婚、生子、做寿；二响铳是指喜忧参半的事情发生，比如嫁女儿的场合，父母是不舍的；三响铳或四响铳是专用于丧事场合的。

[2] 同"督管"，是治丧团队的领导人物。

[3] 在以前通信技术不发达的年代，孝家会安排几位工作人员前往核心亲属家庭所在地，告知他们某人去世的消息。而在电报、电话、网络技术出现之后，孝家通过这些快捷方式通知亲友。

堂踏板上，称为"迎尸上踏"。

入材　相关人员把踏板上的尸体搬移至寿材（即棺材）之中，整理好死者的衣物发型，并在死者脸上盖上一张黄色草纸。

升柩　在孝家的堂屋[①]，即面对大门口的客厅内平行放置两条长板凳，然后请人将灵柩移动到板凳上。

布置灵堂　升柩之后，人们便可以布置灵堂。灵柩前放置一个八仙桌，用于摆放遗像、灵牌、香炉等物品。对于亡人灵牌的写法，一般是在一张长方形红纸或白纸上，依照由上至下的次序，在灵牌中间写上亡人的姓名，左下是辞世时辰，右下是生辰八字。桌上还有一直燃烧的蜡烛或者煤油灯，称为"长明灯"。如果烛火即将燃尽，孝家需要赶紧续上，不能让它熄灭。[②]在八仙桌与灵柩之间的空隙位置，人们挂起一块白布，白布周围布置有挽联等物品。在桌子两边，摆放两个"寿竹筒"，里面插入了与死者年龄同数且绑有白色装饰带的长竹签，以表征死者的年龄。

穿孝服　在下葬前日，孝子孝女开始穿孝服。根据笔者观察，有的孝子女只在胳膊上系一条黑色的布带，称为"孝记"或者是"袖记"。除了黑色孝记，也有佩戴白色孝布，即将一尺白布从头部挂在身后的做法。依据同亡人的亲疏关系，孝服分为长孝与短孝。另外，有的孝家会给送葬的所有人员分发一条白色孝布与一条毛巾，等上山下葬时，满山都是白色的人影，称为"满山白"。

孝子回拜　亲朋好友在灵堂前为亡人烧纸、作揖和叩头之后，孝子女于灵柩的左右边空地下跪，向行礼的亲朋好友叩头致谢。每来一位行礼的亲朋，孝子孝女就要回拜一次。一般而言，男客行礼是由孝子回拜，女客行礼是由孝女回拜。

---

① 孙家香曾讲述"屋大好停丧"的典故：一个老板做大座基屋，在茶饭上很吝啬，又不付酬金，木匠有意见。上梁时要占四句子，木匠给老板说："您和我一人说两句。您先说。"老板说："要得。我说说：'屋大好停丧，门大好出丧'，你就说：'千年死一个，万年死一双，代代不出少年亡'。"木匠答应了。第二天，上梁，老板说："屋大好停丧，门大好出丧。"木匠说："您大人大事，说话就算话。"后来，老板家的人都死光了。参见萧国松《中国民间故事全书·湖北·长阳卷》，知识产权出版社 2007 年版，第 19 页。

② 随着工艺的进步，现在的红白事专用蜡烛，一根可以燃烧 24 小时，免去了主人家经常更换的麻烦。

游丧 送葬的家业师傅[1]进门之后，吹着长号带领孝子孝女们围绕灵堂转圈行走。游丧需要按照东、西、北、南的方位进行，队伍每到达一个方位，长号音由高亢转为低沉，象征由生到死。游丧之时，队伍以"右进左转，大进小出"的方式不断行走，即东为大，由东向西；北为大，由北往南，最后都要正进正出。[2]每达到一个方位时，孝子需要叩头，向家业师傅们致谢。由出嫁女或者侄女买来的棺罩，由四位工作人员铺开，经过跪拜的孝子女背上，然后在长号的提示下盖在灵堂内的棺木上。

开方、收方 开方，就是在孝家屋外的空地上，模拟"东、南、西、北、中"五个神仙方位，请求各位神仙为亡者开辟道路。五方神位是指东方青帝灵威仰、南方赤帝赤飚怒、西方白帝白招拒、北方黑帝叶光纪以及中方黄帝含枢纽。人们将准备好的五方神位摆放在桌凳上，八仙桌上放置中方神位，其他四把座椅分别放置东南西北方神位，并且四把椅子与桌子拉开一段距离。孝子由道士或者家业师傅引领，从南方神位出发，依次走向东方、北方、西方；每到一个方位，都向右（外）转，四个角都走完之后，顺时针绕行一整圈，然后围绕五方神位游走，人员由南走到北，在北转身，再从东走到南，形成八卦图形。每走一方，需吹号，焚烧三张黄色草纸，孝子同时向神位磕头。收方，在第二天下葬开台吃饭前，或者头天晚上开台吃饭结束后，孝子在家业师傅们的引领下，从东方神位出发，每走一方，烧三张草纸，并把每方神位灵牌纸一起烧掉。完成后，将代表四方神位的四把椅子拉回到桌子四边，即归位。

开台吃饭 孝家正屋旁边搭建一个灵棚，棚下放置四张圆桌，每张圆桌可容纳十位宾客。圆桌的旁边放置一个小的八仙桌，桌侧挂一块白布或红布，与宾客就餐区区分，响匠师傅们[3]在此就坐。当都管大声招呼要开台

---

[1] 即专事送葬的吹打乐师傅们，由出嫁女、上门女婿、内/外侄女/男或者亡人娘家人出钱请来为亡人送葬；孝子只需要请家中坐台的响匠师傅。女儿请家业送葬有一个典故：从前有个师傅的亲家公，只有一个儿子，有四个女儿。亲家弥留之际，儿女都到身边来了，就说一起打一盘家业送葬。老头说："不行，你们必须一人打一盘家业，要不然我养这么多女儿干什么！"由新老师口述，2016年7月19日。

[2] 黄楸喻：《土家族丧葬仪式音乐——以湖北省长阳县资丘镇为例》，硕士学位论文，台南艺术大学，2012年，第56页。

[3] 响匠师傅一般是四人或六人，乐器包括两个长号、两个唢呐、高/低音鼓、梆子、锣、响锣及钹。

吃饭了，鞭铳一响，响匠师傅们就开始吹奏"上席调"，宾客就坐，厨房上菜。每上一道菜，师傅们就吹奏一次"菜调"。等宾客吃完饭，他们又吹奏"下席调"，提醒宾客离席。上席调一般持续十一分半钟，下席调持续一两分钟。如此循环往复，直到毕席。

跳撒叶儿嗬　俗称"跳丧"，是清江中游土家人追忆亡人、热热闹闹陪伴亡人过夜和送别亡人的一种方式。晚饭结束之后，孝家在灵堂外左前方放置一个牛皮大鼓，会击鼓的师傅便开始击鼓，会跳的宾客也两两组合开始"跳丧"。歌师与舞者中途都可以轮流休息，一直到第二天早上五点才结束。

奠酒祭灵　是指在午夜时孝子祭奠亡人的活动。等所有来宾吃过晚饭后，厨房准备干净的饭菜，以飨亡人。分为"大叫亡人"和"小叫亡人"，前者是较为隆重的祭奠；后者则是简单的祭奠。"大叫亡人"发生的时候，孝子跟随家业师傅绕灵堂游走，脚下勾勒出太极八卦图。每当帮厨人传送一道菜，长号响起，送菜人加入队伍绕堂一圈。在灵堂前，孝子跪地接过菜盘，放于八仙桌上，然后长号连续吹奏三次，孝子起身。厨房连续上十道菜，之后上来三碗米饭，孝子叩头祭奠。帮忙人员从每盘菜中夹一点，放入一碗米饭中，并将此饭送到屋外空旷之处。"小叫亡人"则没有那么复杂，在没有吹打乐的情况下，帮厨人送来三碗菜、三碗饭，置于灵堂前的八仙桌上，孝子们依次敬酒祭奠即可。

醒炮　第二日早上五点半左右，天刚蒙蒙亮时，帮忙之人会放响铳，提示帮忙之人各就其位，准备早餐与下葬事宜。

开山　专门打井的人员于下葬当日凌晨或下葬前几日，在孝家选定的墓地打一口长方形的井，以放置棺木。

奠酒辞灵　早上开台吃饭之后，所有孝子女以三张草纸、三杯酒、三次跪拜向亡者致意，表达对亡者的送别之情。

闭殓出柩　家业师傅们带领所有孝子孝女，围绕灵堂一周，看亡人最后一眼，与遗体告别。负责抬重的"八大金刚"[①] 盖上棺盖，将灵柩移步门

---

① 李国兴曾讲述"八大金刚"的由来：传说，以前有一个人非常有才华，家里却穷得响叮当，但他什么都无所谓，还整日卖弄才华。玉皇大帝想让天宫人才俱全，可是想来想去就是差一个文人，所以茶饭不思，愁眉苦脸。太上老君听说后就向玉帝推荐了这个凡人。文人上（转下页）

外，放置在屋前空地上，并以石灰、油漆等材料的混合物密封棺木。与此同时，工作人员全体出动，拆除所有的装饰，比如撕掉墙上的挽联、执事名单，拆除灵棚以及灵堂布置等。棺木移出大门之外时，还会有清洁人员将堂屋地面清扫干净，表示将屋内的不祥一起扫除。

前往茔地　"八大金刚"用捆丧绳子将两根粗壮的木棒固定在棺木两侧，大家在都管先生的指挥下，一起将棺木抬送至坟地。在运送过程中，领头人要在路边散发一些纸钱，以打发路边的孤魂野鬼。无论天晴下雨，怀抱遗像的孝子，都需要打一把深色的雨伞，以达到"遮灵"的目的。其余孝子孝女人手一根或两根短木棍，上面缠有白色的纸花带，称为"嚎丧棒"。孝子孝女在哭丧或跪拜的时候可以倚靠它，以免出现过度悲伤失足跌倒的情况。

热井下式　井打好之后，人们在它的四角焚烧草纸，驱赶井内的阴冷之气，表示"热井"，随后才能将棺木安放进去。墓地选择讲究风水，不同年份的亡人下葬方位是不同的。有的家庭还会请专人选择下葬时间和日期，待吉时下葬。

回灵　棺木下葬之后，专事做茔的人员会在墓地做一个圆形土丘，为阴宅的雏形。孝子则将亡人的灵牌带回去，等到五七之日一并焚烧，即为回灵。

五七　五七就是亡人去世后的第五个七天，即去世后的第三十五天。这天孝家应当请道士做法，没有道士也无妨。人们会在白纸包内装入黄草纸，写上送钱之人与收钱之人姓名，称作"包袱"。核心亲属会赶过来一起祭奠亡人，给亡人烧"包袱"，同时化掉灵牌。给亡人做五七比较麻烦，需要遵循一系列礼仪：孝子孝女将灵牌从茔地拿回家，放置于堂屋中间桌子的东北角；在这三十五天内，亡人坟前应该一直点灯或蜡烛；家人至少每七天要为亡人"叫饭"，或者天天"叫饭"等。一些家庭会在下葬当日，购

（接上页①）天后，留在天宫锦衣玉食，但是却没有自由，所以想返回人间，但是玉帝就是不允许。文人思念凡间的生活，茶饭不沾，时间久了就一命呜呼了。玉帝见他如此思念凡间，就准备了一口棺材，让八大金刚把他抬回人间埋葬。世人见文人去了天宫，死后又由八大金刚抬回来，想他一定很受重视，所以如今死人后就兴八大金刚。参见萧国松《中国民间故事全书·湖北·长阳卷》，知识产权出版社 2007 年版，第 28 页。

买灵屋等冥器，同"包袱"一起烧给亡人，就算是提前过五七。如此一来，亡者下葬后的一段时间内，孝家就不必举行各种烦琐的仪式。

周年祭 亡人去世之后，亲属在一周年、两周年和三周年这三个重要日期会进行祭祀。第三年的祭祀又称为"除服"，表示此后孝子女可以回归正常的生活，不必再为亡父亡母戴孝以及遵守一些繁文缛节。

实际上，山寨中一旦有人去世，这套礼仪是必须不断重演的。它由两部分组成：独特的撒叶儿嗬仪式与土家祖先的军前舞和图腾祭祀相关，它是本地人丧葬礼仪中最具传统特色的一部分；除此之外，另一些礼仪步骤受到我国历朝历代丧葬礼制的影响，其中儒家的贡献最大，后文将详细讨论。由此可见，清江中游土家地区世代操演的撒叶儿嗬和丧葬礼仪程式，都受到了先辈传统的影响——每个个体在生命结束之后，都会被家人安排并"享受"这一套隆重的纪念暨送别礼仪。在每一次不断重复的操演中，后人被提醒着要继承过去的传统，与此同时，后人们也在持续践行着传统文化。

三 撒叶儿嗬的特征

在人们对仪式的认知当中，仪式有四点众所周知的特征。[1]首先，它既是形式又是内容，仪式的形式主义在它与非正式活动的比较中最为明显，而一种仪式也往往是为了达成某种目的，所以也具有了相应的内涵和内容。其次，它既是表达性又是规则性的，表达性指的是仪式意欲传达的陈述和意涵，规则性则是建构仪式的形式主义的主要法则和规范。再次，在大部分情况下，仪式出现在专门的场合，土家撒叶儿嗬的仪式操演原本是有时间和场合的限制的——家里无人去世不能跳、大年三十不能跳，但是在缺少娱乐活动和方式的年代，众人也会偷偷在自家的田地或其他空旷之处"过一把瘾"。最后，仪式具有一种重复的性质，即大部分的仪式，尤其是在日常生活中出现频率高的仪式，往往是在相同的岁时、相同的场合或者事件发生的时候，由巫师、教皇等人物或人们的集体操演来完成。这种重

---

[1] 贝尔认为仪式具有以下特征：形式主义、传统主义、不变性、规则支配、神圣象征主义以及操演，其表述与康纳顿的说法并没有太大差别。参见[美]保罗·康纳顿《社会如何记忆》，纳日碧力戈译，上海人民出版社2000年版，第49—51页；Catherine Bell, *Ritual: Perspectives and Dimensions*, New York: Oxford University Press, 2009。

复的操演是个体明显意识到他们正在公众面前做一件具有高度象征意义的事情，表达了仪式作为一种实践活动的根本特征。从前文的总结中也可以看出，重演或者重复性并不适用所有的仪式。纪念仪式是一种重复性的操演活动，纪念的本质特征在不断重复的活动中方能显现。

撒叶儿嗬是一种歌舞鼓三位一体的表演艺术，在资丘镇，它包括著名的"五大件"："四大步"、"叶儿嗬"、"幺哩儿嗬"、"杨柳"、"幺姑儿姐"。除了这几种最基本的套路，在申请非遗项目的资料中还有"哑迷子""滚身子""摇丧"。这些名词既可以看作基本的套路，也可以是歌词或歌名，或者曲牌，它们是将歌舞鼓串联起来的核心要素。撒叶儿嗬的歌来源于生活，又高于生活，它的歌词被研究者们称为"诗歌"。[1]受到诗歌体艺术的影响，当地人日常生活中使用的歌词大多是较押韵的七言五句诗，被他们称为"五句子"。比如《十二月》[2]：

> 正月来时无花戴，二月来时花才开，
> 三月清明吊白纸，四月秧草无人栽，
> 五月龙船拖下水，六月花扇绕风来，
> 七月有个云南会，八月黄雀朝南飞，
> 九月重阳造好酒，十月娇女送衣来，
> 冬月大雪飘飘下，腊月凌片打不开，
> 打不开来要打开，打开凌片舀水来。

这段《十二月》是由一系列七言诗句组合而成的，它是撒叶儿嗬中比较常见和常用的"诗歌体"。从文学的角度来看，这些诗句不是很工整，整诗也不是"七言五句"，但是在本地人的方言操演和创作中，不太标准的排比形式正是撒叶儿嗬歌词最明显的形式主义表征之一。在演唱的时候，这些歌词会发生一些变化。为了连贯歌词之间所表达的情感、语气以及实现歌词间的顺利过渡，并增强歌曲的表现力，人们创造性地在歌词中加入一些衬词，

---

① 田玉成、刘光菊：《人类非物质文化遗产的代表作——土家撒叶儿嗬》，《民族大家庭》2006 年第 1 期。
② 田玉成：《山歌与村笛》，三峡电子音像出版社 2013 年版，第 252 页。

如下文括号内标示的"也，呀，啊，哟，喂"等。衬词的使用破坏了歌词原有的"诗歌体"特色，但是它们突出了撒叶儿嗬的"乡土性"，使它更符合农民的语言表达及习惯。换言之，歌词的模式化更改，有助于固定的句式结构和演唱模式（model）的形成，它成为撒叶儿嗬操演形式的另一表征。如《四大步》：

> 正月（呀）不来（呀）二月（呀）来（呀），
> 撒叶儿嗬也。
> 《杨柳》
> 隔山（那个）隔领（也）又隔崖（也），
> 跳撒叶儿嗬也。
> 《幺姑姐》
> 这山望见那（呀）山高，
> 幺（啊）幺姑姐（呀喂），幺（啊）幺姑姐（呀喂）。
> 《叶儿嗬》
> 正（啊）月（个）里（呀）来，要跳叶儿嗬（也），
> 要跳叶叶儿嗬（也）。

除了歌词的形式化特征，撒叶儿嗬仪式的舞蹈模式也基本定型。撒叶儿嗬的舞可以分解为四类动作加以阐述，第一类动作是撒叶儿嗬的手法，手的基本动作包括里绕手、外绕手、交替里挽手、交替小穿掌、左右小翻掌及穿掌摸肘。[1] 对于有舞蹈基础的人而言，这些手部动作都是简单易学的；对于没有舞蹈基础的群众而言，他们在学习与参与撒叶儿嗬的过程中，只是模仿了他人的手势和姿态，并没有将动作做到位，比如在群众自发跳撒叶儿嗬的场合中，穿掌与绕手动作的形态差异并不明显。第二类是颤与摆的动作[2]，这里的颤是专门针对双膝而言，双膝随节奏上下颤动，脚踝也随之微弱颤动。摆，则是在上下颤动的基础上，随着节

---

① 《中国民族民间舞蹈集成·湖北卷》（上、下），中国 ISBN 中心出版 1995 年版，第 1172 页。
② 《中国民族民间舞蹈集成·湖北卷》（上、下），中国 ISBN 中心出版 1995 年版，第 1172 页。

奏左右摆胯。第三类是步法，主要包括行进颤步、颤摆布、跑颤步和踢
毽步。① 在行进过程中，脚步随着鼓点一步一颤，向前进或后退，向左转
圈或向右转圈，步伐迈出去之后最终又会返回原位。第四类是舞者站位，
在大部分情况下，两人面面相对而立称为"面场"，也有以左肩或右肩相
对的"面场"，或两两背对的"背场"。除了两人相对起舞的形式，还有
站成一线、围成圆圈的形式，后两种都穿插在具体的舞蹈套路之中。根
据步法、站位以及膝胯等部位的运动，形成了撒叶儿嗬舞蹈中的一些基
本动作路线，即脚步行进路线，如半边月、升子底、车②身及双车身。③
这些肢体动作和站位法则，在撒叶儿嗬整个仪式中循环往复地被应用。
由此，舞者们形成了较为固定的肢体表达习惯，在雄浑威武和气势磅礴
的操演之中，歌舞人浑然一体。

半边月　　　　升子底　　　　车身　　　　双车身

图 2-1　撒叶儿嗬脚步基本动作路线

　　根据白晓萍的观察，她认为撒叶儿嗬舞蹈动作的总体特点可以概括为
三个字，即顺、曲、颤。④ 顺，即同手同脚共进退，在舞蹈中出左腿时要伸
出左手，迈右腿时要伸出右手；曲，是指跳舞的过程中，手臂和腿一直都
处于一种弯曲的状态；颤，是指腿、胯、肩部甚至全身各部都处于或强或
弱的颤动或颤摆之中。她比较了资丘与巴东的舞蹈，认为资丘的撒叶儿嗬
在韵律和力度上都讲求到位，动作上更重于摆胯，腰、臀到肩背呈整体的
左右摆动，所以资丘的撒叶儿嗬更讲求男子舞蹈的力量美，处处透出阳刚
之气，舞姿坚实稳健、雄浑威武。⑤ 通过对手、脚、膝、胯、背等部位的协
调及动作的融会贯通，撒叶儿嗬的舞蹈操演被具化为一系列相互关联的行

①　《中国民族民间舞蹈集成·湖北卷》(上、下)，中国 ISBN 中心出版 1995 年版，第 1173 页。
②　在方言中，人们称"侧"为"车"，"车身"即"侧身"的意思。
③　《中国民族民间舞蹈集成·湖北卷》(上、下)，中国 ISBN 中心出版 1995 年版，第 1173 页。
④　白晓萍：《撒叶儿嗬——清江土家跳丧》，湖北美术出版社 2006 年版，第 274 页。
⑤　白晓萍：《撒叶儿嗬——清江土家跳丧》，湖北美术出版社 2006 年版，第 165 页。

动模式，它们以姿势、手势和动作的方式表现出来，张扬了舞蹈之中的男性气质，构造了集体送别亡人的热闹场景。

撒叶儿嗬仪式中的"鼓"的演奏也具有自己的特色，即被使用的大部分曲调都是规范的 6/8 拍和 2/4 拍的节奏，强弱交替鲜明，节奏感强。此外，鼓师击鼓也有规可循，他们以轻击、重击、敲击鼓心、鼓边与鼓帮等多种技法[1]，来促成撒叶儿嗬仪式的上演。在此过程中，鼓点的特色是节奏稳健、强弱关系鲜明以及寄托的情感色彩丰富。

6/8 拍节奏：强 弱 弱，次强 弱 弱
2/4 拍节奏：强 弱，次强 弱

6/8 ×·× ×× ×× × × ×× | ×·× ×× ×× × × × |
它适用于所有 6/8 拍的撒叶儿嗬曲谱；

2/4 ×××× ×× | ××× ×× |
它适用于大部分 2/4 拍的撒叶儿嗬曲谱，反复演奏时可即兴加花。[2]

撒叶儿嗬是歌舞鼓一体的表演艺术，它的演唱也是在澡演过程中完成的。击鼓的鼓师往往也是叫歌或领唱之人，他必须以高腔演唱。而其他的男性舞者，只是在跟随节奏跳动的过程中附和或回应歌师的唱词，将歌曲所表达的情感扩大化并推向高潮，帮助歌师转向下一条套路，比如《开场歌》的唱法，是在一叫一合中循环往复，直至演唱结束：

叫：啊敲起呀来吧又 伙起呀来哒
合：撒叶儿嗬也
叫：拖起呀斧头 乱劈柴呀
合：敲起呀来吧 伙起呀来呀 莫让丧鼓 冷了台呀

---

① 《中国民族民间舞蹈集成·湖北卷》（上、下），中国 ISBN 中心出版 1995 年版，第 1155 页。
② 《中国民族民间舞蹈集成·湖北卷》（上、下），中国 ISBN 中心出版 1995 年版，第 1156—1157 页。

叫：好柴不用那 榔头啊打也

合：撒叶儿嗬也

叫：一斧呀落地呀 两渣开呀

合：好柴不用那榔头呀打呀 一斧落地两渣呀开呀

叫：榔头呀打也 两渣开也

合：撒叶儿嗬也

叫：您啊是对手呀上场来也

合：榔头哇打也喂两渣呀开也，您是对手呀上场来也

不难发现，在撒叶儿嗬仪式的歌舞鼓活动中，它呈现了较为固定的句子结构和演唱模式，以及较为稳定的行为序列和肢体表达。结构化的曲调、鼓点和演唱方式，以及对歌师演唱音调的要求等内容，都体现了该仪式在操演过程中的形式特征。这些特征与学者所描写的形式主义，比如具有标准排比、行为序列的固定性、发声固定、音调变化有限[1]并非完全吻合，但是它们也能证明"撒叶儿嗬是一种形式化操演语言"。从以上描述可以看出，每当本地人在仪式场合中唱歌击鼓并跳舞的时候，他们实际上赋予了操演两方面的含义：一方面是通过歌师所唱的具有固定内容和语法的歌词，来完成舞者与歌师的互动，通过他们不断发出的声音来维系歌舞的秩序；另一方面是通过人们参与其中的固定姿势、手势或者动作，让观众乃至天上的"神明"大饱眼福。由此可以认为，操演作用是纪念仪式撒叶儿嗬的一种重要特征，它是以言行事的表达及行为方式。这样的一种操演语言，是人们对一些固定言说、姿势、手势和动作的掌握。借助模式化的操演，它可以帮助人们去简化人际沟通的烦琐程序，帮助仪式中的人们更快知晓对方的表达以及向他人传达身体的经验，维系仪式之中的秩序，它形成了当地人处理死亡现象时的挥之不去的视觉沉浸和深刻的身体体验。

综上所述，本章从描述纪念仪式撒叶儿嗬的面貌入手，主要是想引出其操演特征以及它与过去之间的关联。没有一种对过去的窥探和理解的方

---

① ［美］保罗·康纳顿：《社会如何记忆》，纳日碧力戈译，上海人民出版社 2000 年版，第 69 页。

式，记忆便无法存在。仪式的操演传达社会记忆的机制，以及为什么选择这一种方式，将在下文进行讨论。

第二节　从撒叶儿嗬初窥社会记忆

在对仪式的介绍中，本书明确指出撒叶儿嗬是服务于纪念性目的的仪式。在每年的国庆节和建军节缅怀先烈、在每年的清明时节祭祀祖先，或者在指定日期庆祝生日和纪念日时，从国家的政治仪式到人们日常生活中的仪式，服务于纪念目的的仪式并不鲜见。纪念是一个笼统的词汇，人们在仪式中纪念的可能是神灵、祖先，又或者是某个重要的时刻，甚至是某个具体的人物。纪念是为了记忆，在人们回溯过去的时刻和事件之时，过去得以再现和延续。

死亡是个体及其家庭必然遭遇的一种命运，死亡事件将个体过去的一切画上句点，个体在尘世间的一切活动悄然终止。不同于对个体出生、成年、成家等事件的庆贺，当个体的生命结束之后，他／她收获的是几乎相反的情感。当面向死亡的纪念仪式发生的时候，它首先是对逝去个体的集体致意，其次是在一群人的参与、交流和分享中，大家回忆和纪念故人，回想故人生前的种种事迹，或集体欢笑或集体落泪或集体愤慨，他们将死亡事件带来的肉身销毁上升为一种集体的情感表达，将纪念仪式的发生变成一次回忆和感怀的机会。

纪念仪式中被记忆的究竟是什么？从过去到现在，一个社群既体验了特殊的经历，又共享了核心的价值。康纳顿认为，它部分在于一个社群（community）由主导叙事所传达和讲述的身份（identity）。仪式中传达的有关过去的意象，是个人和认知记忆的集体变式之外的东西。[①]一般而言，这种身份是很难随意更改的，它是一种比较稳定的社群意识，比如在清明节祭祀祖先的时候，人们记忆的不仅仅是自己的血统，还有家族的血统和国家的血统。通过重复性的纪念仪式，一个社群的身份和有关过去的意象

---

① 　[美]保罗·康纳顿：《社会如何记忆》，纳日碧力戈译，上海人民出版社2000年版，第81页。

能够被传达和呈现，个体能够清楚了解"我是谁""我来自哪里"或者"我属于哪个群体"之类的问题。

清江流域的撒叶儿嗬仪式，纪念着亡人，也象征着本地人的生死态度。他们既是猛虎[①]的后代——坚强勇敢、骁勇善战，又是白手起家的典范——勤劳质朴、生性乐观。在对待生老病死的态度上，人们十分乐观，这与其他地区群众的态度截然不同。面对令人伤心和难过的死亡事件，亲朋好友一般会在葬礼中掩面哭泣，但本地人却很少以哭泣或其他极度悲伤的方式表达痛失亲人的情感。在他们的观点中，死亡是人必然的经历，躯体不再，灵魂却不灭。[②]亡人最希望看到的应该是后人热热闹闹的送葬行为。由此，很多人认为土家人的生死态度与庄子很相似。庄子在"鼓盆而歌"[③]的典故中表达的观点，与布洛克等人"生命只是一段过程"[④]的观点一样，认识到人的生老病死就是一个自然的过程，是春夏秋冬四季的变换，是宇宙间一种正常的更替过程，并没有什么特别值得大喜或大悲之处。人死只是走"顺头路"，死后升天是白喜事，人死之后还能在阴间继续过同样的生活。于是，不论死者是男是女，也不论死者名望高低，无论暑夏还是寒冬，乡邻亲朋都会赶来参加死者的祭奠仪式，用他们曾经祭祀祖先先烈和图腾的歌舞方式来纪念逝去之人，为死者跳撒叶儿嗬。在情绪高涨的击鼓唱歌中表达对亡者的惦念之情，同时也让亡者感受到这种热烈的氛围。[⑤]换言之，本地人对死亡的一般态度可以总结为：在"灵魂不灭"和"遵守孝道"的前提下，人应该"顺应天命"。尽管人们并没有宣称灵魂会再次转生的观点，但这些态度是分别源自

---

① 本地人认为先祖死后化身为白虎，白虎当堂是家神。

② 黄楸喻：《土家族丧葬仪式音乐——以湖北省长阳县资丘镇为例》，硕士学位论文，台南艺术大学，2012年，第32页。

③ 根据《庄子·至乐》的记载，庄子的妻子去世，他没有伤心流泪，反而坐在地上，边敲击瓦盆边唱歌以祭奠亡妻。在别人看来不可思议的事情，庄子却不以为然。这是因为在他的观念中，人的生老病死如同四季变换的规律一样，并没有什么值得大喜大悲的。

④ Maurice Bloch and Jonathan Parry, *Death and the Regeneration of Life*, New York: Cambridge University Press, 1982.

⑤ 戴曾群：《土家族"跳丧"的渊源与巴人白虎图腾的关系》，载王善才主编《中国早期巴文化·香炉石遗址发掘与研究》，长阳土家族自治县民族宗教事务委员会1997年版。

巫术 ①、佛家、儒家和道家的综合看法。② 本地人走"顺头路"的乐观精神，与庄子豁达精神的联系，与每个家庭善待父母、追祖敬宗 ③ 的关联，与土家

---

① 巫术起源于人类在社会发展早期对自然世界的畏惧。起初，人类面临的最大问题不是科学技术如何进步，而是如何抵御自然灾害和利用自然。自然环境的无法捉摸和多变性是威胁他们生存的主要问题。在原始人类不断摸索出来的应对措施中，超自然的力量是十分强大的。当他们遇到各种困难的时候，就祈求利用超自然的力量来压服对方，从而克服各种自然灾害带来的困难。而超自然力量的生存前提就是人类对"万物有灵"观的信仰。参见文镛盛《中国古代社会的巫觋》，华文出版社 1999 年版，第 4—7 页。

② 在我国传统社会中，儒道释三家的生死立场是有所差异的，儒家学派割裂生死的重人事、重现实的立场，佛家学派重解脱、重出离的观念以及道家追求个体超脱、无为无不为的态度之间矛盾重重。围绕着不同的生死态度，三家对待生死的做法也是不同的，比如孔孟虽然不重视自己的生死，但是他们都重视父母的生死，特别是父母去世之后的丧葬礼仪；道家重视自我的修炼以及对身体的保护；佛家则试图说服信众离苦得乐，选择身体的死亡。但是牵涉到孝或者更具体的善事父母的议题，它们的观念是基本一致的，即都重视父母的生死问题，主张后人善葬父母，不能做不孝之事。儒道释三家经历了观点的磨合以及融合过程，它们实现了某些方面的统一，形成了中国特色的生死观。而在万物有灵论的基调下，被作为前科学、前逻辑阶段的巫术，它对生死问题的看法则比不上儒道释的世俗和功利。灵魂永生，死亡只是转换一个肉体载体的过程，这种预设灵魂存在的观点多多少少渗入了佛教和道教的观点，与它们的灵魂轮回、追求永生——佛教的轮回观是有限度的轮回，最终追求的死亡；道教最高的目标是长生不老——结合起来，使得人死后能继续在阴间生存和长生不老不死的神话成为可能。参见肖群忠《中国孝文化研究》，台北：五南图书出版股份有限公司 2002 年版。

③ 传统的中国人把社会关系归纳为五种，即君臣、父子、昆弟、夫妻和朋友。这其中有三种关系是家庭关系，其他两种也可以看作家庭关系的延伸。据此，冯友兰将中国的社会制度归结为"家族制度"。儒家学者以此类推，以中国家庭关系的处理作为组织关系处理和国家管理的蓝本。孝是儒家学派提倡的礼仪准则，也是我国几千年封建社会中规范个人、家庭、组织关系的重要法则。可以毫不夸张地说，作为个人行为准则的"孝"，之所以被看作中国传统文化的显著特色与首要文化精神，与它被赋予的含义、发展过程以及浸润程度密不可分。一般认为，孝产生于氏族公社时期人们对祖先的祭祀活动，它产生于周朝。孝有三个层面的含义：第一层含义，即一般含义是"善事父母"，第二、三层含义分别为"尊祖敬宗""和"生儿育女、传宗接代"。从周朝到春秋战国这段时间，后两层含义占主导地位；战国之后，"善事父母"的思想一直占据主导地位。孝产生于祭祖活动，那么孝的"尊祖敬宗"含义毋庸置疑，而且这一含义反映的是周朝宗法制度在伦理观上的体现。人人都要追宗敬祖，这本是反映"不忘本"情怀的事件；但等级森严的宗法制，却不允许大小宗族去追敬自己的祖先。最终，大小宗族只能崇敬那位能祭始祖的宗子，这便是"唯嫡子独尊"的观念。所以，"尊祖敬宗"这一层含义成为维系宗庙制度的重要纽带。同时，在追始祖的过程中，形成了将祖先生命延续下去，从而生生不息的生殖崇拜，所以孝的第三层含义就是"生儿育女、传宗接代"。春秋战国时期，社会状况发生了变化：宗法制度解体，小家庭中父权地位上升；生产力提高，人们对鬼神不再盲目敬畏，追孝行为减轻；在编户齐民等政策的影响下，"孝养"取代了"追孝"，成为更适应社会结构的行为。在社会变动和礼崩乐坏的背景下，孝的一般含义浮出水面。孔子促成宗族道德向家庭道德的转化，他希望人人由亲亲发展到爱人，由爱人到爱一切人，最终实现仁的根本目标。所以，"入则孝，出则悌"是建立一个仁爱世界最便捷的方法，也是最基础的步骤，"善事父母"成为孔孟孝悌观的重要内容，也成为服务于最高原则"仁"的重要伦理体系构成。而曾子，他开创了儒家的"孝治派"，将孝的内容全面泛化，"夫孝，天下之大经也"，（转下页）

人历史文化信仰①中"灵魂不灭"观点的结合，是他们在历史发展过程中对我国古代社会思潮进行建构的产物。

综上所述，在撒叶儿嗬仪式的操演中，本地人记忆了他们的来源和作为文化共享群体的身份，借助这样的仪式场合他们再次重申并强化了群体的情感表达方式。由此可见，作为历史文化信仰的巫术，与我国古代社会中的儒道释思潮互相渗透并纷争磨合，最终在善事父母以及对待（父母）生死的问题上达成一致，促成了人们今日所见的本地人的生死记忆和仪式操演的出现。

第三节　社会记忆载体：活态仪式的重要性

记忆是个体的一种官能，但是以群体为界形成的记忆却是人类解决过去与现在之间关系的重要技术。流传至今的纪念仪式撒叶儿嗬，以歌舞鼓的形式，向后人传达了本族群的核心价值和历史意象，所以它是现在的人们了解过去的重要途径，也是社会记忆的重要载体。当群属个体站在现在的位置去追溯那些曾经的过往，除了他们意识中对过去的一丝丝遗存，仅仅依靠自己很难完全回忆过去。②于是，人们注定需要依靠外在的方式来重回过去。但是，为什么偏偏是纪念仪式，而不是其他形式，成为社会记忆表达的最好方式？

撒叶儿嗬是丧葬场合专用的一种歌舞艺术，但是在活人"做生斋"的场合，它也是必备项目。在田野调查中，笔者并未遇到"做生斋"的案例，出于好奇，只能在其他研究者的书目中去寻找相关的记忆，比如白晓萍就

（接上页）将孝推广成一种世界观、人生观、道德观与政治观的统一体。到孟子，他将帝舜时期的"五教"改成"五伦"，将仁、义、孝、忠联合起来，孝悌成为五伦的中心。《孟子·离娄上》记载："事孰为大，事亲为大"，"仁之实，事亲是也；义之实，从兄是也"。可见，儒家所认可的孝，就是父母在世的时候要好好孝敬对待，父母死后要严肃认真的埋葬和祭祀。参见冯友兰《中国哲学简史》，赵复三译，新世界出版社 2004 年版；肖群忠：《中国孝文化研究》，台北：五南图书出版股份有限公司 2002 年版，第 3、11—13、20、26、43、52—53 页。

① 我国古代社会的巫文化，以"巴巫"最为有名。巫术信仰是土家族的历史文化信仰。

② [意]吉奥乔·阿甘本：《宁芙》，蓝江译，重庆大学出版社 2016 年版。

曾经描述了这样的一个场景：

> "灵屋子"前是两条相叠起的长凳，上面的布置跟前述"停丧"场景差不多，照例摆着一个黑色的升子，升子里面装有玉米、黄豆等五谷杂粮，里面插着香。方桌右脚上还放有献祖用的黄火纸，都用钱凿打了钱印。紧靠方桌左侧的地上，将一个方木凳放倒，作为临时的支架，上面搁着打撒叶儿嗬用的牛皮大鼓；右侧靠墙壁的一边，顺着右墙放着主人早已经打制好的黑漆棺材，用两条凳子前后架起底板，与给亡人跳丧不同的是，因主人还活着，棺材停放的位置朝向是大头在外，靠门一方，小头在里，靠内墙墙垣。①

后来在老先生的准许下，笔者与另一位研究者一同观看了他"做生斋"的录像。借助录像中丰富多彩的画面，以及老先生的选择性解说，笔者对"做生斋"的仪式有了更进一步的了解。根据老先生的说法，"做生斋"就是在庆祝六十大寿之时，把传统丧葬礼仪的做法借过来使用。不同的是，灵堂的布置应该是大红色，棺材也不必是真的。

无论是文字描述还是影像的记录，借助它们，笔者可以"脑补"一些"做生斋"的画面。但是，如果没有在丧葬礼仪中的参与观察，这个过程也无法实现。在土家传统的丧葬礼仪中，当前来吊唁的亲朋好友纷纷就坐吃席结束后，工作人员会帮忙搬来一个牛皮大鼓，示意在场的歌师开场。歌师独自站立在牛皮大鼓前，他的精神高度集中，利用鼓槌引导着表演过程的转承启合。两两相对的舞者，他们因此有了互动的机会，时而开个玩笑活跃气氛，时而又表情凝重，示意对方动作不太规范。歌师一边击鼓，一边叫歌；舞者一边跳动，一边附和。正是这一叫一合的互动模式，制造了丧鼓场上的热闹气氛。如果有人跳累了或者唱累了，他们会以约定的方式找替代者上场，以保持入夜之后持续高涨的歌舞氛围。

所以，当笔者见识了撒叶儿嗬仪式的现场操演，了解了丧葬活动中的现场布置和仪式秩序之后，再回过头来阅读他人的研究笔记或者观看图像

---

① 白晓萍：《撒叶儿嗬——清江土家跳丧》，湖北美术出版社 2006 年版，第 240 页。

记录，脑海中的记忆便会被唤起。在目前看来，撒叶儿嗬仪式中的歌舞操演，隶属于社会记忆范畴中的"互动"，包括了一些交往和沟通的实践。人们保留下来的老照片及录像，或者一些文字的记录，它们可以描述有关过去的意象，将这些并不多见的内容保存下来，成为后人记忆的重要参考。这些各具特色的方式，正是韦尔策提出的构成过去这种实践的媒介表达清单，它包括了互动、文字记载、图像以及空间。[①]

作为了解本地人过去的方式之一，互动具有一些天然的优势。首先，互动是活态（alive）的，活态意味着过去的记忆以载歌载舞的形式呈现，它更加灵活、生动传神，本质上强调了人的能动性和以身体为载体的表达和呈现，这是其他几种非活态的方式所不能及的。其次，在本地人的个案中，文本、图像和空间记忆的素材较少，在近三四十年的发展过程中，它们才逐渐受到重视，而且后三种方式可以服务于前一种方式，来弥补沟通的不足，强化它的记忆效果。简言之，集体形式中的互动仍是最核心、最有效的记忆方式。

并不是只在本地人社会记忆的研究中，纪念仪式的重要性才被突出。在群体的生产生活中，也存在着这样一种周期性的聚会，引起了学者们极大的兴趣。哈布瓦赫、涂尔干、阿斯曼以及康纳顿等人，都将纪念仪式作为表达记忆的重要手段和方式，作为贯穿过去与现在之间关系的重要媒介。[②]此外，作为一种活态的方式，纪念仪式还能够传达深厚的内涵或者所谓的核心价值，这也是前述涂尔干、莫斯、威廉·罗伯森·史密斯、贝尔以及其他关注文化性的仪式研究者们所孜孜以求的。于是，类似撒叶儿嗬的纪念仪式，整合了个人的行为与集体的信仰，表达和延续了群体的核心价值，成为回溯过去的重要途径。

综上所述，在当地人的生活中，纪念仪式成为表达社会记忆的最重要的方式。山寨中一个又一个老人去世了，他们走完了人间的路程，也在

---

① [德]哈拉尔德·韦尔策：《社会记忆：历史、回忆、传承》，季斌译，北京大学出版社 2007 年版，第 6 页。

② [法]莫里斯·哈布瓦赫：《论集体记忆》，毕然、郭金华译，上海人民出版社 2002 年版；[法]爱弥儿·涂尔干：《宗教社会的基本形式》，渠东、汲喆译，上海人民出版社 1999 年版；[美]保罗·康纳顿：《社会如何记忆》，纳日碧力戈译，上海人民出版社 2000 年版；Jan Assmann, "Collective Memory and Cultural Identity", *New German Critique*, Vol.65, No.65, 1995.

热闹的仪式中顺利进入下一段旅程，成为祖先群体的一部分。如同科恩（Milton Cohen）与哈布瓦赫提到的，对死者的纪念活动具有多重效果：亲人们聚集到一起商讨事宜，重新确认了关系纽带，又共享了一种集体信仰。[①] 从此种意义而言，当死亡发生的时候，纪念仪式之于社会记忆，既是一种发挥重要作用的媒介，也是一种意在陈述和展示本地人集体表征的行为，没有理由不能从纪念仪式或死亡仪式的角度来窥探土家人社会记忆的面貌。

小　结

本章的内容旨在解决纪念仪式与社会记忆的关系问题。从现有的理论梳理中可知，纪念仪式是社会记忆的表达方式之一。借助撒叶儿嗬仪式的个案，本章不仅描述了它适用的场合、发展的状况以及来源，而且对它的操演、形式主义以及重复性特征予以说明，尤其是突出操演的重要性，以引出下文的分析。

同时，作为一种纪念仪式，撒叶儿嗬的文化意义是值得被关注的。除了它与孝顺父母、人神互惠以及邻里互助的精神相互关联，在不断重复的操演中，它还传达了由主导叙事所讲述的群体身份和共享的文化传统：本地人相信"灵魂不灭"的观点，在走"顺头路"的乐观表达之中，人们集体记忆本地人的身份，并强化了群体的情感表达。

本章还解释了为什么偏偏是纪念仪式，而不是其他的形式，成为社会记忆表达的最好方式。从撒叶儿嗬的案例中可以看出，利用互动形式的记忆，具有一些天然的优势。这种"活态"的记忆方式，不完全是形式的优越，它还能够在集体参与之中，表达和延续群体的核心价值，受到了众多研究者的青睐。于是，作为纪念仪式的撒叶儿嗬，既是探究本地人社会记忆的媒介，也是研究当地人社会记忆的最好方式。

---

① Milton Cohen, "Death Ritual: Anthropological Perspective", in Philip Pecorino, ed., *Perspectives on Death and Dying*, Waltham, MA: Ginn Pub.Co., 1984；[法] 莫里斯·哈布瓦赫:《论集体记忆》，毕然、郭金华译，上海人民出版社 2002 年版。

第三章

定义操演：撒叶儿嗬如何传达社会记忆

操演是纪念仪式的核心特征，它依赖一种习惯－记忆的生成。本章对操演进行讨论，将撒叶儿嗬的操演如何表达并传承社会记忆的机制梳理清楚，在讨论操演的内涵时，也指出它具有的优越性。

第一节　操演的三重内涵

操演是传达和再现社会记忆的能力，但它也会表达自己的"诉求"。考察撒叶儿嗬仪式的发展过程，操演被赋予了稳定性的内涵。于是，当纪念仪式撒叶儿嗬再次回归人民群众的生活时，本地人还是可以辨别它的面貌，持续原来的操演。这里需要指出，不仅仅是纪念仪式，操演本身也具有重复的特点。在类似于撒叶儿嗬这样的纪念仪式中，缺少了重复性的操演，记忆会在时间的迷雾中慢慢飘散。重复性的重要作用，在哈布瓦赫的观点中也曾经提及①，简言之，依赖重复性的实践活动，社会记忆可以保持、延

---

① 在哈布瓦赫的著作中，他也提及了重复性的问题。首先，在人们记忆中的储存物，如果缺少一些可以周期性刺激或唤起的机会，在经历了长时间的间隔之后，这种记忆可能会丧失；其次，人们不可能依靠自己去回忆事件，人们需要依赖其他人或事物对自己记忆的唤起，而由这种社会机制存储和唤起的记忆依赖重复性的实践；再次，在集体思潮如何再现的问题上，它往往是通过社群中人们一起参加纪念性的集会，以重演的方式来想象他们回到了过去，缺少了重演的过程记忆就不可能再现；最后，在平淡无奇的日常生活中，集体记忆以各种仪式性的形式展现出来，这种重复活动保持了日常生活的鲜活。参见 [法] 莫里斯·哈布瓦赫《论集体记忆》，毕然、郭金华译，上海人民出版社 2002 年版。

续和再现。

　　作为一种民间活动，撒叶儿嗬仪式曾遍布于清江的上、中、下游地区。新中国成立之后的一系列政治事件，影响了撒叶儿嗬的发展，使其一度消失在人民群众的视野中。现如今，清江中游的一些地区"重拾"撒叶儿嗬，在各种力量的帮助下将它带回大众的视野。1949 年之后撒叶儿嗬的发展史，证明了操演重复性的重要性：缺少了重复性，社会记忆会逐渐消散；寻回了重复性，社会记忆得以保持。

　　新中国成立初期，撒叶儿嗬的操演并未受到任何影响，它在丧葬活动中不可或缺。只不过，当时的参与人数比现在少，并且道士依旧存在。[①]1950 年末至 1960 年年末，撒叶儿嗬的发展受到限制，这主要与政策相关。经历了大跃进的快速发展与自然灾害时期，农民生活困难、缺吃少穿，整体生活水平低下。与此同时，撒叶儿嗬被冠以"封资修黑货"的帽子，成为明令禁止的对象。

　　1970 年至 1980 年，农村中出现了"打一打"的场面，此时上级领导官员的态度是"不鼓励不支持"。度过了严重的自然灾害时期，人民的生活水平有所提高，农村中出现了"玩一玩"的场面。成老师回忆了 1971 年山寨里面撒叶儿嗬解禁的偶然机会：

　　　　还记得那是 1971 年，我已在村小学教书。学校隔壁住着一位邻居志伯，他出身贫寒，是"贫下中农"，又是复员军人，所以他属于无所顾忌的那类人。志伯的妻子罗家幺妈为他生了九个孩子，但是年纪轻轻却身有病重。幺妈病危之时，志伯流着泪说："罗家幺妈跟他苦了一辈子，等她走路后，就是犯错误也要违背一回禁令，要热热闹闹地为幺妈跳一回撒叶儿嗬。"有志伯这样的人的顶着，为罗家幺妈跳撒叶儿嗬的乡亲们什么都不怕了，那夜跳得大家都舍不得住手停脚。自那回起，寨子里便开了禁令，白事都要跳撒叶儿嗬。而且大队革委会的主任们也是不说话，对此睁一只眼闭一只眼。直到"文革"结束，寨子

---

① 从 1970 年开始，丧葬活动中的道士就开始减少，一方面由于那些"真道士"年龄太大，数量慢慢减少；另一方面"仿道士"只"知其然不知其所以然"，在丧葬活动中表现不佳，难以服众。张先生口述，2016 年 7 月 17 日。

里面的撒叶儿嗬一直都没有中断过。[1]

1976年桃山公社（后与资丘合并）举办了第一届文化节活动，节目内容中只有玩狮子，但是围观群众人山人海[2]，可见人民业余生活的需求尚未得到满足。随着"文革"的结束，为了丰富农民群众的业余生活，长阳县于1978年举办了全县农民文艺汇演。以成老师为代表的文艺分子规避了原来歌词的内容，将撒叶儿嗬的内容重新改编，巧妙地与当时的政治形势关联起来。在强顶着各种压力的情况下，改编后的《丰收场上庆丰收》歌舞被搬上县城的大礼堂，结果一炮打响，在群众中收获了良好的口碑。更是由于此节目的出现，引起了县文化部门相关人员的注意，他们开始系统收集民间舞蹈。[3]

20世纪80年代以来，政治氛围更加宽松，文化氛围也更加友好。随着1980年年初家庭联产承包责任制在农村的慢慢施行，农民的经济实力有所增长，加之改革开放的兴起，上级领导官员的态度一般是"不问不管"，撒叶儿嗬作为"民俗文化活动"在农民中流行起来，以取代打牌赌博的不良之风。从80年代开始，撒叶儿嗬陆陆续续被一些电影制片相中，在《奇迹的再现》《出嫁女》等电影中进行展示。在媒体的大量报道之下，资丘的撒叶儿嗬大火了一把。[4] 到了80年代后期，深圳的"经济特区"取得重大成功，受到该名词的启发，资丘文化站的成老师开始思考能否在政府的支持下，在资丘这个小乡村里建立"文化特区"，利用政府出台的文件去鼓励群众学习土家民间艺术。[5]

1993年年初，当地文化站牵头在资丘创建的"传统文化生态保护区"已初具雏形。在此之前，国家的政策成为影响撒叶儿嗬发展的唯一因素；在此之后，撒叶儿嗬从本地积累了一股力量，成长为与国家权力不断互动和沟通的地方能力。其中，文化站向长阳土家族自治县人民政府递交了

① 田玉成：《我们的家园》，三峡电子音像出版社2011年版，第137—138页。
② 田玉成：《我们的家园》，三峡电子音像出版社2011年版，第22页。
③ 田玉成：《我们的家园》，三峡电子音像出版社2011年版，第138—140页。
④ 田玉成：《我们的家园》，三峡电子音像出版社2011年版，第115—116页。
⑤ 田玉成：《我们的家园》，三峡电子音像出版社2011年版，第116—117页。

《建立一个民族文化生态保护区》的报告，在此报告中，明确提出保护民族民间文化"原生态"这一概念[1]；1999 年《资丘镇土家族传统文化生态保护规定（讨论稿）》出台，借助本地政府的力量凝聚智慧，促成了民间文化保护和传承的"常规机制"，形成了镇 – 村 – 文化中心户构成的三级文化网络，将全镇的文化艺人联系在一起；本地形成了每年举办民族文化节的惯例，以检阅和保护民间传统文化；同时，文化站建立首家"中国土家族撒叶儿嗬传习基地"，并推出各种奖励学艺的措施，聘请艺人进学校教习中小学生。[2]

千禧年前后，在"不铺张浪费"的原则之下，上级领导部门大力支持撒叶儿嗬的操演。从 1997 年十五大开始，江泽民在报告中提出有中国特色的社会主义文化建设，并且政治、经济与文化建设密不可分；2002 年的十六大继续提出文化建设和文化体制改革。在这样的大背景下，从中央到地方的各级部门，都非常重视传统文化活动的开展，新政策的出台也为民间文化的复兴注入了新动力。大家竞相学习传统文化，撒叶儿嗬的操演也得以"重拾"。

于是，当它再次回归的时候，本地人仍可以在仪式场合中持续热烈地歌唱和舞蹈，持续这种可重复的操演。事实上，操演这一词汇，在英文中的解释就是要表达什么或者执行某事。操演性（performative）不仅可以描述一种既定的事实，它同时也在改变他们描述的这个事实。这说明，从本质意义上而言，人们唤起并利用身体习惯，去不断重复做一件事情，这就是操演。操演是以言行事，它是依赖身体的实践活动，身体是操演的基础。

除了操演要以身体为基础，操演的对象也是身体。在本地人的葬礼中，活人的身体在唱歌跳舞，死者的身体在灵堂之中被供奉祭拜。约翰·奥尼尔（John O'Neill）对身体进行研究，他将身体划分为生理态的身体（physical body）和沟通态的身体（communicative body）两种基础类

---

① 田玉成：《巴土文化探究集》，中央民族大学出版社 2011 年版，第 3 页。

② 田玉成：《我们的家园》，三峡电子音像出版社 2011 年版，第 119 页。

型。① 生理态的身体就是人们常说的肉身基础，或者是一种物质的客体，它可以被撞击、敲打、碾压甚至是摧毁。沟通态的身体是一种活生生的身体（lived body）呈现，当人们在体认其他人的举手投足和言谈举止的时候，它扮演的就是一种工具；通过身体的工具，人们去思考和辨识另一些身体所传达出的消息和意义。于是，在热闹的丧葬礼仪中，死亡之身成为众人唱歌跳舞致意的对象；而其中口语、手势和姿态的使用，构成了沟通的基础。从根本上来讲，沟通态身体是人们与周围的世界进行互动、投射甚至反思的总的媒介。

但是，人们对于身体特征的那些体验，从来不能将生理态身体和沟通态的身体割裂开来，它们是一个统一体，随着历史和社会环境的变化而呈现千变万化的状态。基于个体身体体验的不同，在仪式化的过程中，它们会呈现多种差异，以致难以达成普遍的共识。这里涉及两个过程：第一是人们通过自己的表情、言语、体态等方式向他人和社会传达自己的想法；第二就是个体在接收这些信息和想法之后，会形成自己的态度和判断。信息发送者从别人脸上、言语或肢体表达中看到了他们的回应，这种"镜中自我"② 的观察就形成了肉身与社会的联系纽带。通过不断重复的肉身体验，人们对这些表情和表达意义的感知，将被推向更加精致和复杂③，这是身体体验与社会联系起来的一种纽带创造过程。

在清江流域，无论喜丧或是悲丧，只要去世的老人有儿有女，这样的场合就是可以跳撒叶儿嗬的。但是近几十年，越来越多的人年纪轻轻就不幸去世。亲朋好友悲痛万分地前来奔丧，正如土家人群中流传千年的传统和惯例所期许的那样，大家还是希望为他们跳一场撒叶儿嗬，热热闹闹地为死亡之人送行。在一个社群或者社会中，如果人们之间基于某些事物的表达和感知已经逐步达到了可以共享、理解与推广的阶段，那么以肉身的表达、沟通为形态的操演过程就成为仪式化过程的呈现机制。不难发现，

---

① ［加］约翰·奥尼尔：《身体五态——重塑关系形貌》，李康译，北京大学出版社 2010 年版，第 5 页。

② looking glass self，是社会心理学家库利的观点。我们在镜中所见，也是他人眼中所见。参见 Charles Horton Cooley, *Social Process*, New York: Charles Scribner's Sons, 1918。

③ ［加］约翰·奥尼尔：《身体五态——重塑关系形貌》，李康译，北京大学出版社 2010 年版，第 6—10 页。

在悲丧的场合中，一些禁忌被创造出来，让跳撒叶儿嗬的师傅们集体遵守，比如不能唱一些特别低级庸俗的歌词、闹夜的过程中最好不要打瞌睡、彼此之间开玩笑不能太过火等[①]，以表示全体成员对孝家和死者的尊重，以及对庄严环境的尊重。

正如前文的叙述，不同个体的身体体验存在很大差异。社群中的人们互相沟通，逐渐形成一些相近的体验，乃至达成共识，它们会通过言语、体态和姿势等表达出来，构成仪式化的呈现。这种呈现是肉身的表达：在不断重复的操演之中，一些固定的行为模式内化于身体之中，成为一种习惯。在重复操演中形成的习惯，不再是个体的习惯，而是一种社会习惯。

在撒叶儿嗬仪式的发展过程中，诸多的"允许"和"不允许"被创造出来，成为人们共同遵守的规范。康纳顿指出，社会习惯仰赖他人的常有期待，以至于必须把它解释成合规或者不合规的操演。[②]一般而言，社会习惯本质上是合规的操演（legitimating performances）。操演不仅仅是身体表达的呈现，而且还暗示了他人常有期待之中的规范。原因在于，在个体与社会相互关联的过程中，个体从他人的言语、体态和姿势中反观自身的身体表达；在一个社群或者社会中，人们也不乏对彼此表达的品评与反思。这个过程是规则的产生和运用的过程：人们达成共识，构建对合法性的解读，然后运用到沟通和其他实践当中，操演也不例外。土家人的风物习俗传说《爱跳丧鼓的一家人》就讲了这样一个故事——一家人太爱跳丧鼓，结果在过年的时候犯忌了，出于无奈，婆婆只好将这种"煞势"算到自己头上[③]：

> 有这么一家人，老头、婆婆、儿子和媳妇，都喜欢跳丧鼓。他们上山砍柴喊的是丧鼓调子，下田挖泥喊的也是丧鼓调子。若是哪里死了人，他们奈得何[④]包场，跳个三天三夜连饭都不晓得吃。

---

① 根据张先生口述，2016 年 7 月 22 日。
② ［美］保罗·康纳顿：《社会如何记忆》，纳日碧力戈译，上海人民出版社 2000 年版，第 34—35 页。
③ 田克定讲述，1988 年 10 月，田玉成采录。
④ 方言，表示有能力、可以。

一晃就到了腊月三十，要过年哒。一早起来，老头说："伢子们，今日一个大年三十，俗话说'一年一个煞势，一年一个发势'，我们一年跳上头，今天都忌一天，不喊丧鼓调子。"大家都记住了。下午，准备吃团年饭，婆婆和媳妇还在灶屋里忙，儿子到堂屋里的桌子边上去，看了一下桌上，还有一碗猪脑壳肉没有端上来，他把筷子拿起，在桌上敲了几下，喊起丧鼓调子来："差一碗那个菜哟哦要跳幺哩儿嗬也。"他跳起幺哩儿嗬。

媳妇听见，在灶屋里接着唱："猪脑壳哟来哒哟要跳幺哩儿嗬哟。"她也跳起幺哩儿嗬。

婆婆一听，也忍不住哒，把锅铲子在锅上几磕，也叫起来："说是嘛今日要兴禁哦得忌哟！"她跳起四大步。

媳妇把猪脑壳肉往桌上一搁，把儿子一拉，跳起四大步，唱到："呀嗬嗬也。"

这时，老头进来一看，发起烦来，"叫你们不喊丧鼓调的哟！""说是今日要兴那哦禁忌哟喂！"他不知不觉也跳起了幺姑儿姐，唱道："幺的幺姑姐哟喂，幺的幺姑姐哟喂，明年一个背时哒，姐的个哦嗬喂。"

婆婆从灶屋出来，接着跳起来，唱道："明年一个背时^①哒，姐的个哦嗬喂，算我的呀，幺的幺姑姐哟喂！"

内化于操演之中的规则从何而来？在社会记忆研究的先驱哈布瓦赫看来，它存在于个体与社会的关系之中。所谓社会框架，包括一套社会共同的规则、组织结构、祖先的传统、思考模式甚至社会思想等一系列的综合体，它就是一些工具。在它们的助力之下，重构过去的过程可以实现，与当前社会主导思想相一致的意象会显现。^②类似地，布迪厄也将习性看作一些被建构的结构，突出了人们实践过程中"被限定"的情境。当地人不能在大年三十跳撒叶儿嗬，也不能在别人家大门口跳，这些规则是从本地人的信仰和生活经验中总结出来的，他们将禁忌的思想运用其中。正是在规

---

① 方言，指倒霉。
② [法] 莫里斯·哈布瓦赫：《论集体记忆》，毕然、郭金华译，上海人民出版社 2002 年版，第 70—71、100—103 页。

则或者社会框架的限定之下，当身体成为互动的基础之时，人们才能以身体的遵从表示对秩序的遵从，或者使它成为表达拒绝和排斥的工具。[①]

综上所述，撒叶儿嗬的操演并非一直持续不断，当这种纪念仪式再次回归本地人的仪式生活时，它原有的内涵并没有发生太大变化，比如撒叶儿嗬的操演依然具有重复性和延续性的特点，它必须以身体为基础，而且它必须遵守一些规则。随着社会的发展，规则并没有减少，反而逐渐增多，以适应现代社会的需求。

第二节 操演与社会记忆的关联

操演是本地纪念仪式的重要特征，它能够传达和延续本群体的核心价值。但这个过程是如何实现的，还有赖于人们对操演与记忆相互关联机制的进一步探索。以习惯－记忆的存在为前提，操演被赋予了能动性，它可以借助日历的、口头的和姿势的方式去传达社会记忆。

一 记忆的不同类型

在目前的研究中，出现了三种不同的记忆分类。[②]第一种是个人的记忆，是指个体在某时某地做了某件事情。通过个人的记忆，人们能够回溯他过去的经历以及身份。撒叶儿嗬国家级代表性传承人张先生在谈及自己对土家传统文化艺术的热爱之时，就曾回忆他小时候发生的事情：

> 我很小就开始学习唱歌和跳撒叶儿嗬。三岁开始跟着母亲学唱歌，九岁的时候就出门跟着师傅学打鼓。那时候师傅特别严，所以我学打鼓吃了好多苦头。冬天那么冷，我还是要学习打鼓。到十三岁时，我

---

① [加] 约翰·奥尼尔：《身体五态——重塑关系形貌》，李康译，北京大学出版社 2010 年版，第 9 页。

② [美] 保罗·康纳顿：《社会如何记忆》，纳日碧力戈译，上海人民出版社 2000 年版，第 19—21 页。

就开始在红白喜事之中独当一面,担任支客师①。我当支客师有个好处,就是我（安排）不浪费。我十六岁入团,十八岁入党,后来做了五年的武装民兵连长。

在这段回顾个人生活史的叙述中,老先生多次提及了在何时做何事的记忆,有助于笔者了解他小时候的学习和成长轨迹。从小积累的唱歌和打鼓的经历,帮助他迅速成长,在十三岁时就被委以重任,着实令旁人敬佩。实际上,从这些简短的生活史事件中,外人已经可以勾勒出他逐渐成长为一名有能力、有热情的土家传统文化爱好者的轨迹。

第二种就是认知记忆,它是指记忆某件事情的人必须在过去遇到、经历或听说过它,是某人据称记得某事,并不需要它的亲身参与。一般而言,当地人对葬礼上使用的乐器,比如长号、唢呐、高 / 低音鼓、梆子、锣、响锣、钹以及牛皮大鼓等,都不陌生。普通人虽然不懂如何使用乐器,但是他们在不断重复举行的葬礼上见到过他人使用,也能描述一二。而乐器的那些爱好者,对每种乐器如何使用以及如何保养,都能从容应答,如数家珍。由此可见,人们曾经见过或听闻过的事物储存在大脑之中,再次回忆之时,他们就会调动和利用一些认知的记忆,以辨明现在所见所闻之物。

第三种是习惯 – 记忆（habit-memory）,它是人们能够再现某种操演的能力。在本地,每当有老人去世,亲朋邻居前来奔丧帮忙。入夜之后鼓槌一响,歌师习惯性的拿起鼓槌、扯开嗓子,男人们纷纷两两相对,或左摇右摆,或前后起势,开始斗起撒叶儿嗬之舞,整个热闹的场面不断再现。在几千年的传习之中,撒叶儿嗬成为清江流域当地人葬礼中不可或缺的一部分,也就是说,它成了一种习惯或社会习惯。一旦有需要,这种身体习惯就会被激活,人们的行为变得有规可循。在这个意义上,它与布迪厄的

---

① 在田野调查的区域,老人去世之后一般称为"白喜事",这与结婚、生子、做寿等"红喜事"统称为"红白喜事"。在红喜事的场合,主管的工作人员称为"支客师",他主要负责统筹分工、迎宾、礼宾等重大事宜;在白喜事的场合中,主管的工作人员或治丧团队的主管称为都管或督管,主要任务与支客师类似。

习性概念相呼应。[①]

　　但是，习惯究竟是什么？这里有必要做出说明。在笔者访谈的人物当中，无论是跳舞还是打鼓叫歌的能手，都是从小就开始了学习之路。尽管如此，也有一个例外。资丘的女鼓手琴大姐告诉笔者，她的师傅是已故的资丘文化站文化员山先生，他之所以同意教授女弟子，在于她打鼓的鼓点很准。在短短半年时间的集训中，琴大姐与师父的水平相差无几。这说明，刻苦练习并不是一名好鼓师诞生的唯一条件，在很大程度上，它还与个体的天赋有关。当鼓师抢起鼓槌开场的时候，他的双臂十分熟悉接下来的一系列动作，或上扬，或侧击，都已经融为身体的习惯。由于鼓师既为舞蹈伴奏，又是撒叶儿嗬活动的现场指挥，他在领唱和敲击鼓的过程中引领步伐和套路的更换，所以这是一个相当难和难得的职位。难，是因为击鼓比领唱的技术要求更高，且鼓点准不准，会影响到舞者的热情与步伐。[②]难得，意味着成为鼓师的要求很高，比如在资丘的撒叶儿嗬培训班，同期有400余人参加舞蹈培训，但却只有几十人参与鼓师培训。当然，那些有天赋的人，也会尽量成长为一名好的鼓师或者舞者。鼓师身居总指挥的角色，他的习惯性动作是串联歌者与舞者、节奏与情感之间的灵魂，他是受人尊敬的；舞者虽然只是参与者，但是优秀的舞者往往也会让旁人崇拜和羡慕。

　　基于上述的内容，所谓的习惯，它是依靠后天不断重复的训练获得的一种能力。习惯并不只是身体的经验，它还饱含了参与者的情感，也具有重要的意义。在该地区的传统观念中，人们从小就立志好好学习歌舞的内容，争当优秀的鼓手和舞者。反之，不擅长歌舞的男性，就会受到大家的嘲笑。"会跳丧的是条汉，不会跳丧的巴门站，会跳丧的上场玩，不会跳丧的靠墙边，巴门站，靠墙边，眼睛鼓起像鸡蛋。"诙谐的歌词暗示，缺少这种习惯的生成，也就缺少应有的男子气概和社会尊重。所以，借助这一种身体的技能，赢得社会的尊重，成为本地人习得身体习惯的另一重要目标。

------

① 习性是在意识和语言之下的层面发挥作用，超越了内省的审慎和意志掌控的范围。虽然我们并不能意识到习性及其运作，习性仍将在我们大部分的实践活动中表现出来，如我们的饮食方式、走路姿势、谈话方式，甚至擤鼻的方式。习性象一种结构那样运作，这些结构作用于人，但人们并不只是机械地应对习性式外部结构。因此在布迪厄的方法中，我们得以避免不可预言的新奇和完全的决定论的极端。参见于海《西方社会思想史》，复旦大学出版社 2005 年版。

② 白晓萍：《撒叶儿嗬——清江土家跳丧》，湖北美术出版社 2006 年版。

综上所述，区分三种不同类型的记忆，是为了提出习惯—记忆，并指出它的特殊性。不同于个人记忆和认知记忆，习惯－记忆的存在是比较广泛的。前两种已经分别在精神分析和实验心理学中得到了详细的阐释[1]，而最后一种习惯－记忆在很大程度上则被忽视。对这三类记忆做简单比较，笔者认为，个人的记忆是历时的实践记忆，建立在个人生活史的基础之上，如果不被唤起，个人记忆可以从不外泄，也无法对集体的记忆做出贡献；认知记忆借助人体的重要器官大脑去储存记忆的痕迹，依靠外在的人事刺激，主体可以明辨现在所遇的事物。这两种记忆有一个共同点，即个体之间的差异很大，很少人的生活史会完全雷同，不同人对同一事物的认知也有差异。不同的是，习惯－记忆却不以个体的意志为转移，它是身体习惯的生成与存贮。在撒叶儿嗬的操演中，参与者受到的身体训练都是大同小异的。人们学习一些固定的行为模式，并不断地练习，直到它融于肢体自动化的过程之中，沉淀为身体的习惯，期待下次被唤起和利用。于是，在操演与身体实践之间，存在一种转化的机制，将在下文详述。

二　操演与社会记忆的表达

操演是传达和维持社会记忆的一种重要方式，它对社会记忆的重要性不言而喻。在撒叶儿嗬上演的场合中，操演是如何表达记忆的，或者说习惯是如何有助于记忆的，是人们理解其重要性的关键一环。

在一场丧葬礼仪中，撒叶儿嗬是亲朋好友前来闹夜伴亡的群体集会。一般而言，它出现在丧葬礼仪的第二日晚上，并持续到第三日早晨。在这段长达十多个小时的操演中，撒叶儿嗬的歌舞鼓成为仪式的语言维度[2]，也成为这一表演艺术的形式化表现和象征性语言[3]，向人们讲述了有关过去的内容和意象。

如前所述，资丘的撒叶儿嗬包括著名的"五大件"："四大步"、"叶儿

---

[1] 精神分析专家在研究个人生活史的过程中，研究了个人记忆；心理学家在研究普遍心理机能的过程中，研究了认知记忆。参见 [美] 保罗·康纳顿《社会如何记忆》，纳日碧力戈译，上海人民出版社 2000 年版，第 23—27 页。

[2] Maurice Bloch, *Ritual, History and Power: Selected Papers in Anthropology*, London: the Athlone Press, 1989.

[3] Antonius Robben, *Death, Mourning and Burial*, Malden: Blackwell Publishing Ltd., 2004, pp.156-157.

嗬"、"幺哩儿嗬"、"杨柳"、"幺姑儿姐"。除了这几种最基本的套路，在申请非遗项目的资料中还有"哑迷子""滚身子""摇丧"。"四大步""叶儿嗬""幺哩儿嗬""幺姑儿姐"已经有几千年的历史，"杨柳"的历史稍短，"滚身子"在解放前已经出现，"哑迷子"则出现在解放后，"摇丧"则是20世纪五六十年代从巴东县起源的。苍劲有力的鼓点、嘹亮高亢的歌声、奔放乃至疯狂的舞姿，以及"只有农民才跳的出的味道"，使撒叶儿嗬成为歌、舞、鼓"三位一体"的表演艺术。它贯穿了土家人的过去与现在，是先民日常生活的写照。

撒叶儿嗬的歌词被研究者们称为"诗歌"。相传屈原被放逐，见巴楚之地祭祀歌舞用词鄙陋，有意做出一些修改。后来他对丧葬场合使用的歌词进行提升与美化，具体可参见其《楚辞》之中的《九歌》篇①：

《国殇》
操吴戈兮被犀甲，车错毂兮短兵接；
旌蔽日兮敌若云，矢交坠兮士争先；
凌余阵兮躐余行，左骖殪兮右刃伤；
霾两轮兮絷四马，援玉枹兮击鸣鼓；
天时怼兮威灵怒，严杀尽兮弃原野；
出不入兮往不反，平原忽兮路超远；
带长剑兮挟秦弓，首身离兮心不惩；
诚既勇兮又以武，终刚强兮不可凌；
身既死兮神以灵，魂魄毅兮为鬼雄。
《礼魂》
成礼兮会鼓，传芭兮代舞；
姱女倡兮容与；
春兰兮秋菊，长无绝兮终古。

《九歌》是屈赋中非常精美、华丽的诗篇，它代表了屈原另一种风格的

---

① 徐文华：《跳丧舞的源流与特征》，http://www.tujiazu.org.cn，2005 年 12 月 20 日。

艺术成就。《九歌》全篇具有浓厚的祭祀色彩，其中《国殇》直白地描述了士兵上战场杀敌，身亡之后变成鬼魂，身死但是精神却长存；而《礼魂》就是鼓励后人对这些亡人战士以礼祭祀，鸣鼓献花，且一直持续不断。由此观之，土家巴人的祭祀歌舞历史悠久，而且还可能受到了诗歌体艺术的影响。在屈原看来，昔日的巴人祭祀歌曲粗俗浅薄，通观今日的祭祀歌曲，本书认为"鄙陋"或许是对农民群体的生产生活状况的直接刻画，是最质朴而"接地气"的另一种表达。

普通歌词能被称为"诗歌"，可见其兼具了诗的美感与歌的感染力。本地人的传统文化，是依附于山寨农耕文明的土壤生长起来的一种民间文化。[①]研读撒叶儿嗬的歌词不难发现，它们是土家人生产生活的情感性表达，是他们对图腾的信仰、对祖先的崇拜、生产生活的颂歌、对生命的感叹以及对两性关系的揶揄等内容集合而成的一幅壮丽画卷，如《十月怀胎》：

> 怀胎正月正，奴家不知音，水上的浮草，为何生了根。
> 怀胎二月二，有话不好说，新接的媳妇，脸皮有点薄。
> 怀胎三月三，茶水都不沾，只想和情哥，红罗帐里玩。
> 怀胎四月八，拜上爹和妈，多喂鸡子呀，少呀少喂鸭。
> 怀胎五月五，实在怀的苦，只想酸麦李，吃的几十个。
> 怀胎六月热，实在怀不得，只怪情哥哥，丧的这种德。
> 怀胎七月半，扳起指头算，算去呀算来，还差二月半。
> 怀胎八月八，庙里把香插，保佑奴家呀，得个胖娃娃。
> 怀胎九月九，实在怀的丑，儿在呀腹中，打个倒跟头。
> 怀胎十月尽，肚子有点疼，疼去呀疼来，疼的满屋滚。
> 丈夫你走开，婆婆你拢来，是男呀是女，一把搂起来。
> 娃娃落了地，满屋都欢喜，收起呀包袱，去呀去报喜。
> 走到家[②]屋里，叫家请敬意，恭喜呀家家，得了外孙女。

---

① 田玉成：《巴土文化探究集》，中央民族大学出版社 2011 年版，第 56 页。
② 家，指娘家；家家，指外婆。

舅母来倒茶，说些掉气话，恭喜呀姑姑，屁股胀破哒。

《十月怀胎》又称为"怀胎歌"，是在跳"摇丧"套路时常用的歌词。它以一种通俗诙谐的方式讲述了母亲初嫁到夫家、怀孕十月十分不易，最后生下孩子的过程。对出嫁女事迹生动的刻画，成为本地人脑海中深深的记忆。在资丘的习俗中，不管是母亲去世还是结婚生子的场合，都会演唱《十月怀胎》。在丧事场合，这是表达对已故母亲的谢意和不舍的一种方式，是对母亲这一伟大角色的回忆；当喜事发生时，人们赞颂并感谢母亲将胎儿带到人世。又如《五句子》：

向王天子一支角，
吹出一条清江河，
声音高洪水涨，
声音低洪水落，
弯弯拐拐清江河。

"五句子"是撒叶儿嗬歌词之中使用频率最高、内容最丰富的一类句式。在《清江河》这一小段五句子歌中，提到了向王天子，他是一位土家先祖，亦称为"廪君"，歌词记述了先祖使用一支号角吹出了一条清江河。实际上，这种字面的解释是不太准确的，它表达的应该是向王在清江流域经营出了一片天地，而且人民被他统治地服服帖帖。歌词意在赞颂先祖向王的丰功伟业，这是群体成员共享的社会记忆。再如《十二月》：

正月来时无花戴，二月来时花才开，
三月清明吊白纸，四月秧草无人栽，
五月龙船拖下水，六月花扇绕风来，
七月有个云南会，八月黄雀朝南飞，
九月重阳造好酒，十月娇女送衣来，
冬月大雪飘飘下，腊月凌片打不开，
打不开来要打开，打开凌片舀水来。

《十二月》是对时令节气的历时性描述，它在"叶儿嗬""幺姑姐"套路中被频繁使用。细究之下，"十二月"中描述的并不是它处的节气，而是当地的自然环境和节令，是本地人对生活环境的一种记忆。土家人生活在武陵山区，大山之中四季分明，一到冬日，大雪飘飘下，温度骤降河水结冰。若要用水，人们必然需要破除冰凌。冬日过后，二月春天来临，万物复苏。从农历二月开始直至清明节之前的一段时间，春意盎然，阳光明媚，是踏青祭祖的好时机，是该地流行的"春社"节日。再看《幺哩儿嗬》：

> 虎抱头，要跳幺哩儿嗬。
> 凤凰扇翅，要跳幺哩儿嗬。
> 犀牛望月，要跳幺哩儿嗬。

《幺哩儿嗬》既不是工整的七言五句诗，也不是五句子多段体。"幺哩儿嗬"是套路的名称，同时也是歌词中衬词的名称。动物的肢体形象从中呼之欲出，比如两只面对面的老虎在互相玩味或较劲时而形成的"虎抱头"，两只面对面的凤凰仿佛在比美而扇动翅膀形成"凤凰扇翅"等。本地人以"白虎"为图腾，有"白虎当堂是家神"的说法，他们对白虎既敬畏又喜爱，所以在撒叶儿嗬的套路中使用老虎作为歌词，又在动作之中频频模仿老虎，也就不足为奇了。

> 这个号子要改调，
> 改调要把别的叫，
> 山鼓场中有些窍，
> 不带姐郎不热闹。
> 姐儿生的一脸白，
> 眉毛弯弯眼睛黑，
> 眉毛弯弯好饮酒，
> 眼睛黑来好贪色，
> 夜里无郎睡不得。

这段歌词属于《五句子》中"带姐带郎"的"荤歌"或者情歌，是对本地两性关系的一种诙谐描述。在曲库中，它们数量较多，在庄重肃穆的丧事中，主要发挥插科打诨、活跃气氛的作用。这类欢喜热闹又能令人发笑的歌词主要是在后半夜演唱，它能为前来守夜的亲朋好友们赶走睡意。

从以上列举的几段歌词可以看出，撒叶儿嗬的歌描写了本地人日常生活中的时令节气，涉及了对生命的产生、两性关系等世俗话题的诙谐讨论，也追溯了人们神圣生活中的祖先及图腾的崇拜，是对当地生产生活的一种兼容并包的刻画，他们的感情融入诗意的表达方式中。由此可以推断，撒叶儿嗬歌词是来源于生活却又高于生活的艺术产品，它是对本地生产生活的回忆性表述，也是操演记忆最直接的语言维度。

既然撒叶儿嗬的原名"山鼓"或"丧鼓"，那么对"鼓"的讨论也必不可少。音乐、诗歌与舞蹈三大内容结合的形式，使撒叶儿嗬与大洋洲的克罗波里、北极圈的因纽特人及南非布什门人等氏族的原始歌舞一样，有机会被艺术史家们称为"三一致"。[1]亨廷顿（Richard Huntington）等人的研究认为鼓声是一种"很吵闹的东西"，起源于棺材木（coffinlogs）。[2]乐器产生的碰撞出现于各种过渡仪式中，它发出的巨大声响能联系起超自然的神灵，人们正是通过这样的工具与死者联系起来。在有关武王伐纣军前舞的论述中，鼓在战前与战中的作用是发号施令、鼓舞士气[3]，在战后的作用是哀吊亡者；在巫术祭祀中，它的作用是通过某种持续热烈的氛围帮助巫师通天神。鼓成为一种中介，关联了巫术信仰、战舞与他们的图腾祭祀。因此，无论是在国内还是国外的研究中，人们不能从功能的单一视角来看待鼓乐器的使用，忽略了其他属性。

关于撒叶儿嗬中鼓的使用，一种说法是它起源于庄子"鼓盆而歌"的典故。《庄子·至乐》记载：

---

① 田玉成、刘光菊：《人类非物质文化遗产的代表作——土家撒叶儿嗬》，《民族大家庭》2006 年第 1 期。

② Richard Huntington and Peter Metcalf, *Celebration of Death: The Anthropology of Mourtury Ritual*, London: Cambridge University Press, 1979, pp.46-49.

③ 不使用锣，是因为"鸣金收兵"。

庄子妻死，惠子吊之，庄子则方箕踞鼓盆而歌。

惠子曰："与人居，长子老身，死不哭亦足矣，又鼓盆而歌，不亦甚乎！"

庄子曰："不然。是其始死也，我独何能无概！然察其始而本无生；非徒无生也，而本无形；非徒无形也，而本无气。杂乎芒芴之间，变而有气，气变而有形，形变而有生。今又变而之死，是相与为春秋冬夏四时行也。人且偃然寝于巨室，而我嗷嗷然随而哭之，自以为不通乎命，故止也。"

庄子的妻子去世，他没有伤心流泪，反而坐在地上，边敲击瓦盆边唱歌以祭奠亡妻。在别人看来不可思议的事情，庄子却不以为然。他祭奠妻子时在地上敲击的瓦盆，据说是撒叶儿嗬鼓师将乐器牛皮大鼓放置于一个大木盆中的原型。也有很多学者反对这种理解，认为庄子是用木棍来敲击瓦盆，并不是真的意义上的打鼓，更何况，庄子鼓盆晚于撒叶儿嗬的产生时期。[①] 在资丘撒叶儿嗬的表演中，人们常见的画面是一个牛皮大鼓放置在木盆内，木盆再墩放于鼓架之上，歌师敲击的是大鼓而非盆。牛皮大鼓直接放置在鼓架上，在猛烈的敲击过程中容易产生晃动。人们将大鼓放置于木盆之中，既可以保证击打过程中乐器的稳定性，也可以借盆与鼓之间的缝隙发声。尽管现在的做法与典故有些出入，有些专家也认同鼓的使用方式是根据庄子的典故慢慢发展而来的观点。[②]

时光荏苒，资丘的纪念仪式继承了前人的传统，但是也发生了一些变化。撒叶儿嗬中的男性舞者，两人或四人或多人，赤膊上阵，围绕在灵堂前面的空地上起舞。也有研究指出，传统的男性舞者应当是头缠白色包头巾，身穿白色对襟便衣与青布裤，脚着青布鞋，系布腰带。[③] 随着服饰文化的交流与融合，现在的撒叶儿嗬舞者都着便装，在艺术团的对外演出活动中，才会被要求统一着特色服装。除此之外，现有的二三十个舞蹈基本动

---

① 黄楸喻：《土家族丧葬仪式音乐——以湖北省长阳县资丘镇为例》，硕士学位论文，台南艺术大学，2012年，第37页。

② 根据张先生口述，2016年7月17日。

③ 《中国民族民间舞蹈集成·湖北卷》（上、下），中国 ISBN 中心出版 1995 年版，第1172页。

作也被运用在撒叶儿嗬的传统套路中，形成了比以前的战舞更加精细、更富于娱乐精神的舞蹈表演。单纯的文字描述或者图片注解将动态舞蹈化约为平面描述，很难让人们发现撒叶儿嗬的舞蹈美感。尽管最好的方式是现场观看，囿于条件，本书依旧做一些简单的文字刻画。

"四大步"要求舞者脚步走"升子底"线路，双手持续不断做或上或下的绕手动作；从身体右侧位置穿行，与搭档交换位置，原地踏步稍作停顿，又穿回原位互换位置。在跳舞的过程中，舞者经常与其他组交换舞蹈搭档。"四大步"的根本特色，就是在每个八拍节奏中，脚上只能走四步，然后回到原地。

"叶儿嗬"的动作特点是两人相对时，会伸开双臂然后缓慢下蹲，称为"一面长"；然后二人转身背对彼此，伸开双臂下蹲，形成"一背长"。

"幺哩儿嗬"的舞蹈动作以模仿动物体态为主要内容，比如"虎抱头"是两人双手互抱头，脚交互踩地，仿佛两只老虎在面面相觑；"凤凰扇翅"则是舞者两腿深深下蹲，伸开双臂，上、下扇动翅膀；"猴子爬岩"就是模仿猴子双脚向上登，双手向上攀爬的形象；等等。

"杨柳"的动态特征体现在四人转圈队形的形成中。围成一圈的舞者，在绕手与脚步行进同时进行时，又灵活地绕回原位，在原地稍做动作，然后沿顺时针方向前进，依次类推。它的脚步行进路线主要是"半边月"。

"幺姑姐"的动作较为活泼有趣，相对的两人在不断做双绕手的情况下，慢慢下蹲，然后起立站立；通过转身向前迈进、转身向后退步的步伐完成整个过程。

从以上对撒叶儿嗬歌舞鼓内容的分析中可以看出，它的歌词记录的是本地人日常生产生活中的事件，它的舞蹈动作来源于人们对生产生活行为的刻画和模仿，乐器的使用也继承了前人的传统。由于是在农民群体中传唱的歌，它们在形式和内容上并无太多华丽之感。在演唱中，撒叶儿嗬的套路可以灵活多变，一点儿也不枯燥乏味；歌者舞者的唱跳也是激情四射、感染力强。以现在的眼光来看，撒叶儿嗬是从过去发展而来的，源于战舞但是又比战舞更加精细，是对先民传统的继承。当地人操演记忆中的语言，是从生产生活的经验中积累起来的，是对过去的一种刻画和记忆。人们在一种固定的时间或日历^①的设定中，借助口头和姿势的方式去传达一些内容，使有关过去的记忆和意象被现在的人们所了解和认识。

第三节　操演方式的优越性

从前文的叙述可知，操演是一个重复性和持续性的过程。借助它，撒叶儿嗬仪式可以在几千年的发展史中延续和保持本地人有关过去的记忆。但是，人们为什么选择仪式的操演去传承记忆？为了厘清这个问题，有必要回溯社群的记忆延续方式，将身体操演与其他方式进行比较，凸显前者的优势。

撒叶儿嗬的传承方式可以分为两种类型：一类是民间流行的，另一类是官方引导的。所谓民间流行的方式，指的是山鼓场上的教习。对于土家人而言，他们对撒叶儿嗬的记忆是与生俱来的。^②也就是说，撒叶儿嗬这种表演形式是本地人日常生活礼仪的一部分，在山寨葬礼之中的跳动，自然是最重要的传承手段。

> 成老师回忆了自己小时候参与葬礼的过程。一般在后半夜，跳撒叶儿嗬的大人们都疲倦了，于是一些叔叔和大哥就开始拉着一些小毛孩跳，教小孩子们如何伸手、出脚、转身以及喊号子。就是在这种为了陪伴亡人而闹夜的过程中，他的撒叶儿嗬慢慢学上了路。^③

---

① 人们日常使用的日历本，实际指涉日历上记录的连续时间。由于日、月、年的周期性更替，人们在固定日期举行的纪念活动和纪念仪式，唤起了对过去的记忆，也积累了回忆的经历。尽管如此，记忆时间序列的日历，还可能是对历时的一种隐喻：它是有助于记忆的序列结构，并非本体论意义上的历法。在本地，个人死亡的时间是无规律可循的，但是在死亡发生之后，一种时间的序列会被创造出来。根据死亡的时间和日期，由和尚 / 道士或者某些通晓礼仪之人执笔，书写一本记录册子，记载并推演死亡三年之内的所有重要日期。根据这个时间序列，家人及其他亲属必须参与死亡、下葬、五七、周年祭、两年祭以及三年祭等重要日期的纪念活动，在相关仪式的操演中缅怀故人。

② 田玉成：《我们的家园》，三峡电子音像出版社 2011 年版，第 133 页。

③ 田玉成：《我们的家园》，三峡电子音像出版社 2011 年版，第 136 页。

自 2006 年以来，资丘保护非物质文化遗产的方式由四个方面构成。[1]
首先是在本地建立民族民间生态文化保护区，对本地的传统民间文化如山
歌、长阳南曲和撒叶儿嗬等予以保护。建立生态保护区，保护和传承原汁
原味的民间文化，不割裂民间文化与它所依附生存的环境之间的关联，在
民间文化生存的特定环境中保护它。其次是保护和奖励优秀民间文化传承
人。一些专家、学者认为，在文化生态保护区内，对人的保护应当是第一
位的。[2] 由于民间优秀艺人的年龄普遍高龄化，所以他们更可能在生活中遭
遇各种困难，对他们的保护是十分重要的。同时，资丘文化站还对一部分
优秀艺人进行物质鼓励，这也可以作为民间文化"吸引力"的一部分。再
次是在本地政府和相关文化部门的主导下，组织开展各具特色的民间文艺
活动，比如民族文化艺术节活动、撒叶儿嗬大赛、撒叶儿嗬鼓师大赛、百
友会等各式活动，它们不仅是资丘本地的竞演活动，也是与周边县市交流
的重要机会，既能丰富民众的文化生活，又能通过竞赛的形式传承本地的
非物质文化遗产。最后是建立健全民间艺人和民间艺术档案资料。本地的
民间文化优秀艺人大部分都是五十岁以上的人，而他们的后代长期在外读
书、打工，对传统文化的兴趣很淡薄，在学习传统文化方面缺少动力。所
以，对民间优秀艺人资料的登记以及民间艺术内容的收集，不仅有利于生
态保护区内民间艺人的联系与活动，还有助于抢救即将消失的文化宝藏，
保护优秀的民间文化。实际上，从 1996 年开始，文化站就着手进行优秀民
间艺人的普查工作，并对他们进行表彰。[3]

官方引导的撒叶儿嗬传承方式，主要是指建立生态保护区之后所提倡
的一些传承方式：第一是文化站建立了"撒叶儿嗬传习基地"，于 2006 年
6 月开办，当地有四名聘用教师，常年免费培训学员。第一期学员达到了
四百多人，民众的学习热情可见一斑。前馆长成老师组织教材及相关书目
的编写，如《山歌与村笛》成为学员人手一本的词谱教材。第二是相关单
位连续举办了"村寨文化大赛""少儿民间艺术大赛"等各种竞赛活动。其

---

① 田玉成 2005 年 8 月 8 日在"荆楚在线"访谈栏目接受访谈的内容。参见田玉成《我们的家园》，三峡电子音像出版社 2011 年版，第 98 页。

② 田玉成：《巴土文化探究集》，中央民族大学出版社 2011 年版，第 73 页。

③ 田玉成：《巴土文化探究集》，中央民族大学出版社 2011 年版，第 117 页。

中撒叶儿嗬大赛自 2003 年开始每年一期，来自五峰县、巴东县以及资丘各村组代表队几百余人，将撒叶儿嗬搬上舞台，在全国产生了广泛、深入的影响。① 第三是本地开展了"民间文化进校园、民间艺人进课堂"的活动，由优秀的艺人教习中小学学生学习民间文化，以鼓励和培育学生学习民间文化。第四是文化部门鼓励民间优秀艺人带徒弟进行传习，也奖励优秀的学徒，同时在优秀艺人中采取评职称的做法，例如撒叶儿嗬的鼓师经鼓师大赛评定为高级、中级与初级鼓师，但可以每两年通过"打擂"来晋升自己的职称，以提高艺人们自身的积极性。②

相比之下，山寨葬礼中的教习是人们学习撒叶儿嗬最原始的手段，它是长辈向晚辈的"言传身教"或者"口传身授"；在官方助力的影响下，拜师学艺、学校教习、打擂比赛等传习方式，仍是传统的"言传身教"方式的延伸。这说明，师傅向徒弟传唱撒叶儿嗬的歌曲、教习打鼓的姿势和音律，并传授他们舞者的步伐等一系列口传身授的操演方式，仍是仪式活动中最主要的记忆传承形式。此外，以文化站为依托的相关单位在近三四十年对撒叶儿嗬知识的收集、汇集、刻录或者出版，以文字或者影像的形式将这些记忆"永久"且"稳定"地保存下来，弥补了传统口传身授的不足之处。至于文化站对艺人的职称评定和奖助金的发放措施，并不属于传承方式的内容，它们是提高艺人们传习传统文化积极性的重要措施。

在传统记忆方式与现代记忆方式的"较量"中，口头、书写以及身体操演，获得了大量的关注。首先来谈谈仪式中的口头表达。无论是本地人世代相传的故事、歌曲，还是一些其他的口述知识，实际上都在生产生活的过程中扮演了重要的沟通角色。近三四十年开始，文化站等相关单位开始对它们进行搜集、整理和记录，旨在避免在口述者过世的情况下，口传的内容也随之消失。在搜集回来的口传知识中，有些素材是大家耳熟能详的，有些却不是。在一代又一代先辈的传承中，故事的内容明显发生了变化，但是究竟发生了哪些变化，研究者又难以考证。由此可见，除了生动、形象，口传的内容容易失真。

---

① 田玉成：《我们的家园》，三峡电子音像出版社 2011 年版，第 32 页。
② 田玉成：《我们的家园》，三峡电子音像出版社 2011 年版，第 72 页。

与口头的方式相比较，书写的重要性在实践中逐渐凸显。很显然，书写能够在时间的延续中保持"可靠性"。究其原因，口头与书写的延续机制有所不同，前者是将储存在大脑中的信息传递给对方，或者是从他人那里获得一些素材，然后自己加工，形成一种"返工的经历"（reworked experience）；后者却是将收集的信息记录下来，以文本的形式流传后世，但书写的主体不需要额外去记住什么内容，甚至逐字记忆什么。受到知识系统、个体经历、语言表达习惯、词汇量差异的影响，口头传统的表达是不稳定的。反之，在书写的传统中，每一次写作都是储备记忆的过程，它很难随意更改。

这不禁令人想起口头 – 书写（orality-literacy）问题的长久争论，它是埃文斯 – 普理查德和列维 – 斯特劳斯等人类学家早就关注的议题。在 1956 年，美国的社会学家戴维·里斯曼（David Riesman）声称那些依靠口头传统的人肯定是有好记忆力的人，这仅仅因为什么也写不下来。而比他早二十年的学者弗雷德里克·巴雷特（Sir Frederic C. Bartlett）[1]，也声称没受过教育的非洲人也具有一种较低水平的"死记硬背"的表达能力，因为这些社群中的人们主要依靠大脑的记忆去向下传递知识和传统。但是，他们不可能将所有的事情都记忆成标准格式，即不具备逐字记忆的能力。[2] 在一些试验中，学者们认为口传无法逐字逐句的回忆，是因为受教育及入学相伴的记忆技能与策略的不足，比如一些没有接受过教育的人确实在标准的记忆实验中表现更差。[3] 在本地人的案例中，受教育水平并不能解释他们记忆方式的选择问题，该问题会在下文中详述。

除此之外，从田野的观察中可知，语言沟通和身体实践尤为重要。无论是有标准语法结构的语种，还是非正式的歌曲、口技，它们形成了社会交往的沟通基础。储存在身体之中的习惯 – 记忆，通过重复性的仪式操演，也保存了过去的意象。另外，文字书写本质也是一种身体的书写，它依靠身体的力量去存储记忆。以电话、电视、广播和网络等媒介为主的大众传

---

① Sir Frederic C. Bartlett（1886-1969），英国心理学家，剑桥大学的第一位实验心理学教授。他是一位认知心理学的先驱。

② Jack Goody, "Memory in Oral and Literate Traditions", in Patricia Fara and Karalyn Patterson, eds., *Memory*, Cambridge: Cambridge University Press, 1998, p.321.

③ Jack Goody, "Memory in Oral and Literate Traditions", in Patricia Fara and Karalyn Patterson, eds., *Memory*, Cambridge: Cambridge University Press, 1998, p.322.

播，是人类对语言、文字等表述对象的电子化呈现，它们也是语言和身体方式的具体扩展。田野的经验似乎纠正了传统的口头—文字的分类，将它转化为语言—身体的对垒。[①]

作为另一种传统的记忆方式，操演不应该被人们忽略。在当地的仪式场合中，很多人不能将连续性的仪式过程说清楚，但他们能顺利无误地参加仪式，一个行为接着一个行为直到结束。本书认为，与口头和书写的方式相类比，操演具有以下三方面的特点：首先，操演所依赖的"知识储备系统"并不同于口头和书写的知识储存体系，后者储存的是对事物、经历等内容的描述能力，而前者储存的是对互动形式的再现能力。通过群体参与和实践，操演变成一种后天习得的技能。借助不断重复的练习，它可以达到炉火纯青的地步。其次，习惯 – 记忆形成之后，它深深印刻在身体的表达当中，构成了一种很稳定的记忆方式。每次在仪式发生的场合中，鼓槌一响，参与者全身的细胞都躁动不已，渴望投入一场热烈的歌舞活动中，"跳一夜丧鼓送人情"。再次，习惯 – 记忆是属于一个社群或社会的集体表达，在本地人的操演中，人们会遵循统一的表演结构或行为模式，群内的个体可以互相学习，成员可以有序地参与进来，形成和谐的画面。综上所述，操演是一种形式化的表达，比单纯的口头表达更加稳定，比书写的表达更加形象化。它具有了借助口述表达的能力，又具有文字书写不可比拟的优势，这使得社群依靠操演来记忆，通过操演来传达和延续过去的意象成为可能。

小 结

本章的内容旨在解答操演与社会记忆之间的关系。在上一章的内容中，操演是纪念仪式的重要特征，而纪念仪式是探究一个社群社会记忆的最好

[①] 柯塞勒克（Reinhart Koselleck）区分了两种记忆的存贮器：语言和身体。在这两种形式中，记忆以不同的方式留存下来。身体里的记忆是一种反复运动的产物，不论人们是否将它召回意识之中，它都牢固地滞留在记忆之中。与此相反，语言回忆的框架不是身体而是社会沟通柯塞勒克的分类，实际上纠正了口头 – 书写的传统类型，强调了语言和身体的对垒。参见阿蕾达·阿斯曼《回忆有多真实》，载哈拉尔德·韦尔策《社会记忆：历史、回忆、传承》，季斌等译，北京大学出版社 2007 年版，第 60—61 页。

方式。借助撒叶儿嗬的个案研究可以表明，操演与社会记忆之间存在一种天然的联系：所谓习惯 – 记忆，就是人们能再现某种操演的能力。离开了操演的具体方式，身体习惯不可能形成。

在本地纪念仪式的场合中，操演是人们以言行事的活动，它本身也有一些特性，比如它与身体活动密不可分，它是一种合规的操演，它还是一种可重复的行为。撒叶儿嗬的研究表明，社会记忆除了指涉心理，更需要行动，形成"身体记忆"，用操演的方式传诸后代。

此外，在传统的口头、书写与身体操演方式的比较中，操演具有一些优势，这是常常被人们所忽略的。在本地人的实践中，操演可以借由日历的、口头的以及姿势的方式，去传达群体的社会记忆。于是，人们看到了作为记忆载体的歌舞鼓形式，也看到了作为沟通媒介的身体和被编码的身体表达，聆听了先祖古老的传说和寓教于乐的故事，也回忆了当地人文化传统的发展历程。

第四章

身体实践：个体与群体之间关系的桥梁

操演是一种身体活动，身体是操演的媒介。没有肢体动作的训练，就不可能会有习惯的形成。为了说明身体是如何有助于操演以及有助于记忆的问题，身体与社会的关系、与体化实践相关的习惯形成，以及身体体验的问题，都在本章予以讨论。

第一节　撒叶儿嗬与两种身体实践

为了说明身体是如何有助于操演，以及身体是如何累积记忆的问题，首先需要区分两种社会实践的类型。田野的研究表明，记忆沉淀于身体的方式可以分为刻写（inscribing）实践与体化 (incorporating) 实践。在康纳顿的观点中，刻写实践包括书籍、录音、摄像、百科全书、网络检索等，它们依靠信息的捕捉和事先保存，最后通过文本记录的方式留存下来；与此不同，体化实践不必依赖事先的信息储备，在亲身参与的过程中，身体会向他者有意或无意地传达某些消息。

由此观之，刻写实践是一种较为固定的信息记录方式，体化实践是即时产生的信息表达行为。相比之下，通过一些稳定的复现方式，比如影印或手抄、刻录等，刻写实践可以将捕捉和保存的固定信息复制下来，重要和经典的文本才能借这一过程流传后世。作为一个没有本族书写文字的群体，汉字书写的文本成为本地人记忆历史上的人物、事件和其他信息的主要途径。无论成书于哪个朝代，汉字书写的地方志，比如《长阳县志》《咸丰县志》《恩施县志》等资料流传下来，刻录了本地的历史发展状况，成为后人了解过去的重要参考。汉字成为人们刻写实践的基础媒介，通过它的书写、复制以及反复操演的背诵形式，有关过去的记忆被延续下来，人们的记忆过程也被简化。

应该注意的是，文字的记录依靠人来完成，这里存在一个书写主体的问题。卡尔·贝克尔指出，每个人都是史学家，他强调了每个人皆有其对历史的主观认知。史学家是专业人员，他们与我们的共同点是：我们都在保存传统，使其长存。[1]当精英史学家与本地群众同时书写过去之时，汉字的刻写过程会涉及官方与民间、正式与非正式形式的论辩，比如，对于本地群众亲历的历史事件，他们的书写与精英专家的写作可能会有一些差异。除了是否亲自见证，本地人在言辞使用、遣词造句方面可能不及专业的史学家或者学者，而且他们在修史的资源和规模上难以企及。随着时间的流逝，本地人的书写散失严重，时至今日，参考价值受限；史学家的作品却保留下来，甚至会取代本地人的书写。当现在的学者试图回溯土家人的过去，他们能获得的资料大部分都是官方修史制度的产物；对于撒叶儿嗬这样日常化和平民化的内容，本地的刻写往往语焉不详，人们只能借由官方的记载进行重构。这里有两个例子，可以阐明刻写实践的特性。

第一个例子是有关撒叶儿嗬的历史记载。在研究撒叶儿嗬的过程中，现在的学者都会接触一些相关的史籍，比如《华阳国志·巴志》、清代《长阳县志》、《隋书·地理志》、《蛮书》以及《后汉书·南蛮西南夷列传》等等。无论这些书目是地方志还是正史，都有一个共同的特点，即无论成书作者是哪里人，他都与官方修史制度密不可分。为了理清撒叶儿嗬的发展和演变过程，研究者必须参考这些成文史的内容，从而做出推定。假如没有这些成文史的流传，后人就无法理解和解释有关过去的记忆。

---

[1] Jeffrey Olick, Vered Vinitzky-Seroussi, Daniel Levy, eds., *The Collective Memory Reader* Oxford: Oxford University Press, 2011, p.122.

　　第二个例子是有关土家族群的历史起源。没有族群的发展历史，也就不可能孕育撒叶儿嗬的前世今生。关于土家族群的起源，学界有很多种说法，但最有说服力的观点来自潘光旦，他指出土家是古代巴人的后裔。[①] 在历史研究中，巴人与汉人的起源问题都可以回溯至有文献记载的年代，甚至是溯源至更为古老的伏羲氏传说之中。[②] 为何他们被称为"巴人"？在历代典籍中，"巴"既可以作为族名，又可作为地名。《春秋左氏传》《山海经》等先秦史籍中，就有不少关于巴人活动的记载。[③] 黄柏权在综合考察了学界的观点后指出，"巴"与人的称呼、图腾信仰有密切关系。一方面，考古学的成果认为"巴"有"人"的意思；另一方面，"巴"在汉藏语系的环境中泛指母亲，但进入父系社会后用来称父亲。今日所称"爸、妈"即是"巴"的变音。《后汉书·南蛮西南夷列传》记载了"廪君死，魂魄世为白虎"[④]，廪君是巴人起源传说中的巴人祖先，他去世后幻化的白虎成为巴人的图腾。西汉杨雄所著《方言》一书中也有相关记载，他将"虎"视为"李父"的另一种称呼。[⑤] 上古时，父、伯、巴同音，"李父"即是"李巴"。可见，"巴"是图腾的代称，也是氏族或部落的象征。"巴"从对个体的称呼变成了对群体的称呼。[⑥]

　　关于巴人的起源，有两种传说[⑦]，它们也记载在汉文字史籍中。第一种观点认为巴人是伏羲的后代，由西北部迁移而来，在《山海经·海内经》一文中记载了巴国厚照是大昊曾孙的事实。[⑧] 类似的另一个版本是宋罗泌《路史·后记》第一卷有关"太昊伏羲氏"的记载："伏羲生咸鸟，咸鸟生乘厘，是司水土，生后炤，后炤生顾相，夅（降）处于巴。"由此说来，伏羲

---

① 潘光旦：《湘西北的"土家"与古代的巴人》，载《中国民族问题研究集刊·第四辑》，中央民族学院研究部 1955 年版，第 440 页。

② 潘光旦：《湘西北的"土家"与古代的巴人》，载《中国民族问题研究集刊·第四辑》，中央民族学院研究部 1955 年版，第 417 页。

③ 《土家族简史》，湖南人民出版社 1986 年版，第 7 页。

④ 范晔：《南蛮西南夷列传》，载范晔、司马彪撰《中华历史文库·后汉书卷八十六》，银冠电子出版有限公司 2004 年版，第 2286 页。

⑤ 华学诚：《扬雄方言校释汇证》，王智群等编纂，中华书局 2006 年版，第 537 页。

⑥ 黄柏权：《土家族白虎文化》，中国文联出版社 2001 年版，第 20—22 页。

⑦ 潘光旦：《湘西北的"土家"与古代的巴人》，载《中国民族问题研究集刊·第四辑》，中央民族学院研究部 1955 年版，第 440—441 页。

⑧ 张步天：《山海经解》，香港：天马图书有限公司 2004 年版，第 543 页。

的故乡本在甘肃天水一带，是我国的大西北，而巴人的活动范围由大西北迁移到西南。郭璞注《山海经》记载："巴国今三巴，就是川东鄂西山区。"另一种起源传说认为巴人发源于今天的鄂西地区，记录最为完整的是范晔《后汉书·南蛮西南夷列传》的内容：

> 巴郡、南郡蛮本有五姓：巴氏、樊氏、瞫氏、相氏、郑氏，皆出于武落钟离山。其山有赤、黑二穴。巴氏之子生于赤穴，四性之子皆生黑穴。未有君长，但事鬼神；乃共执剑于石穴，约，能中者，奉以为君，巴氏子务相乃独中之……又令各乘土船，约，能浮者，当以为君。余姓悉沉，唯务相独浮。因共立之，足为廪君。
>
> 乃乘土船从夷水至盐阳。盐水有女神，谓廪君曰："此地广大，鱼盐所出，愿留，共居。"廪君不许，盐神暮辄来取宿，旦即化为虫，与诸虫群飞，掩蔽日光，天地晦冥。积十余日，廪君思其便，因射杀之，天乃开明。
>
> 廪君于是君乎夷城，百姓皆臣之。
>
> 廪君死，魂魄世为白虎；巴氏以虎饮人血，遂以人祠焉。①

这段文字被学界频繁引用，它记载巴人祖先的起源姓氏与起源地。廪君成为巴人的祖先，是他智慧超群以及治理有方带来的结果。在这段记载中，巴人发祥地是武落钟离山。这个历史典故不但史志有记载，而且在巫史的巫歌中也保留了下来，如《祭祖·神歌》。② 武落钟离山坐落于今湖北省长阳县的西北，离县城三十多公里。根据杜佑《通典》，此山"在今夷陵郡巴山县"。杜佑是唐朝人，而夷陵郡在当时指的就是今日的宜昌市，巴山县是今日的长阳县。夷水，则是今天的清江，从湖北省极西一角与四川交界的利川县西北境，屈曲东流，经恩施、建始、巴东及长阳诸县境内，到

---

① 范晔：《南蛮西南夷列传》，载范晔、司马彪编撰《中华历史文库·后汉书卷八十六》，银冠电子出版有限公司 2004 年版，第 2286 页。

② 杜荣东：《土家巫术是本民族历史文化的载体》，http://www.cy-tujia.com，2005 年 12 月 12 日。

宜都市北部清江口汇入长江。①从这段话中，潘光旦等人推测，远在春秋战国期间楚人向南发展以前，整个清江流域全都是巴人聚居与活动的范围。盐阳所指代的恩施，是盐水女神世居的地方，鱼盐所出，物产丰富，十分适宜经济生活的发展，也是当时最大的活动中心。廪君等巴人祖先披荆斩棘、开疆拓土，与盐水女神相争并最终射杀了她，这还说明了巴人已经从母系社会进入了父系统治时代。②

与撒叶儿嗬的历史记载相比，有关土家族群起源的内容更加丰富。就数量而言，后者具有绝对的优势，但这也给后人的考证增加了难度，究竟谁的说法更可信？由于各种原因，成文史记载的内容本身就存在谬误③，在

---

① 潘光旦：《湘西北的"土家"与古代的巴人》，载《中国民族问题研究集刊·第四辑》，中央民族学院研究部 1955 年版，第 441—442 页。

② 在长阳土家族自治县渔峡口镇，有处水域名为"招徕河"，当地居民皆称此地是廪君上门入赘的地方。

③ 关于史籍记载的谬误，可以参考土家族族称形成的例子。土家族自称"毕兹卡"，是本地人的意思，即土生土长的人。在汉文史籍中，不同朝代或时期对土家族称的记载各不相同，它大致经历了由"巴"到"蛮"、由"蛮"到"土家"的过程。殷周史籍记载的"巴人""彭人"即为土家先民古老的支系，甲骨文中也有"巴方"的记载。不同于"巴"称谓的内源性，"蛮"是华夏族对南方一些少数民族的称呼。自夏商以来，华夏族以"四夷"中的"南蛮"统称南方的少数民族。到周朝时，南蛮集团包括了很多民族。有学者认为它大致可以分为越人系统和苗蛮系统，直至后来"蛮"演化为居于湖南、湖北、河南等地一些少数民族的泛称。在先秦时期，巴国的主要成员是廪君的后代，所以他们被称为巴蛮、巴人或廪君蛮。巴被秦灭之后，其属地和人民成为秦国的一部分，秦在这些地区设置巴郡、南郡、黔中郡（后改为"武陵郡"），把在这一地区活动的少数民族称为"巴郡蛮""南郡蛮"和"武陵蛮"（"武陵蛮"中还包括了苗瑶和壮侗语族等民族的先民）。巴郡（今四川东）蛮又称板楯蛮、賨人，前者根据使用的武器特点来命名，《华阳国志·巴志》记载："以虎皮蒙在盾上，并专以射白虎为事"；后者根据巴人将赋税称为"賨"而命名。南郡（今鄂西）蛮有时称为賨人，但多以郡命名，比如江夏蛮、巫蛮。西汉与东汉时，"武溪夷"田姓、"武陵蛮"、"澧中蛮"、"溇中蛮"、"零阳蛮"中的向、田、覃等姓首领活动已有记载。东汉时期从川东迁至江夏一带的巴人，扩散到鄂东北和豫东南，被称为"豫州蛮""西阳蛮"或"五水蛮"；居住于武陵地区的被称为"五溪蛮"（以雄溪、樠溪、辰溪、武溪、酉溪五条溪水命名）、"溇中蛮"和"酉溪蛮"；峡江地区的被称为"荆雍州蛮""建平蛮""巴建蛮""宜都蛮"和"天门蛮"。实际上，自秦汉以来的民族迁移过程在魏晋战乱时期大大加速，华夏族迁入少数民族地区形成杂居的局面，以至于以地域来划分族群归属的方法并不恰当。例如，江汉地区的蛮人大致可以分为盘瓠之后和廪君之后，前者是武陵蛮、五溪蛮，后者是五水蛮；武陵蛮主要被视为盘瓠的发祥地，它在汉朝时同样包括了今属长阳县的佷山县，这样的混淆之处不绝于耳，这也能部分解释典籍记载的混乱现象。唐宋时期，由于建制的变化，人们用不同的地域名称命族名。聚在湘鄂川黔交界带的土家先民称为"信州蛮""彭水蛮""施州蛮""辰州蛮""石门蛮""溪州蛮"等。杜佑《通典》概括道"其在峡中巴梁间，则为廪君之后"。宋代称沅江流域的少数民族为"南北江诸蛮"。同期这个地区出现了"土兵""土人""土丁"等名称。这个"土"，应该是专指土家族而言，它是由（转下页）

现在的研究者们看来，对历史和过去的"重构"，并不是一种非常稳妥的做法。在缺少直接见证人和证据的情况下，一般而言，在官方史学中地位越高的成文史，它的解释力和说服力越强有力。

不同于刻写实践，体化实践是身体即时的表达行为。在一个共享的"知识储备体系"中，人们能够习得相同的行为模式，也能够准确无误地进行沟通。当仪式活动上演时，不同的姿势可能具有不同的含义，但参与其中的人们都能明白和理解它背后的意义。当笔者第一次同文化艺术团成员外出打"包丧鼓"时，发生了一件令人难以忘记的事情。在下葬当日，大部分执事人员都忙着将棺木搬出孝家客厅，并处理密封和丧捆等事情，孝家的亲友则在邻居家大门外等候、就坐和聊天。逝者的儿子和女儿突然跑过来，挨个向在座的亲友磕头致谢。亲友们从闲聊中回过神来，赶紧去拉孝子孝女的胳膊，示意他们不用下跪。但孝子孝女还是挨个行礼，生怕漏掉了任何一个。眼见孝子孝女向艺术团的方向走过来，笔者慌忙闪开，逃离了"难以承受的"跪拜现场。有了第一次手足无措的经验，在后来的参与式观察中，笔者也学着其他人，主动上前搀扶准备行大礼的孝子孝女。

在我国的传统文化中，"跪拜"是臣向君表达忠诚与敬畏、子向父表达孝顺与遵从之时的一种礼仪；在国人有关死亡的文化中，后辈向亡者的跪拜，表达了他们对故人的敬意。后辈向前辈或者等级低的人向等级高的人行礼似乎是自然而然的，但是前辈向后辈或者同辈之间的跪拜却是比较少见的。在本地人的丧葬礼仪中，前来吊唁的亲朋好友在灵柩前给亡人行跪拜礼，表达对故人的崇敬和缅怀；与此同时，孝子孝女也向宾客回礼，以跪拜表达他们的感谢之意。在下葬当日，跪拜行为发生的范围更大，所有

（接上页）"蛮"发展过来的。元明清初，朝廷在土家族地区建立了土司制度，带"土"词语大量出现在史籍和地方志中，如"土兵""土丁""土民""土蛮"。但也有仍旧以地名命名的，比如"酉阳蛮""九溪十八峒蛮"。由此可见，由于民族迁徙等历史因素，根据人群聚居地来划分族群的做法很不可靠，但是史官在撰写成文史的过程中并没有特意区分和识辩，导致历史编撰中出现了谬误，后人参考它们去做推论，只能离真相越来越远。参见郭沫若《甲骨文合集》，中华书局1982年版，第6478页；王文光：《中国古代的民族识别》，云南大学出版社1997年版，第334页；《土家族简史》，湖南人民出版社1986年版，第8—11页；翁独健《中国民族关系史纲要》，中国社会科学出版社2001年版，第2、76—77、170、252、277、356页。

披麻戴孝的后人必须向送葬的队伍，包括敲打乐的师傅们、跳撒叶儿嗬的师傅们、抬灵柩的师傅们以及其他的帮忙人员表示谢意，孝子孝女依次在上述成员面前下跪行礼。换言之，每个孝子孝女要连续行跪拜礼至少几十次。丧葬礼仪中的跪拜礼是致谢的方式，往前回溯，本地人这种隆重的跪拜至少应该与他们民风淳朴、互敬互爱相联系，从而推断出当地人重视人际交往和礼尚往来的美德；同时，它也应该与本地人在生产水平较低的条件下形成的互助精神相联系，当他人不遗余力地帮助孝家安葬父母且不求回报，在没有更好的报答方式的情况下，跪拜礼是孝家子女最高级别的感恩方式。由此可见，丧葬礼仪中的跪拜行为是一种被灌注了意义的实践，它是人们长久以来表示感谢的做法。在不断重复的操演中，跪拜成为一种"文化姿势"，累积为身体的习惯–记忆。本地人耳濡目染，在痛失亲友的场合中，他们还会亲身体验这种文化姿势。被他们习惯的跪拜，既是个人的实践，也是群体成员共享的实践。当跪拜发生时，人们也是在延续祖先的信仰和传统。

由此可以看出，刻写实践与体化实践有所区别，而且体化实践是人们理解身体是如何累积记忆的重要维度。体化实践所包括的手势、姿势和动作等内容，成为一个社群保存和维持记忆的助力方式。① 尽管如此，人们还是承认刻写也是一种身体实践行为。历史上流传下来的书籍，是由史学家或其他专业人员撰写，在对文字的掌握和运用过程中，积累了身体的动作。在很多时候，刻写的实践包括了体化的因素，刻写实践与体化实践之间很难被划出一条清晰的界限。刻写与体化的关系，与前文中提及的书写与口头之间关系相类比：从体化实践到刻写实践的过渡，就是从口头文化到书面文化的过渡。② 刻写与体化都可以为身体累积记忆，只不过体化实践是更重要的身体助记行为。为了进一步说明身体是如何累积记忆的，在下一章节中，笔者将集中讨论体化实践对记忆的贡献。

---

① [美] 保罗·康纳顿：《社会如何记忆》，纳日碧力戈译，上海人民出版社 2000 年版，第 93 页。
② [美] 保罗·康纳顿：《社会如何记忆》，纳日碧力戈译，上海人民出版社 2000 年版，第 94 页。

第二节　撒叶儿嗬身体助记的逻辑

体化实践可以通过不同的方式对记忆做出贡献，但这仅仅回答了问题的一部分。另一部分在于，体化是如何可能的？田野的观察表明，有两点因素十分重要：第一点是在前文中曾提及的"习惯"的形成，没有一种身体习惯的形成，体化实践是没有意义的；第二点是身体体验的问题，也是具身的表达，没有一种有关体化的实践，体验的观点也是没有意义的。身体习惯的形成，是一种向内的过程，它使记忆通过熟练的肢体、肌肉动作沉淀在身体之中，等待下次被唤起和使用；身体的体验，则是一种向外的过程，它使沉淀于身体之中的记忆被激活，借由之前的知识去体验现在的世界和生活。

体化是如何形成的问题，可以从撒叶儿嗬仪式中略见一斑，前文曾多次提及，当山寨中出现死亡事件时，众人聚集起来唱歌击鼓，以热烈的形式送别逝者，该场合就是人人相互学习并交流歌舞技艺的最佳时机。在一遍遍的模仿中，孩子们学会了歌舞鼓的套路；在一次次重复的操演中，人们熟练掌握歌舞鼓的技法，逐渐融会贯通，形成身体的习惯；在下一次送别的场合中，人们又唤起积累在肉身之中的习惯，完成新一轮的操演。体化实践的形成机制，实际上依赖一种有关身体的习惯在因循积习的过程中形成，它会沉淀于身体之中，以待下次的唤起和利用。在社会记忆研究的范畴内，不管是伯格森（Henri Bergson）、罗素（Bertrand Russell）还是康纳顿，他们都将有关习惯的记忆区分出来，并且认为有关习惯的记忆实际上分布很广泛，但又难以直接去甄别。[①]正如前文曾提及的，习惯首先是个人的技能，它还是一个社群或社会的技术，习惯具有个体性但也可以保持群内的稳定性；其次，习惯是不先天遗传的，而是后天习得的，它一旦形成，就具有一种持续稳定的倾向，成为了人的"癖性"；最后，习惯不只是一个符号，它还具有一些内在的意义。简言之，体化实践对记忆的助力过程，不是直接且缺少互动的。体化实践塑造习惯，又通过不断重复的操演

---

①　[美]保罗·康纳顿：《社会如何记忆》，纳日碧力戈译，上海人民出版社 2000 年版，第 21 页。

去强化习惯，从而形成并传递了有关群体的记忆。

除此之外，身体体验也是一个密切相关的话题。在笛卡尔（Rene Descartes）主义哲学的身－心遗产中，身体研究与具身的研究是并行不悖甚至相得益彰的。具身的基本思想，是我的生命有机体是我并表达我：它既是我的精神生活的自我体现，又是我精神生活的自我表现性，身体体验问题就是具身问题。[①] 该研究给本书的启示在于，体化的实践可能不单是一种内化和沉淀记忆的行为，它还突出了表达和利用这些习惯－记忆的可能性。任何一种不断重复操演的纪念仪式，都有其合理性；反之，它没有意义，也不可能被重复操演。在哈布瓦赫的观点中，过去的图像是服务于现在的各种关怀与需求；而康纳顿则指出，人们对现在的体验，大多取决于他们对过去的了解。[②] 无论是借助现在体验过去，还是借助过去体验现在的观点，都表明具身或体验的问题，是记忆实践中不可或缺的一部分。

在本地人的丧葬仪式中，黑白色的装饰色调、白色的丧服与黑色的"袖记"，都是很常见的。在"白喜事"或"做生斋"的场合中，人们还可以使用一些红布／纸，对挽联、灵牌、封头[③] 以及响匠台[④] 布帘进行装饰，这令外来人员十分诧异。实际上，五行学说与五方、五色的对应，是红白黑颜色象征含义的直接来源。[⑤] 在五行学说中，黑白色被定义为不好的、不吉祥的色彩，这与红色所具有的喜庆的、红红火火的含义形成强烈反差。黑白色作为

---

① ［英］布莱恩·特纳：《身体与社会》，马海良译，春风文艺出版社 2000 年版，第 118 页。

② ［美］保罗·康纳顿：《社会如何记忆》，纳日碧力戈译，上海人民出版社 2000 年版，第 4 页。

③ 封头，即支付他人的红包。

④ "台"是摆放各式乐器的八仙桌；响匠台，吹奏乐器的师傅们集中落座之处。

⑤ 在五行与五方、五色的固定关联模式中，春天是绿树生发的季节，万物复苏；夏季气候炎热，骄阳似火；秋季万木肃杀，阴气始生；冬季气候严寒，水化寒冰。所以木为春，火为夏，金为秋，水为冬。从明堂制度中也可以看出，春天对应绿色，夏季对应红色，秋季对应白色，冬季对应黑色。从五行学说的分类中，黄色发展成为作为尊贵之色，被作为皇帝专用；夏季是红红火火的，所以红色成为喜庆的颜色；秋冬季万物衰败、了无生机，所以黑白二色被视为不太好的颜色。当然在古代政治中，也有为了权术而更改国家"德运"的行为，比如刘邦改"火德"为"水德"，"火德"尚赤，"水德"尚黑，所以汉代的礼服一般都是黑色的，包括新娘出嫁的礼服也都是绣花黑衣裙。这说明，根据五行学说形成的五色分类并不具有绝对的意义；在某些情况下，颜色的象征含义还受到了国家政治的影响。参见刘筱红《神秘的五行——五行说研究》，广西人民出版社 1994 年版，第 53、84—85 页。

丧葬礼仪专用的装饰色彩，以及丧服"从白从黑"传统的形成①，受到我国古代政权更迭与统治者喜好等因素的影响。在我国古代的巫术信仰中，红色被视为两面派——它具有一些积极效用，但也能代表"污秽"。②红色被赋予的积极象征含义，可以简单概括为其"趋吉避凶"功能。③

在人类学领域，特纳对红白黑三色的象征意义作了最为丰富和细致的讨论。特纳大胆猜测，三种颜色的象征是人类身体的产物。和颜色三元论相关的身体体验，也是一种社会关系的体验。颜色分类思想为我们提供了一个很好的思考框架，即由人类身体体验延伸出去的象征性符号，指涉了

① 白色作为丧服专用色与我国古代的"三统"相关。"夏朝尚黑，商朝尚白，周朝尚赤。"从夏朝开始，每个朝代都要选择一种颜色为自己的"正色"。"正色"往往与该朝代的正月月份相关，所以正月所代表的颜色即是本朝的"正色"。董仲舒认为朝代的更替要依循"三统"，即黑统、白统和赤统的顺序。《礼记·檀弓上》记载："殷人尚白，大事敛用日中，牲用白。"可见商朝是十分崇尚白色的。由于民间普遍存在穿"白衣冠"为丧服的习俗，所以在商朝丧国于周之后，周公制礼时便将白色定为丧服颜色。从战国起，白色丧服已经成为一种礼仪制度。在中国古代历史上，"墨衰绖"是黑色丧服最具广泛性的使用，它包括黑色的衰裳、经带，不仅如此，连出殡的仪仗、车马、旌旗均为黑色。这源于晋襄公为父亲晋文公"凶服从戎"的典故。儿子既戴孝又上战场杀敌，所以全部使用黑色来装扮。由此先例，晋国的黑色丧服从战时丧服演变为平时丧服。直到晋被韩赵魏三国瓜分，黑色丧服才丧失了"平时丧服"的地位。但是"丧服从黑"的习俗却保留下来。后来人们在为父母服丧期间从戎时，依然沿用此例。参见宋镇豪《中国风俗通史·夏商卷》，上海文艺出版社 2001 年版，第 346—347 页；冯友兰：《中国哲学简史》，赵复三译，新世界出版社 2004 年版，第 172 页；(春秋) 左丘明：《左传》，吉林大学出版社 2011 年版，第 116 页；孙希如：《汉民族丧服色彩的民俗学研究》，硕士学位论文，浙江师范大学，2012 年，第 42、45—46 页。

② 在中国人的观点中，天癸是一种不祥的污秽，足以招致种种恶果。天癸不仅能让人生病，还能抵消一些物品的治病克邪功能，一些极普通的事物经不起它的污染。同时，一些人视为污秽的经血，另一些人又视为宝物。江绍原指出，经血还具有一些"积极功能"，比如经血与经衣能解毒治病，经血能够辟邪、甚至能使人成仙。他参考《本草纲目》的记载，指出一些术士使用女子的初潮经血来炼制成仙丹药，是非常愚昧的做法。参见江绍原《古俗今说》，上海文艺出版社 1997 年版。

③ 中国人对红色的喜爱还与原始的血液崇拜思想密不可分。在巫术信仰中，原始人将红色的血液视为生命的象征，红色象征着血液，也象征着生命。山顶洞遗址中人头骨周围撒赤铁矿粉末，仰韶文化与龙山文化遗址中的遗骸涂朱现象，都是血液崇拜的产物。这种血液崇拜后来成为我国朱色辟邪术的最早源头。古代的术士将朱砂作为巫术灵物书写灵符，古人们使用"朱丝驱邪"，都是与朱色辟邪术相关联的做法。还有一种"衅礼"的仪式，是用雄性动物的血液涂抹受到污染的器物，以净化器物本身，它也可看成是辟邪的一种做法。在江绍原的观点中，这种各处涂抹血液的"衅礼"，与今人到处粘贴红纸或悬挂红布的做法很相似，而且挂红布之处与涂抹血液之处几乎是吻合的。参见胡新生《中国古代巫术》，山东人民出版社 1998 年版，第 1—3、221 页；詹鄞鑫：《心智的误区——巫术与中国巫术文化》，上海教育出版社 2001 年版，第 254—255 页；王文宝、江小蕙：《江绍原民俗学论集》，上海文艺出版社 1998 年版，第 158 页。

社会关系和社会结构的构成原则。笔者认为，特纳的贡献主要有两个：第一，他提炼出黑色的隐含意义，反对"非红即白"的二元性划分。第二，他指出颜色与社会分类法则相关，颜色的分类形成了现实生活中人们对社会关系的分类。①

资丘的丧葬礼仪所反映出来的，首先是它们的颜色使用符合特纳的三元分类观点。在资丘镇，红色的主要含义是积极的、喜庆的；黑白则是消极的、与死亡有关的。黑色白色都具有正面的含义，红色也具有消极的含义，只不过在当地人的丧葬礼仪中，它们没有体现出来而已，这点与特纳的田野观察并不一致。实际上，受到宗教、艺术等影响的西方色彩学说，也将白色看作积极的颜色，红色是血腥、暴力和危险的颜色，黑色是地域、罪恶和死亡的象征。②

其次，红色的中介性、跨越性。在本地人的丧葬礼仪中，红色的运用反驳了"非白即黑"的二元分类法则，它沟通了黑白所代表的死亡世界。在中国的五行学说中，红色是积极、喜庆的；在中国原始的巫术信仰中，红色既可以与经血禁忌相关，也被赋予辟邪的特殊功效。在丧葬礼仪中使用一些红色装饰，表明当地人要热热闹闹地为亡人送行，传达了对高龄死者的美好祝福，同时它也能起到"趋吉避凶"的功效，意在抵消由死亡带来的不祥。

再次，资丘丧葬礼仪"红中无白，白中有红"③的做法所反映的，是红色所代表的意义世界与黑白色所代表的意义世界完全不同：一个是喜庆的、积极的；另一个是悲伤的、消极的，二者之间存在一个鸿沟，不可随意跨越。在资丘，丧葬仪式所反映的是本地人从生的世界向死后的世界过渡的过程，即走"顺头路"；它是由生到死的最后一个阶段，象征着生的终结、死的开始。而新生、新婚、新房、添寿等仪式，象征着在生的过程中，由初生到成长、由单身到成家、由旧房到新居、由低龄到高寿等一系列事件的发生，是

---

① [英]维克多·特纳：《象征之林：恩登布人仪式散论》，赵玉燕等译，商务印书馆2006年版，第90页。

② 林萍：《颜色词的基本象征意义在中西方文化中的异同》，《教育研究》2008年第3期。

③ "白中有红"，是指在喜丧或"白喜事"的场合中，人们使用一些大红色的装饰或者其他喜庆的做法，比如餐前发糖，表达对高寿老人去世的美好祝福；"红中无白"，是指在做寿、结婚、生子、乔迁等喜事场合中，都要使用大红色来布置，不宜使用殡葬物品中的白色装饰物。

人们为了纪念、获得祝福、表达感谢等行为的集合，它们象征的是生命的成长和欣欣向荣的过程，它们所表达的意义与走"顺头路"完全不一样。

综上所述，本地人丧葬礼仪中的颜色使用，既继承了"从白从黑"的传统，也体现了当地人对红色的偏爱。"红红火火"和"辟邪"的积极意义是人为建构的，丧服"从白从黑"的传统也是人为建构的，这三种意义在丧葬礼仪中的混合使用可以体现，红色象征着血液、生长与生命力，黑白象征着死亡与终结。人们在丧葬礼仪中的身体体验，是参照过去的知识体系形成的，也是对群体记忆的回溯。在体化实践中，人们可以借助过去体验现在，也可以借助现在体验过去。这足以表明，人们可以利用身体的方式去帮助他们记忆。

第三节 身体与社会的相互关系

撒叶儿嗬仪式可以表明，操演是一种身体的实践活动，人们借助习惯去重现操演的时候，也表明他们正在积极地体验当前的社会。作为肉体的身体，它成为社会和文化意义上的身体，如同约翰·奥尼尔和布莱恩·特纳（Bryan Turner）的划分，身体既是本体论意义上的实体，又可以不是这种实体。[1] 这个悖论提醒人们，肉体只是身体存在于社会之中的一个基础维度。本书对身体与社会关系的讨论，有助于理解身体实践的重要性。

社会学理论的基本二分法不是自然 – 社会，而是自我 – 社会。这个自我不一定是"真实个体"，而是社会构成的独自存在体。[2] 在自然和文化中存在的个体由此具有了双重身份，一方面是有机体；另一方面又是参与文

---

[1] 在人们探讨身体的时候，首先会将它与肉体联系起来。但是将身体看作肉体，是对身体的降格。在身体社会学的研究中，人的身体被赋予多种意涵。约翰·奥尼尔将身体划分为世界的、社会的、政治的、消费的以及医学的五种形态，同时又指出身体不仅是生理态的还是沟通态的，将个体的身体作为形成社会联结纽带的重要元素。在如此细致的划分之外，还有一些比较简便的分类，比如布莱恩·特纳认为身体可以分为物质有机体和非物质有机体，后者诸如鬼魂、神灵、恶魔或者天使。参见 [加] 约翰·奥尼尔《身体五态——重塑关系形貌》，李康译，北京大学出版社 2010 年版；[英] 布莱恩·特纳：《身体与社会》，马海良译，春风文艺出版社 2000 年版。

[2] [英] 布莱恩·特纳：《身体与社会》，马海良译，春风文艺出版社 2000 年版，第 91 页。

化、符号与实践的主体。① 从哈布瓦赫的研究开始，个人与社会便统一到社会记忆的范畴中：一方面，记忆是个人的官能，它依靠人的身体才能实现；另一方面，个体加入的社群或者社会又框定了记忆机能，身体的遵从就是对社会秩序的遵从，身体的反抗和拒绝就是对社会秩序的反抗。当社群或社会一次又一次重复回忆时，仪式化的程序可以强化身体的记忆和社会的记忆。通过一致的身体记忆，社群或社会获得了使日常生活保鲜的动力，依靠它将生活不断向前推进，将历史向前推进。从这个角度来看，身体生产了记忆，身体也参与了社会的建构。反过来说，身体是由社会构成的，习惯也是由社会构成的。

除此之外，身体与社会之间还存在一种反思的关系。当特纳将非物质的有机体看作身体的一部分时，人们看不见的鬼魂、神灵、恶魔、天使等被赋予了人的品质，这可以看作一种隐喻。人们通过身体来思考社会，比如罗伯特·赫茨（Robert Hertz）在对死亡与右手的研究中②，延续和发展了二元分类的人类学传统。受涂尔干的神圣与世俗的分类影响，右手被赋予了崇高的、男性的、生命的以及力量的含义。人们对右手产生了极大的赞誉，而对左手代表的另一分类范畴反馈了相反的态度。这是身体为社会的制度和思想提供的深刻隐喻。③ 除此之外，人们也可以通过社会来思考身体，最著名的代表就是道格拉斯（Mary Douglas）对"污秽"的研究。她认为，人们要对神圣之物进行保护，所以尽力让它们远离污秽。而污秽实际上并不是真的脏东西，它只是错位了而已。清除污秽的过程就是恢复原有秩序的过程，它可以表达身体机能的短暂失序或者揭露身体所受到的压力。所以，身体是揭示隐喻的切入点，由身体可以思考社会，由社会可以反思身体。

田野的研究表明，清江流域的撒叶儿嗬仪式隐喻了当地的社会关系。白晓萍在清江中游的湖北省巴东县、长阳县和五峰县诸村镇的调研指出，女性不能跳丧是由于清江流域存在"女人跳丧，家破人亡"的说法。④ 在国

---

① [英]布莱恩·特纳：《身体与社会》，马海良译，春风文艺出版社 2000 年版，第 124 页。
② [法]罗伯特·赫尔兹：《死亡与右手》，吴凤玲译，上海人民出版社 2011 年版。
③ [英]布莱恩·特纳：《身体与社会》，马海良译，春风文艺出版社 2000 年版，第 11 页。
④ 白晓萍：《撒叶儿嗬——清江土家跳丧》，湖北美术出版社 2006 年版。

家级传承人张先生的办公桌玻璃夹层内，存放着一张纸条，上面写着"女人不能跳丧鼓，传统家教有习俗"。他指出女人不能跳丧是传统"家教"的提法，女人跳丧则家破人亡；而现在流行的带女人出门"打包丧鼓"的做法也是不妥的，因为"（家破人亡）不在东家头上，就在自己头上"。由此观之，在清江流域流行撒叶儿嗬的区域，确实存在一种不鼓励、不提倡女性参与的话语体系。对女性的这种限制由来已久，只能从过去的"家教"中溯源。

"家教"中对女性不能参与的问题，主要有以下两种解释：第一，撒叶儿嗬活动开始的时候只有男人跳；第二，女人有生理周期，在生理周期内参与撒叶儿嗬活动会"不利索""不干净"。第一种说法暗示了撒叶儿嗬起源于军前舞，将士出征大跳军前舞以鼓舞士气，他们既是娱乐者也是娱乐活动的对象。在传统社会性别分工的领域中，除了少有的花木兰等女性参军的典故，参军的人士基本都为男性，战场是属于男性的。此外，撒叶儿嗬本身的特征也"支持"了这一观点：清江流域的撒叶儿嗬动作幅度大，男人们边唱边跳，全身不停地颤摆和移动，资丘的撒叶儿嗬相较于其他地区，动作更加豪放不羁。在夏季的夜晚，男人们赤裸上身或单穿一件薄衬衣，在短短十多分钟的舞蹈中，就已经大汗淋漓、衣衫俱湿了。"闹夜伴亡"要求撒叶儿嗬整晚持续上演，因此它等同于重体力活。熬夜、整夜挥汗如雨，一般的女性较难承受，更不用说处在生理周期的女性了。

除了性别分工与生理差异的原因外，第二种解释可能更符合"家教"的本意。张先生曾告诉笔者，农村人过去很害怕女性的经期，经期有很多不能做之事：经期女性绝对不能去灵堂；不能去初生儿母亲的房间，怕她"踩奶"，导致孩子母亲突然断乳，孩子没有母乳可以吃；不能去摘花椒或李子，否则花椒树或李子树的叶子会在两三天后枯萎；等等。经期不能做的事情还有许多，违背了这个原则会产生一些不好的后果。目前并没有什么科学依据指出女性经期会导致上述后果，这些说法的神秘色彩浓厚，观点站不住脚。人们对女性的生理周期存在很大误解，单纯的生理特征被贴上厚重的"文化污名"标签。

实际上，人们害怕经血的污染，是一个跨越了地区、时间的普遍现象。自巫术研究之始，西方学者对"月经禁忌"做出了丰富的经验性说明。弗雷泽①、韦斯特马克（Edward Westermarck）②、涂尔干③、弗洛伊德④、道格拉斯⑤以及罗斯（Sophie Laws）、莱特（Christopher Knight）、瑞德（Sara Read）⑥等人，对从古至今流行的"月经禁忌"现象进行了溯源性、

---

① 根据弗雷泽在《金枝》一书中的影响性划分，他将巫术划分为由同类相生或果必同因的"相似律"而产生的顺势巫术或模拟巫术，以及相接触的物体在中断实体接触后仍远距离互相作用而产生接触巫术。在他看来，基于对相似律的因果想象，人们会避免那些令人不快的结果或危险，而他们采用的方式就是服从禁忌——一种消极巫术。在弗雷泽描述中，未开化人使用禁忌法则主要是为了确保他们的神人的安全或使灵魂免遭危害。而原始人对于月经出血的恐惧，尤其是对少女初潮出血的极度害怕，导致了在很多地区人们对初潮少女的普遍禁忌以及幽禁现象。参见 James George Frazer, *The Golden Bough: A Study in Magic and Religion*, London: Macmillan, 1955。

② 韦斯特马克曾提出，产生一夫多妻制的直接原因在于男性追求多偶的欲望，而这个欲望的产生则有多重原因。首先就是一夫一妻制度要求男性定期禁欲。人们认为经期出血是被什么超自然的动物咬伤或被怪物和妖魔奸污了，所以当妻子处于月经期的时候，她是男性所恐惧的对象，她所触及之物亦是禁忌。在这段时间内，男性必须与他的妻子暂时分居。韦斯特马克意识到月经作为一种生理周期的存在，它对婚姻的直接影响就是每月固定的分居时段，而分居对男性多求偶的欲望有所影响，最终可能改变人类的婚姻模式。参见 [芬兰] 爱德华·韦斯特马克、《人类婚姻史》，李彬等译，商务印书馆 2002 年版。

③ 涂尔干也认识到女性生理周期的普遍性。正是这种每月规律的活动，在周、月、年的渗透下，成为长期性的禁忌，并导致两性分离的惯性，最后影响了男女两性的图腾、职业分工和居所地。参见 [法] 爱弥儿·涂尔干《乱伦禁忌及其起源》，汲喆等译，上海人民出版社 2006 年版。

④ 弗洛伊德将禁忌的来源定义为神秘之物，但他更多关注到受禁忌影响之人的心理状态：这些人对自我所处的特殊情境有认知意识，比如经期妇女或将分娩的女性本身。弗洛伊德观点原的创性恐怕是意识到这种力量是为了禁制人类某些强烈的欲望，以及人类潜意识里又想反抗这些神秘力量的矛盾态度。参见 [奥] 西格蒙德·弗洛伊德《图腾与禁忌》，文良文化译，中央编译出版社 2005 年版。

⑤ 在道格拉斯对月经禁忌现象的文化象征性解释中，她的观点既否认了月经禁忌（污染）的污名，也将污染的象征意义提出来。她对一系列对立词汇的分析中指出，神圣与不洁是对立的两端。我们都知道要保护神圣的东西和地方以免污秽；她认为污秽并不是真的很脏，只是位置不当，而还原位置的过程需要将不洁排除在外。关于如何看待月经污染，道格拉斯认为，首先它只是一种身体机能的短暂失序，其次它能反映身体状况所表达的结构性压力，最后它是可以通过仪式进行净化的。参见 [英] 玛丽·道格拉斯《洁净与危险》，黄剑波等译，民族出版社 2008 年版。

⑥ 道格拉斯的观点也影响到后来的很多学者。莱特认为在人类进化过程中，所有的血液在概念上都是一样的，禁忌是血液被建构的结果。月经只不过是女性身体周期性的"性罢工"，而这种罢工在男性看来却十分值得怀疑。他们为了避免或减少这种"照样能让双手沾满鲜血"的疑虑，就只有避开。而血液被建构的内容，与女性特质、血液特征、男女两性的权力等密不可分。随着科学技术进步，人类对血液或者是女性的生理性出血具有更加客观的认识，正如瑞德所言："女性生育功能的一个核心特征就是出血。从现代英格兰的早期开始，出血就不仅仅有生理的纬度，还具有文化与社会的纬度。这是因为从初潮到产后的每一次出血，都标志了周围人如何看待她的改变。"罗斯通过对不同性别人物的访谈，首先强调，在提到月经出血的时候，很少有男性会将月经与自然的生育功能结合在一起，他们的自我意识中并（转下页）

普遍性和阐释性的探索。在这些人的观点中，月经是一种身体的生理现象，但是它却被社会建构成一种有难闻气味、恶心的颜色、能带来污染和不幸的一种身体现象。不仅在西方，中国人关于血液与经血的研究，也与他们的解读极其相似。国人对血液或经血的研究与巫术相关，人们对它持有两面性的态度。在江绍原的著作中，他广泛搜集并探讨了国人对月经出血以及产后出血的看法，统称为中国人的天癸观。在《黄帝内经》的《素问·上古天真论》一篇中，古人将"天癸"界定为人体发育的一个阶段，"天癸"在男子身上对应"精"，在女子身上对应"血"，即现代人类生理教科书中所指的"性成熟"。天癸在中国既是污秽又是宝物，虽然天癸是两头神，但在大部分人的观点中，天癸仍旧是一种假想的污秽。①

在国人的天癸观和西方的禁忌理论中，人们将月经依次定义为三类物质：污染或污秽、不详之物以及有魔力之物。经血所具有的难看、难闻、难处理等物理性征，是它与正常血液不同之处，也是它被当作污染的直接原因。人们将月经血、产后血、经期妇女以及她们接触的物品都当作"污染"，认为其是很肮脏的物质或人。通过人们的想象中，这些污染物会给其他人带来不详，导致危险的发生。在巫术信仰中，"月经禁忌"不止于通过挂红纸红布的一系列仪式来净化污染，而且还通过躲避或隔离等方式来远离污染。与此同时，经血又是妇女生育能力的指标之一，它能带来新生，也不完全是无用之物。所以，"月经禁忌"是一种象征，反映了人们"趋吉避凶"的生

（接上页）不重视这个观点。经血的正常颜色并不像其他血液那样鲜红、它闻起来有异味而且夹杂着深色的血块，这些物理性状首先会让男性产生"感觉经血脏、闻起来脏及月经带也脏"的直观感受。而且这些男性会对自己女朋友或者妻子的"经期身体不适""经前综合征的各种不适"等抱怨而感到厌烦，产生不快。从女性对月经疼痛的抱怨中延伸出来的是自身柔弱性的社会界定。月经是女性特质（femaleness）的象征，人们对待月经的态度反映了他们对女性的看法，逐渐形成了一种将月经与女性弱势联系起来的文化。虽然生育使经血变得神圣，但也无法将经血与其他血液联系起来，因为前者的气味、特征更加暴力和原始。她从道格拉斯的观点中受到启发，认为统治阶级意识形态决定了社会中哪些人和物是"处在不当位置上的"，它反过来又强化了有权决定这些概念的人。所以她认为，月经污染的观念可以看成是一个社会的权力关系的写照，污染的概念是统治阶级（男性）对权力更少群体的一种认知态度。参见 Sophie Laws, *Issues of Blood--The Politics of Menstruation*, Hampshire: The Macmillan Press, 1990; Christopher Knight, *Blood Relations: Menstruation and the Origins of Culture*, New Haven & London: Yale University Press, 1991; Sara Read, *Menstruation and the Female Body in Early Modern England*, Hampshire: Palgrave Macmillan, 2013。

① 江绍原：《古俗今说》，上海文艺出版社 1997 年版，第 161 页。

活态度。这也能说明为什么"月经禁忌"观念在现代社会中依然存在。

从道格拉斯的观点中受到启发，她认为仪式演示的是一种社会关系的形式。[①]同理，布迪厄也从性别的角度谈及了习性的话题。[②]这意味着，我们要透过污染来认识自身所处的社会以及身体所反映的结构性压力。首先，血液（包括经血）是灵魂之血，也是生命之血，它可看作祖先之血的延续，因此女性的血液具有神圣性的一面。在前人的观点中，他们往往忽视了女性血液与生育的关联，将目光聚焦于经血的污染以及不详的方面。这里涉及一个问题，即男人的血液为什么没有污染性？在弗雷泽等人的著作中，他们并没有直接解释这个问题，只是指出男性没有这种"流血"特征。换言之，正是原始人对女性周期性出血现象的无知和恐惧，才造成了"污染"与"不详"观点的发展。所以，这是生理特征的性别差异所造成的。其次，从历时的角度考察人们对女性经血观念的建构过程，发现它还与社会分工紧密相关。在原始社会中，巫术及禁忌观念的产生与人类对自然环境和人体生理结构的不解有关；在古代"武王伐纣"大跳战前舞的时期，男人都上战场而女人不能上战场，这表明人们已经产生了基于生理特点的性别分工意识，它实际是对女性的一种保护[③]；随着战前舞演变成民间的丧葬歌舞，男人跳而女人不跳，除了考虑男性体力强于女性，人们更加害怕经期女性的到来会冲撞神灵，在此观点的影响下，所有的女性都被禁止参与；进入封建社会时期，女性成为"男主外、女主内"社会分工模式的执行者，抛

---

① ［英］玛丽·道格拉斯：《洁净与危险》，黄剑波等译，民族出版社 2008 年版，第 159 页。

② 布迪厄将身体带回社会分析，是对尼采、海德格尔、福柯等人主体哲学祛魅努力的继承，并有新的贡献。他将身体投入与世界关系的程度，视为投入这种关系中的利益和关注的主要决定因素之一，这是被一切唯智主义或观念论社会学忘记的东西。他断言："最严肃的社会命令不是面对心智的，而是面对身体的，身体被视为一个记号。男性特征和女性特征培养的根本点倾向于以走路、言谈、举止、观看、坐的姿态，将性别之间的差异纳入身体之中（尤其通过衣服）。制度的常规不过是所有明确行动的界限，集团努力通过这些行动反复灌输社会限制，或同样地，灌输社会区分（不如男／女之分），并以身体上的区分形式如身体素养（hexis），配置，将这些限制或区分自然化，人们希望身体素养和配置像文身图案的去不掉的印记与共同的观念和区分原则一样持久。"他批评女权主义理论家们用意识的语言描写对统治的反抗，期待"觉悟"的自动作用带来政治解放的观点，仍然是一种经院的幻想，"由于缺少一种实践配置理论，忽视了由于社会结构纳入身体导致的非同寻常的惰性"。参见 Pierre Bourdieu, *Pascalian Meditations*, Stanford: Stanford University Press, 1997。

③ 白晓萍：《撒叶儿嗬——清江土家跳丧》，湖北美术出版社 2006 年版。

头露面地去参与活动更是不被允许。男女性别差异的出现与社会的认知水平相关，而性别社会分工则与权力、国家的意识形态等相关联。最后，我国由原始社会向封建社会过渡的过程，也伴随着我国由母系社会向父系社会的过渡。父系社会中男性优于女性的地位和权利，是女性不能广泛参与社会活动的深层原因之一。在廪君成为首领之前，巴人就是母系氏族社会。不可否认，社会形态的改变也催生了结构性的压力。

男性成为建构历史与书写历史的主体，是父系社会中权力和意识形态的产物。在清江中游的山寨中，整个葬礼是按照男性主导的模式建立起来的。年长的男性安排着整个葬礼的流程，他们负责主要的活动，女性只参与切菜、洗菜、加饭、扫地等相关事宜。女性能否参与跳丧，也要询问孝家男性的意见。由此观之，当地女性所拥有的自主权利和社会地位的变化，与整个社会进入父系社会并与男人主导的模式密不可分。"月经禁忌"只是女性不能参与跳丧活动的原因之一，实际上，它还与宏观的社会分工结构相关。简言之，"月经禁忌"映射了男性主导社会中性别社会分工的结构性压力。

综上所述，身体是个人与社会联系的纽带，身体可以建构社会，也是由社会构成的。在人的身体体验中，身体不再是一个单纯的中介，透过身体可以思考社会；反之亦然，它们构成了社会记忆的一部分。

小　结

本章要解决的问题是：个体层次的身体实践，是如何与集体层次的社会记忆联结起来的？在已有的理论贡献中，操演就是一种身体实践。根据对当地人的田野观察，人们参与记忆的实践分为两类：一类是刻写实践，比如书写和录音；另一类是体化实践，是人们即时表达的过程。这两类实践都对群体的记忆做出贡献，但是体化是本地人最重要的记忆方式。

在当地的体化实践中，有两点因素为记忆过程做出贡献：首先是依靠不断重复的操演形成了习惯，又通过不断重复的操演去强化习惯，从而形成并强化了有关群体的记忆；其次是利用沉淀于身体中的习惯，去体验现在的世界和生活。习惯的形成与身体体验是一个相互的过程：基于一些共同的体验，人们逐渐达成共识，做出仪式化的呈现，建立对习惯的需求并塑造习惯，利用习惯去体验生活，如此循环。这二者搭建起了身体实践与操演记忆之间的桥梁。

在以往的研究中，人们对身体体验与社会记忆的关联并不重视。在本章节的内容中，本地人的身体体验过程恰恰令人无法忽视。不同于习惯的形成过程，在身体体验的过程中，他们既可以借助过去的知识体验现在、体察原来的社会分类法则，又可以借助现在去追忆过去、反思人们的社会关系，这些极富文化意义的内容，是当地人社会记忆的重要构成。因此，本书才强调身体实践的重要性，强调身体与社会的关系。

第五章

操演的社会记忆：多样的选择与一致的偏好

已有的研究表明，社会记忆得以传承的重要方式是身体的操演。通过一个具体的案例，本书试图表明，人们具有多种获知信息的渠道和方式，但有关过去的记忆和有关过去的意象，主要都是通过操演的方式来传达和维持的，它与操演的继承和变迁属性紧密相关。

第一节　区分两种记忆的方式

从田野的观察与理论的阅读可知，人们有多种记忆过去的方式，但他们总会选择其中的一种或几种。更何况，无论是记忆存储、记忆传播，还是记忆再现的方式，本质上都与口头表达、文字表述和身体呈现等息息相关，它们紧密相连，相互区分又交叉重叠，在社会记忆的发展过程中扮演了重要角色。借助这些手段，社会记忆才得以保存、传播和再现。

当学者们开始做土家人历史研究时，面对古人遗留至今的文本、制度、图画、器物、建筑、仪式等内容，他们会进行推论，以检验是否符合历史真实性的标准。这个过程可以看成是对历史的一种重构活动，旨在构建历史真实的面貌。历史研究的成果会以多种方式保存下来，如文本、图像、口述、器物等，其中最重要的是成文史（written history）的形成。鉴于史学家们对主导历史叙事的需求，无论在何种情况下，历史重构的活动都会以产生正式的成文史为目的。① 如耶鲁沙利米所言，不希望被后世铭记的知识增长都是徒劳无益的。② 没有本族群书写文字的土家人，很少以成文史的方式来记录历史。如前所述，他们的书写散失严重，参考价值有限。那么，人们会选择什么方式来记忆过去呢？

无独有偶，本地人选择了更加直接的方式。他们将一些宏大的历史和社会框架化约为生产生活的图像、情感和实践，借助日常沟通和互动的形式，传递着有关过去的内容。不同于历史的重构活动，社会记忆是某些人或群体对一个事件的直接见证，它可以储存于广泛存在的非正式的口述史（told narrative histories），也可以通过身体实践来延续。通过撒叶儿嗬的研究可以发现，正式的成文史与非正式的口述以及身体操演，不仅是几个相互补充的概念，还是解读历史与记忆之间关系的重要载体。

厘清历史与记忆的关系，是为了更好地理解过去与现在的关系。历史贯穿过去与现在，历史与记忆之间既存在重叠共识，又饱受争议。有的学者认为它们存在不同之处，不能混为一谈，比如哈布瓦赫、诺维克（Peter Novick）、沃茨奇、诺拉等人 ③；有的学者认为历史是为记忆服务的，比如贝拉、泽鲁巴维尔和利科（Paul Ricoeur）等人；赫顿（Patrick Hutton）和孔

---

① ［美］保罗·康纳顿：《社会如何记忆》，纳日碧力戈译，上海人民出版社 2000 年版，第 9—13 页。

② Yosef Hayim Yerushalmi, *Zakhor: Jewish History and Jewish Memory*, Seattle: University of Washington Press, 1982.

③ 哈布瓦赫认为两者存在差异，比如历史记录变迁，而集体记忆反映恒常的内容或相似性的内容；诺维克的观点建立在哈布瓦赫之上，认为集体记忆的概念简化了看待历史的复杂性视角，所以记忆是反历史或者与历史无关的；诺拉带着一种悲观的论调，认为我们经常提及记忆，因为它所剩无几，真实的记忆早已经被置于一旁，历史与记忆不仅是有区别的，更是冲突的，因为历史的核心话语与记忆是相对立的。诺拉并没有说历史要排挤记忆，实际上，仅有很少人认为记忆可以替代历史，记忆的出现划定了历史与记忆的边界。沃茨奇虽然也承认两者有所差异，但也意识到很难将过去分类为记忆或历史，所以他也就列举出了一些具体的差异，比如，如何看待历史与记忆最重要的共同点就是都存在变迁的问题，历史的解释是一种新视角需要替代另一种，向准确性迈进；而集体记忆的解释是，"有用的过去"在不同的社会情境中被需要，它会适应不同的情境，根据需求而变化，如不同情境下不同人群对自我理解、自我表征的变化，发言主体的身份发生变化而导致集体记忆的变化。参见 [法] 莫里斯·哈布瓦赫《论集体记忆》，毕然、郭金华译，上海人民出版社 2002 年版；Peter Novick, *The Holocault in American Life*, Boston: Houghton Mifflin Company, 1999; James Wertsch, *Voices of Collective Memory*, Cambridge: Cambridge University Press, 2004; Pierre Nora, "Between Memory and History:Les Lieux de Memoire", *Representations*, Vol.26, No.26, 1989.

菲诺（Alon Cofino）则发展了将记忆历史化的观点，承认记忆是历史的来源[1]；也有学者，如伯克、梅吉尔、耶鲁沙利米和温特（Jay Winter）等人既承认二者的连续性又不否认差异性，认为历史与记忆的关系十分复杂。[2]很显然，历史与记忆之间的关系有待进一步探索。

撒叶儿嗬在清江流域的流行，原因之一在于它与本地人对"孝"的理解和期待具有内在一致性。父母辛苦养育子女，在他们过世之后，孝顺的子女

---

[1]　西方的记忆研究学者们将历史与记忆的关系归结为两方面：第一，历史能否为身份（identity）服务，从而成为记忆的一种形式？第二，历史是否从记忆中吸收了素材，作为历史编撰的一部分？针对第一个问题，贝拉、泽鲁巴维尔和利科等人发展了历史为记忆而服务的观点，贝克尔从人人都是史学家的角度，指出"历史是社会记忆的人工扩展"的观点。贝拉（Robert Bellah）等强调记忆在维续社区中发挥的作用，一个真正的社区是一个"记忆的社区，它不忘过去"。社区的历史由它们的过去构成，社区记忆中最重要的那些集体历史的故事和模范个人，它们也是传统的一部分。泽鲁巴维尔（Yael Zerubavel）在以色列民族意识和民族神话的建构中为记忆的使用提供了历史学的解释。她发展了"主要纪念叙事"的概念，强调这些概念在定义重要转折点上发挥的作用。为了生成这种叙事，集体记忆选择性和创造性的利用历史资料；纪念活动是主要叙事的来源，也构成了集体记忆。利科（Paul Ricoeur）则认为，历史和记忆的关系可以总结为三类：历史建构过去的意义；历史为我们处理与过去的关系引入关键维度；历史可以丰富记忆的内容。与第一个问题相比，第二个问题更容易理解，其中赫顿和孔菲诺都发展了将记忆历史化的观点。赫顿（Patrick Hutton）认为历史是一门记忆的艺术，18、19世纪集体记忆的历史化成为现代史学知识增长的基础。孔菲诺（Alon Cofino）反对将记忆化约为政治的研究方法，他认为记忆只是一群人的主观经验，记忆史的首要任务就是将记忆历史化并表明它与社会、政治、文化等实体的关系，这表明了记忆在历史编撰学中的地位。参见 Jeffrey Olick, Vered Vinitzky-Seroussi, Daniel Levy, eds., *The Collective Memory Reader*, Oxford: Oxford University Press, 2011, p.178。

[2]　另一些社会记忆研究学者认为，历史与记忆之间的关系实际是很复杂的。比如伯克（Peter Burke）提出，历史与记忆之间的关系是理解过去的模型。传统的观点认为历史是记忆的生命，他从社会状况变迁的角度出发，提出了一种经典的中庸论述，它保留了历史的独特贡献，却又被视为一种社会记忆。历史是记忆的来源，如何挑选合适的记忆素材至关重要；记忆又受到社会组织的传播和媒介方式的影响，所以历史本质是一种社会记忆。他的观点影响了梅吉尔和耶鲁沙利米。耶鲁沙利米（Yosef Haim Yerushalmi）强调历史与记忆之间的连续性。他将犹太记忆和犹太史作对比，看到了二者之间的关联性，但是他认为历史不可能代替记忆，不希望被铭记的史学增长只是一种徒然。梅吉尔（Allan Megill）强调历史与记忆之间的差异性，他认为历史与记忆彼此不相关，但也不对立。记忆长期纠缠历史，而历史学科则需要保持客观中立性。历史、记忆和身份都具有不确定性。温特（Jay Winter）的观点比伯克的更加激进，他精炼了哈布瓦赫"历史记忆"的概念，认为"历史记忆"是以历史（记录在册的）和记忆（亲历人）解释过去的话语，它可以建构结合历史与记忆的叙事。所以记忆和历史之间存在复杂的关联。而阿斯曼提出"记忆史"的概念，本质就是要超越传统的历史与记忆之间关系的争论，这不仅是十分有意思的，而且是对历史和记忆之间关系的重新审视。参见 Jeffrey Olick, Vered Vinitzky-Seroussi, Daniel Levy, eds., *The Collective Memory Reader*, Oxford: Oxford University Press, 2011, p.178。

应该以一场热闹的撒叶儿嗬送别亡父母，使他们高兴地走上"顺头路"，进入阴间生活。子女认真对待已故父母的葬礼和祭礼，是孝文化的重要内容。儒家学派作为孝文化的首要和主要提倡者，他们不信鬼神，却强调祭祀礼仪的重要性①，他们在具体的行为中阐明了应该如何做的准则。《淮南子》指出："厚葬久丧以送死，孔子之所立也。"孔子最先提倡孝道，善事父母，久而久之国内出现了以厚葬久丧为主要形式的丧葬风俗。但是孔子本人却没有提倡厚葬，《论语·八佾》曰："丧，与其易也，宁戚。"《论语·子张》："祭思敬，丧思哀。"父母去世之后，与其在仪式上很周到，还不如做到内心真正的悲痛。②孔子之后，孟子提倡厚葬，《孟子·公孙丑章句下》记载："君子不以天下俭其亲。"他认为只有厚葬才算是符合"礼"，这种做法对后世产生了极大影响。荀子同孟子一样重视厚葬，荀子《礼论》曰："故丧礼者，无它焉，明死生之义，送以哀敬而终周藏也。"他认为礼仪的作用不仅体现在认知层面，还能满足人们的情感需求。③荀子主张在丧葬过程中揉入等级制度的因素④，所以他的做法比孟子更为极致，大大满足了统治阶级的虚荣心理。此后，孝道被视为主流文化，厚葬久丧成为我国传统社会中的丧葬主流形式。⑤

---

① 冯友兰：《中国哲学简史》，赵复三译，新世界出版社 2004 年版，第 49 页。
② 肖群忠：《中国孝文化研究》，台北：五南图书出版股份有限公司 2002 年版，第 284 页。
③ 冯友兰：《中国哲学简史》，赵复三译，新世界出版社 2004 年版，第 131 页。
④ 陈华文：《丧葬史》，上海文艺出版社 1999 年版，第 11 页。
⑤ 需要注意的是，厚葬久丧的做法并不是一直都受到统治阶级的青睐。春秋战国时期，儒家大力提倡厚葬，而诸子百家中的其他代表人物，如墨子、庄子、列子，都提倡薄葬。墨家既信奉鬼神，却又反对丧葬和祭祀祖先时的繁文缛节。墨子从"利"的角度出发，认为厚葬并未给人民、国家带来好处，所以他严厉批评了厚葬久丧行为。庄子认为人的生死就是一团气，也不主张厚葬，甚至连痛哭都应该免去。他主要是从更高的角度来看待自我与环境、生与死的关系，主张情感可以通过理性去化解。列子比他们更为超脱，认为随便怎么葬都可以，死了之后反正无所谓。提倡薄葬，实际是知识分子看到了厚葬久丧所带来的人力、物力的极大浪费，以及对统治阶级面子观念的满足。自秦汉始，社会财富不断聚集，统治阶级试图将灵魂不死和来世的观念，通过墓葬向外推广，所以统治者大力提倡厚葬，墓地随葬物品众多，模拟墓主生前的生活状况。魏晋南北朝时期，由于看到汉末战乱导致的盗挖厚葬墓地，统治者开始有意识地提倡薄葬，以免尸身受辱。北朝开始有送烧习俗，就是将生前之物烧送给亡者。实际上，送烧与随葬行为是差不多的，也是厚葬的一种方式，只不过送烧避免了随葬品众多而形成的夸张局面。唐宋之后，厚葬依旧是社会中的主流行为，主要原因是经济不断繁荣，以及薄葬与孝的内容不符，薄葬父母往往被他人视为"不孝"。从宋朝开始，佛教、道教通过诵经、做法（道教与佛教在哲学上形成了同盟，东汉时期佛教引入中国，它刺激了本土宗教道教的成长，道教还采借了佛教的各种设置，比如庙、宇、僧等）参与丧葬活动，已经非常普遍。宋朝之后，统治者上行下效，诵经设斋、超度亡灵等做法，已经成为民间丧俗中不可缺少的风俗习惯。（转下页）

数千年来，人们重视孝的作用，统治者提倡以孝治天下。上行下效，孝的精神在我国传统社会中的影响力是根深蒂固的。一个人孝敬父母，很容易得到社会的赞誉；一个人不孝敬父母，也容易被扣上"不孝子"的帽子。在封建社会中，孝子的名声可以为他本人带来好声名、奖励、官职等，例如《左传·襄公二十三年》指出："为人子者，患不孝，不患无所。"孝文化的倡导与践行夹带了很多功利性质，相应地，不孝的恶果也会借由鬼神的惩戒来完成。

土家人世居深山之中，民风淳朴，人际关系总体上是和谐融洽的。本地人伦理道德的基本特点就是以良心为中心，遵守其他各种道德规范。人们凭良心处理人际关系，在家庭的范畴内，就是"以孝为上"，家庭成员之间互敬互爱。[1]深入观察当地人的言行，也可以发现他们普遍重视孝的精神，视孝为一种美德。从当地历代流传的民间故事中，后人可以窥探一番：

雷打恶媳妇[2]

一个婆婆接了个恶媳妇。饭不把婆婆吃，衣不给婆婆穿，开口就蹶（骂），伸手就打。一天，媳妇不在屋里，观音娘娘来卖衣服，给这个婆婆一件花衣和一顶帽子，说："您就放到，媳妇回来了，给她看。她一看，要衣裳和帽子，就给她。她的衣裳要脱给您穿的。"媳妇回来了，婆老告诉她："今日来了个卖衣裳的，给了我一件花衣裳和一顶帽子。"媳妇一见，说："把它给我，穿起耍街去。您把我的衣裳穿起！"媳妇脱下自己的衣裳给了婆老。

媳妇把花衣一穿，帽子一戴，到街上一去，变成了一条沙牛。观音娘娘在她背上批了几路字："你这还报媳，饭不给婆吃，背心里披牛

（接上页）至于明清朝代，愚孝的思想大肆流行，丧葬主流还是厚葬行为。在我国传统社会发展史中，薄葬行为大大有益，但是厚葬更符合传统社会的伦理精神，所以厚葬仍旧是整个丧葬礼仪中的主流形式。参见冯友兰《中国哲学简史》，赵复三译，新世界出版社 2004 年版；陈华文：《丧葬史》，上海文艺出版社 1999 年版；王明：《道家与传统文化研究》，中国社会科学出版社 1995 年版。

[1] 彭继宽：《土家族传统文化小百科》，岳麓书社 2007 年版，第 90 页。

[2] 孙家香口述，参见萧国松《中国民间故事全书·湖北·长阳卷》，知识产权出版社 2007 年版，第 231 页。

皮，都来看稀奇。"她在街上跑上跑下，跑了七天。观音娘娘说："你这个沙牛遭雷打！"车过身，乌暗陡黑，一雷把她打死哒。

本地流行的孝顺故事大致分为两类：一类是孝顺父母得到好报的，比如《朱氏割肝》中朱氏受到两个妯娌的挑拨，割肝给生病的婆婆吃，朱氏得到太白金星的救助活过来，并且她的后人都做了官[①]；《行孝的媳妇》中幺媳妇孝顺瞎子婆婆，上天给她送来很多金银[②]。另一类是子女不孝顺受到了惩罚，比如《雷打恶媳妇》中恶媳妇变成一头牛；《媳妇弄草包包面给婆老吃》中媳妇自己吃得好却让婆婆吃得差，最后被天雷炸死[③]；等等。可见，儒家的孝道是通过民间的故事或者人物经历来传达的，其内容无论是正面的鼓励还是反面的威慑，在传统文化的延续中，孝的精神逐渐内化于本地人的品德之中，孝文化在人群中代代相传。通过这些讲述，本地人善待父母的社会记忆逐渐形成。

孝文化作为中国传统文化的显著特色与首要文化精神，也是我国传统社会中人际规范的重要法则。自孔子以降，涉及孝文化的历史记载和成文史不胜枚举。得益于这些史料，孝文化在中国的传播绵延不绝。在乡村社会中，很少人高谈阔论成文史中的孝道精神，流传于乡民之中的是一些难以溯源的民间故事或者神话。在山寨中，人们习得孝文化的途径是非正式的，践行孝文化的态度却是诚恳的。口述所传达的内容和仪式操演的表达，效果并不比教科书式的文本差。在很大程度上，社群内部形成的口述史或者个人的生活史，都是对他们过去经历的表达；由非正式的口述所贯穿的操演空间，正是普通社群或社区内部人际交流、沟通的重要空间。本地人认真严肃对待丧葬礼仪离不开孝文化的影响，在人们的记忆中，孝文化的历史和内容却是由口述和身体的操演来传达的。

---

① 萧国松：《中国民间故事全书·湖北·长阳卷》，知识产权出版社 2007 年版，第 52—53 页。
② 萧国松：《中国民间故事全书·湖北·长阳卷》，知识产权出版社 2007 年版，第 232—233 页。
③ 萧国松：《中国民间故事全书·湖北·长阳卷》，知识产权出版社 2007 年版，第 234 页。

第二节 土家人重构的历史与操演的社会记忆

土家人有自己的语言土家语，属于汉藏语系藏缅语族土家语支。受到改土归流①的影响，土家语逐渐退出了本地人的生活。现在除了湖南有少部分土家人会讲土家语，绝大部分土家人都不会了。本书涉及的资丘群众，他们在日常生活中使用西南官话成渝片方言，并使用汉字书写。如前所述，缺少本族群的书写文字，只能说明本地人在书写过去和历史时会受到一些挫折，比如他们才是事件的亲历者，他们的版本可能比精英史学家的版本更真实，但是后者的版本更容易留存下来。于是，本地人通过刻写的方式保留自己的观点和记忆的努力，似乎是不太成功的。

作为清江流域的一种特色文化，撒叶儿嗬是如何获得这种地位的，这中间的很多内容恐难以厘清。从现有的汉字资料考证，东汉王逸《楚辞章句》记录了"昔楚国南郢之邑，沅湘之间，其俗信巫而好祠，其祠必作歌舞乐鼓舞以乐诸神"。战国时期楚国的领土面积很大，巴人所在地区是楚国的一部分。又说："屈原放逐，窜伏其域……出见俗祭祀之礼，歌舞之乐，其词陋鄙，因以作《九歌》之歌。"《隋书·地理志》记载："江夏之郡，多杂蛮左……颇与巴渝同俗。死丧之纪……其左人则又不同，无哀服，不复魂。始死，置尸馆舍，邻里少年，各持弓箭，绕尸而歌，以扣弓箭为节，其歌词说平生之乐事，以至终卒，大抵亦犹今之挽歌也。"唐代樊绰《蛮书》引《夔府图经》记载："初丧，击鼓以道哀，其歌必号，其众必跳，此乃白虎之勇也。"又说："巴氏祭其祖，击鼓为祭，白虎之后也。"宋代《蛮

---

① 改土归流是指改土司制为流官制。土司制度是元、明、清三朝在西南和中东南少数民族地区实行的一种管理制度，它是由唐宋时期的羁縻州县制发展而来的，就是任命少数民族的首领为土司、土官，授予他们按照当地的传统习惯对所辖地区进行统治的权力，即"土司治土民"。土司制度在生产力水平不高、交通不便、民族文化差异巨大的情况下，曾起到一定的积极作用。但是，土司世代为官，独霸一方，更有一些土司专横不法，对境内人民实行政治压迫和经济掠夺；土司之间为争权夺利挑起械斗或战争，导致生灵涂炭，对朝廷也叛服无常。随着社会的发展，土司制度已日益腐朽落后，废除它已成为必然。明朝时期中央政府就已经开始酝酿取消土司制度，改为在少数民族地区设立府、厅、州、县等机构，派遣一定任期的流官进行直接管理，这种方法被称为"改土归流"。

溪丛笑》载："乡人死亡，群聚歌舞，舞者联手踏地为节，名曰踏歌。"还有清代《长阳县志》记载："临丧夜，众客群挤丧次，一人擂大鼓，更至相唱，名曰'唱丧鼓'，又曰'打丧鼓'。"[1] 这些文字记载表明，撒叶儿嗬是一种通俗的歌舞艺术形式，它受到了巫术信仰的影响，还与本地人的图腾祭祀相关。众人围绕着尸体，以方言演唱，以载歌载舞的形式送别亡人，表达着他们的情感。仅从这些材料来看，人们很难追溯撒叶儿嗬的全貌及发展史，唯一可以确定的是，它从原来的的"扣弓箭为节""绕尸而歌"发展成为"擂大鼓""联手踏地""更至相唱"的形貌。

一　重构过去的面貌

在社会记忆的研究中，过去与现在的关系被划分成三类观点：过去中心观、现在中心观和综合观。哈布瓦赫提出了经典的"现在中心观"，它是指在过去与现在的关系问题上，过去的图像是服从于现在的各种关怀与需求的。"过去中心观"是相对于"现在中心观"而提炼出来的，它强调的是对过去的图像的关注，强调过去决定身份并限制现在的行为。[2] 新兴的综合观，它试图在过去与现在的"二元性"传统中找到一些综合的意义。也就是说，无论过去与现在之间是怎样的一种关系，人们都可以利用现在的知识去回忆过去，或者利用过去的图像来塑造现在。

目前有关撒叶儿嗬历史面貌的记载较少，它与土家人生活的关联也甚少被提及。在已有的文献中，撒叶儿嗬的起源神话、操演的场合、歌舞鼓的内容以及与庄子"鼓盆而歌"的关系，被讨论得较多，而且学者们对这些内容的看法比较一致。除此之外，撒叶儿嗬的其他方面在文字刻画中是"缺失"的。如果人们要勾勒、回溯本地人及撒叶儿嗬的过去，就必须借助现在的一些知识，对它们进行历史重构。

这里首先考虑巫术信仰的例子。本地人敬畏生产生活中的神灵，无论是历史文献的记载还是考古发现都证明，他们是有多神信仰的群体，是巫术信仰的信奉者和践行者。在中国古代社会，巫术信仰曾经是"显学"，其

---

① 徐文华:《跳丧舞的源流与特征》，http://www.tujiazu.org.cn，2005 年 12 月 20 日。
② Jeffrey Olick, Vered Vinitzky-Seroussi, Daniel Levy, eds., *The Collective Memory Reader*, Oxford: Oxford University Press, 2011, p.242.

中"巴巫"最有名。为什么要讨论本地的巫文化？首先，巫文化比其他宗教信仰更早出现，是土家初民的一种原始信仰；其次，巫术信仰在中国历史上的流行，使巴巫与其他地区的巫术共享了发展历史与原始面貌；再次，巫文化持续影响本地人生活的方方面面，比如在各种重大节庆活动和纪念仪式中，人们会遵循各种禁忌，而禁忌是巫术信仰的体现；最后，巫术信仰还影响了撒叶儿嗬的艺术形式。

在探索世界的过程中，人们对超自然力量的关注和使用成为巫术信仰的源头。巫是天地鬼神和人间联系的中介，受巫文化影响的早期文明国家之一就是中国。从历史上看，殷商和殷商以前是巫的鼎盛时期，周时巫的地位已在下降，战国秦汉已是它的衰落期。在魏晋南北朝及之后，由于佛教道教的挤压，巫的地位被和尚、道士所代替[1]，巫在民间的地位和影响衰落。从官方、政治的角度而言，其地位从庙堂之上、国君左右降至小官一个。但是在民间，巫的势力和影响还是很大，它是一种民间信仰。《国语·楚语》中"观射父论绝地天通"篇曾经高度评价了巫觋的作用。该文认为普通民众和天神是不能混为一谈的，人们在日常生活中需要恭敬地对待神明，听从神明的旨意，唯有这样，天神感受到凡人的诚意和敬意，才会通过中介来实现人神交通，降临于女巫或者男觋。巫觋与神交通，主要表现手段是唱歌跳舞，它在秦汉时期仍非常流行，例如《后汉书·刘盆子列传》记载："琅琊人樊崇起兵于莒，号曰赤眉……军中常有齐巫鼓舞祠城阳景王，以求福助。"[2] 歌舞本来是人们通过口舌和肢体的动作来表达情感的方式，意在产生令人愉快的感觉，最原始的歌舞是对狩猎归来等生产性活动的庆贺，之后它逐渐形成了巫术活动中入场、离开或正式祭拜时使用的祭祀性歌舞的形态。[3] 古人向神灵求助的同时，以歌舞的方式娱乐它们，让它们高兴，预设它们将不遗余力地帮助受困之人。在美好的想象中，接神的巫觋站立在大鼓之前，随着他（她）有节奏的击鼓之声，他（她）自己会缓慢脱离现存世界，进入一种无时间、无空间的混沌界，最终达到与神

---

① 文镛盛：《中国古代社会的巫觋》，华文出版社1999年版，第4页。

② 范晔：《刘盆子列传》，载范晔、司马彪编撰《中华历史文库·后汉书卷十一》，银冠电子出版有限公司2004年版，第394—396页。

③ 文镛盛：《中国古代社会的巫觋》，华文出版社1999年版，第46页。

交通的状态。^①通神时使用"鼓"的做法，也从先秦延续至秦汉。巴人信仰灵魂不灭，他们用歌舞的方式祭祀先祖，娱乐诸神，从过去的实践中收割"传统"。

时间流逝、朝代更迭，习俗、信仰等内容融于日常生活，随处可见。以楚为例，楚人是一个"信巫鬼，重淫祀"的群体，所谓"楚之衰也，作为巫音"，"大人作享，家为巫史"，都反映了巫觋在楚社会上扮演的角色。^②《风俗通义·怪神》上记载："汝南鮦阳有于田得麏者，其主未往取也，商车十余乘经泽中行，望见此著麏绳，因持去，念其不事，持一鲍鱼置其处。有顷，其主往，不见所得，反见鲍鱼，泽中非人道路，怪其如是，大以为神。转相告语，治病求福，多有效验，因为起祀舍，众巫数十，帷帐钟鼓，方数百里皆来祷祀，号鲍君神。"^③一只小小的鲍鱼都能被奉为神灵，难道这不是楚人巫觋信仰的体现吗？

在我国古代的巫术文化中，"巴巫"是最有名的。《山海经·大荒西经》记载："大荒之中，有灵山，巫咸、巫即、巫盼、巫彭、巫姑、巫真、巫礼、巫抵、巫谢、巫罗十巫，以此升降，百药爰在。"^④而《世本》指出"巫咸使作巫""巫咸以鸿术为帝尧之臣"。《说文·玉部》："灵，巫也，从玉事神。"根据考古发现，灵山即巫山山脉，而早期的神灵与巫师几乎等同。使作巫的"巫咸"第一个出现在《大荒西经》中，表明最早的巫与巴地有关。^⑤巴人的祖先出自于西南地区的大国——巴国，土家人的老祖先廪君是巴人的子孙，《世本》记载："廪君之先，故出巫也。"又根据《说文·巫条》的解释："巫，祝也，能奇肃神明者，在男曰觋，在女曰巫。"由此得知，巴人祖先廪君原来是巫师的后代，并且是母系部落女巫的后代。^⑥

"巫"可以概括为巴人的历史文化信仰。《山海经》中记载的巴地巫文化在夏商以前就已经产生，之后不断得到发展。楚国^⑦诗人屈原，出生于楚地

---

① 文镛盛：《中国古代社会的巫觋》，华文出版社1999年版，第53页。
② 文镛盛：《中国古代社会的巫觋》，华文出版社1999年版，第161页。
③ 应劭：《风俗通义校注》，王利器校注，台北：明文书局1988年版，第403页。
④ 张步天：《山海经解》，香港：天马图书有限公司2004年版，第500页。
⑤ 黄柏权：《土家族白虎文化》，中国文联出版社2001年版，第93页。
⑥ 杜荣东：《土家巫术是本民族历史文化的载体》，http://www.cy-tujia.com，2005年12月12日。
⑦ 在春秋战国时期，楚国与巴国比邻，两国有时联军，有时相争参见翁独健《中国民族关系史纲要》，中国社会科学出版社2001年版，第76-77页。

秭归县，后又流徙于沅湘之地，他的《九歌》《山鬼》等明显受到巴巫的影响。《汉书·地理志》记载："（江汉）信巫鬼，重淫祀。而汉中淫失枝柱，与巴蜀同俗。汝南之别，皆急疾有气势。"很明显，巴巫的风俗也影响了周边地区。《华阳国志·李特雄期寿势志》载："賨人俗好鬼巫。"賨人是巴人的一支，而三峡一带的巴人"家家养鸟鬼"。当地的这种文化风俗来源于古代巴人巫鬼传统，而不是楚人之固有。① 魏晋南北朝时期，巫鬼文化在巴地濮人和僚人中广泛传承着，《魏书·南蛮传》记载："其俗畏鬼神，尤尚淫祀……杀人剥其面皮，曰'鬼'，鼓舞祀之，以求福利。"至汉末，"鬼道"已成为百姓的普遍信仰，巫觋在百姓中威望越来越高。《晋书·李特载记》记载："汉末张鲁居汉中，从鬼道教百姓，人敬信巫觋，多往奉之。"明清以降，在巴人后裔居住的武陵山区中，巫鬼文化仍延绵不绝，封闭的自然环境实际上对当地文化的发展与传播起到了"保护"作用。嘉靖《思南府志·风俗》卷1载："蛮獠杂居，言语各异。渐被华风，汉民尚朴，信巫屏医，击鼓迎客。"② 近些年清江考古队在香炉石遗址发掘出的卜骨、卜甲，也进一步证实了古代巴人是一个崇尚巫术的民族。③ 巫术的本质是关于人或者物之间存在超距离的交感作用的信念，它是伪科学的④，但是巫术早于宗教产生，它是巴人信仰中最重要的一部分，将巫文化概括为巴人的历史文化信仰是不为过的。

在讨论中国社会中的宗教问题时，杨庆堃提出了一组概念，他将中国的宗教分为制度性（institutional）和分散性（diffused）的两大类。杨氏在书中的逻辑起点，是将中国社会中的各种思想因子等同于西方社会学研究中的"宗教问题"。受到韦伯的影响，他认为中国社会是有宗教的，儒教、道教、佛教这样具有自己的基本概念与组织的文化流派属于制度性宗教，而民间社会中流行的各种缺乏组织的文化因子是分散性宗教。这些分散性宗教不入流，却在民间生活中扮演了重要角色。中国民间社会中不乏各种善男信女，既自诩为信仰佛教的神，又对佛教教义一知半解，并且还同道

---

① 段渝：《略论巴、蜀与楚的文化交流关系》，载《长江文化论集》，湖北教育出版社1995年版。
② 黄柏权：《土家族白虎文化》，中国文联出版社2001年版，第94～97页。
③ 杜荣东：《土家巫术是本民族历史文化的载体》，http://www.cy-tujia.com，2005年12月12日。
④ ［英］詹姆斯·乔治·弗雷泽：《金枝：巫术与宗教之研究》，徐育新等译，大众文艺出版社1998年版，第35页。

教、巫术及其他教义混同在一起。① 巫术文化显然应该属于"分散性"的那一类。无论对杨的逻辑起点是否认同，他的分析看到了我们容易忽略的部分：当巫术文化"流落"民间之后，与其他文化融合成为一个复合体，与人们的生产生活有密切的联系，它更加"接地气"了。

巫文化流入民间后，它渗透到人们生活的各方面，如疾病、生产、生育、争论等，巫师不再承担祭祀祈福等事关国体的重大责任。同治《来凤县志》记载："村民颇信巫觋，疾病不服药，多听命于神。""巫之类不一，还愿皆名跳神。有破石、打胎、捞油锅、上刀竿、降童子等术，其徒自谓：能治病、辨盗、驱鬼、禁怪，故惑之者众。"由文字的记载可以看出，鄂西南的巫祝活动流传甚久，源于巴地巫鬼文化，该文化在峡江地区及湘鄂川黔的大山区传承下来，直到今天，人们还可以从土家山寨道士主持的巫术活动中找到它的影子。②

作为本地的历史文化信仰，巫术仪式的最高价值，在于它要实现一种理想化生存环境的建构。③ 随着科学技术的进步、医疗卫生事业的发展，巫术不再为土家人解决实际问题，但是消极巫术中的禁忌，仍然存于当地人的生产生活之中。人们遵循禁忌，趋利避害：女人生孩子后，外人不能随意进入产房，经期中的妇女一旦进入会"踩奶"，产妇的母乳随之消失；在撒叶儿嗬上演时，女人是不能参与的；刚刚经历流产的女性不能去别家做客，否则会给他人带来霉运。此类事例，不胜枚举。日常生活中需要遵循的禁忌，有的已经与儒家文化融合在一起，让人分不清是巫术还是"礼教"。

除此之外，在现代日常生活中，涉及巫术禁忌的相关实践也随处可见：本地人建新房、结婚、做生、下葬，都需要请专门的人士择良辰吉日，避开凶煞时期；与日常生活息息相关的生孩子、下葬、过年过节等活动的开展，都有一套能做和不能做之事的"规范"；当涉及女性这一主体时，各种"要求"还会更多。融于土家人日常生活中的禁忌，成为他们世代相传的"知识内容"，意在趋吉避凶。虽然有些内容听起来很可笑，但它们是本

---

① 杨庆堃：《中国社会中的宗教：宗教的现代社会功能及其历史因素之研究》，上海人民出版社2007年版，第12页。
② 黄柏权：《土家族白虎文化》，中国文联出版社2001年版，第97—98页。
③ 胡炳章：《土家族文化精神》，民族出版社1999年版，第231页。

地人社会记忆的一部分，是巫术信仰文化遗留的产物。

简言之，由于文献和证据的不足，当人们试图回忆撒叶儿嗬以及本地人的过去时，他们必须借助为数不多的书籍和相关的考古证据，在历史重构中建立资料之间的关联。重构可以揭示过去的面貌，但是重构的可信度，是另一个严肃的话题，有待专业人员的检验。

二　刻画现在的生活

回溯撒叶儿嗬以及本地人过去的历史是有困难的，相形之下，刻画它们现在的面貌更容易。依靠在灵堂前一次又一次的操演，撒叶儿嗬的歌舞鼓内容、它适合的操演场合以及它所出现的新变化，可以通过观众的感官和撒叶儿嗬的"知情人"被大众了解。

撒叶儿嗬是民间丧葬活动专用歌舞，它逐渐走上"破旧立新"的道路，近期有三种发展方向：一是近十年开始流行的"包丧鼓"，它是付费性质的操演，代替了传统的撒叶儿嗬活动；二是覃老师以撒叶儿嗬为蓝本改编的巴山舞，在国际国内屡获大奖，声名大噪；三是民间文化爱好者自发组织的跳撒叶儿嗬活动，以健身为主要目的。这三大方向是撒叶儿嗬在发展过程中形成的，它们各具特色，但有一点共同之处，即保证了撒叶儿嗬最核心的"操演"特质。

本地葬礼中"包丧鼓"的流行，与三点因素密不可分：第一，近些年大量农村男性劳动力外出打工，老弱妇孺成为留在村内的主要人员；第二，年轻人常年在外学习、生活，他们对传统的民间文化兴趣不大，会跳撒叶儿嗬的年轻人越来越少；第三，随着收入增多、生活水平的提高，越来越多的人以"消费""娱乐"的维度衡量日常活动。为了弥补丧鼓场上人手不够的遗憾，支付现金聘请专业表演队伍的"包丧鼓"应运而生，在保持入夜之后热闹歌舞氛围的同时，它还能满足孝家送葬上山、跳撒叶儿嗬、打家业等多方面的需求。事实上，资丘镇在 1985 年就成立了民族文艺服务队，服务内容不仅包括红白喜事包场服务，也包括为电影制片、其他表演活动服务。[①] 资丘现在有多支专业的表演队伍，包括张先生组建的

---

① 田玉成：《我们的家园》，三峡电子音像出版社 2011 年版，第 29 页。

民间文化艺术团、老巍组建的女子撒叶儿嗬专业表演队、新老师组织的专业队伍等，均继承了早期服务队的形式。以张先生牵头组织的民间艺术文化团为例，他们每年接受的商演有四五十场，公益性演出二三十场，所到之处多为长阳本县乡镇，也应邀前往邻近的县市如枝城、五峰，每年为团员创收上万元。

受社会环境的影响，撒叶儿嗬活动一度暂停。自 1970 年年初开始，覃老师开始改编撒叶儿嗬，试图将撒叶儿嗬从"丧事"专用活动中解放出来，成为人民群众一般的娱乐性项目。1978 年"巴山舞"问世，它是在撒叶儿嗬舞蹈动作基础上的创新，具有欢快、自豪的基调。[1] 巴山舞的主要套路包括"半边月""靠身子""百凤朝阳""四合""巴山摇""双龙摆尾""喜鹊登枝""风摆柳"等。[2] 1979 年，在长阳乐园举办的"七一文化节"上，巴山舞表演获得专家和群众的一致好评。[3] 随后在各种表演和电影制片中，巴山舞获得了越来越多的赞誉。曾几何时，它还在本区域中小学中被推广，取代了课间的广播体操。到 2001 年，巴山舞被国家体育总局评定为十大全民娱乐健身舞蹈之一。[4] 在近四十年的创作、操演与发展过程中，巴山舞获得了民众的认可，成为鄂西地区全民娱乐健身舞，也在国内外的演出活动中收获了声名与赞誉，它的创作初衷实现了。

此外，资丘有一群传统文化爱好者，在每天晚饭过后，以锻炼身体的名义传习撒叶儿嗬。他们将中学附近的一个小平坝作为练习基地，普通人与文化艺术团成员都参与其中，彼此交流，好不热闹。这种锻炼形式打破了传统撒叶儿嗬仪式表演的时空限制，又不同于受到国家体育总局推崇的全民健身舞。在爱好者的表演中，鼓点可能不够规范，男女老幼的动作也可能比较随意，但是热闹的氛围得以再现。留守家中的中老年妇女是锻炼的主要参与者，从另一个角度来看，它意味着女性在选择锻炼项目上获得了更多自主权，仪式参与的性别限制在这里消失了。

---

① 何新华：《覃发池与长阳巴山舞》，《人民日报海外版》2001 年 10 月 12 日第 5 版。
② 刘莹：《土家族传统文化的创造性转换与发展——长阳巴山舞的文化内涵探寻》，《湖北民族学院学报》（哲学社会科学版），2007 年第 6 期。
③ 何新华：《覃发池与长阳巴山舞》，《人民日报海外版》2001 年 10 月 12 日第 5 版。
④ 林汇泉：《巴山舞之父的民族文化不了情》，《民族大家庭》2008 年第 6 期。

从目前的状况来看，撒叶儿嗬已不是单纯的集体参与和集会；受到社会环境变迁的影响，撒叶儿嗬本身发生了一些变化，作为母体，它衍生了其他形式的表演艺术。值得一提的是，新中国成立之后七十多年的重要历史以及撒叶儿嗬所呈现的面貌，都被直接见证，一些老年人见证了过去的面貌，村寨中的青壮年见证了它现在的面貌。通过前辈向后辈的口述，以及人们的现场观摩，撒叶儿嗬的现状清晰地出现在人们面前。

三 操演表达的过去

在前文的叙述中，历史重构的过程可以帮助人们回到过去，口传身授的操演也可以帮助我们了解现在。历史重构的过程十分困难，而且容易招致批评，操演比历史重构更具优势，可问题在于，操演可以表达过去吗？如果操演能传达有关过去的记忆和意象，那它必然是从过去发源、发展而来。人们现在看到的仪式活动，从祖先的传统中吸取了诸多的养料，甚至原封不动地继承了祖先的传统，现在与过去的操演之间存在一种传承性关系。毋庸置疑，撒叶儿嗬歌舞鼓的内容为学者提供了具有说服力的佐证。

不过，对于任何一段时间跨度很长的历史或者记忆而言，变迁的发生是再所难免的。[1]操演方式的变迁性，是指从今推演故我会遇到困难，比如现在的因素可能会影响或歪曲人们对过去的回忆；反之亦然。[2]记忆或者历史都是既包含了连续性，也包含了变迁性，变迁的爆发力和破坏力也往往会超过前者。简言之，操演方式的变迁性，意味着现在的人们不能直接以连续性的视角去回溯过去。他们必须在日常的口传身授实践中不断进行审视和对比，才能将有关过去的记忆和意象再现出来。

首先来看一个涉及变迁的例子。郭于华曾经指出，丧事或者喜事最能体现父母与子女之间的公平交换关系。[3]也就是说，父母将子女养育成人，一场热热闹闹、欢欢喜喜并且由父母为子女操办的婚礼，是父母对子女帮

---

① [法]莫里斯·哈布瓦赫:《论集体记忆》，毕然、郭金华译，上海人民出版社2002年版，第60页。

② [美]保罗·康纳顿:《社会如何记忆》，纳日碧力戈译，上海人民出版社2000年版，第2页。

③ 郭于华:《死的困扰与生的执着——中国民间丧葬礼仪与传统生死观》，中国人民大学出版社1992年版，第75页。

扶和爱护，也暗示了父母对成年子女的期望——在父母年老体衰之际，子女能够赡养父母并为父母送终。在孝文化的影响下，我国大部分家庭都遵循着"父母养育子女——子女赡养父母"的模式，本地区也不例外。在资丘的葬礼中，为父母送葬，聚集亲朋好友打一场撒叶儿嗬，是子女感恩父母的养育与照顾的最好体现。

近几十年，资丘本地的丧葬礼仪从一场"孝心的盛宴"逐渐变成一场"费钱的盛宴"。在经济发展水平较低的年代，亲朋好友前来奔丧，孝家只需要提供一些"豆腐饭"以飨众人。如果孝家生活贫寒，也可以煮一大锅稀饭，前来帮忙或跳撒叶儿嗬的人，饿了就去吃一碗。在家庭条件欠佳的情况下，孝家尽全力提供招待，旁人无可厚非。随着经济发展与生活水平的提高，本地人办葬礼的规模越来越庞大，所需要的费用也越来越高。根据笔者观察，一场丧葬活动的主要支出在以下几方面：饭菜和酒水、香烟与毛巾、鞭炮香纸、请道士／和尚费用、请送葬队伍／跳撒叶儿嗬队伍的费用、八大金刚、帮厨工与其他帮忙人员的花费等。

下葬前一天的晚上，孝家用"流水席"招待宾客。事主屋旁的空地上会支起四张或六张桌子，每桌以本地人喜宴待客的最高规格"土家十大碗"加一两个锅仔备菜，伴随着响匠班子所吹奏的"开席""上菜调"及"下席调"，诸位宾客依次就座吃饭。流水席会持续好几个小时，差不多每二三十分钟开席一次，接待宾客至少数百人。张先生六十大寿时"做生斋"，当日中午的宾客超过上千人，人们摩肩接踵。由此可以推断，丧葬礼仪中的伙食消费不是一笔小数目。餐桌上的酒水包括饮料、啤酒、白酒，购买的档次与孝家的经济能力匹配，一般浪费较多。在葬礼中，香烟与毛巾是用来答谢帮忙之人，尤其是送葬与跳丧人员的。香烟与毛巾也会根据孝家经济水平来购置，但不能低于当地的整体水平，否则会被视为"不孝""太寒酸"。以香烟的发放为例，前来吊唁的宾客一进门，无论男女，帮忙之人都需要"筛茶递烟"，给对方敬烟。抽烟之人会主动接受，不抽烟之人不接。餐桌上也会放置整包香烟，让食客自己取用。当送葬队伍敲锣打鼓进门之时，工作人员会给他们发放一条毛巾和两包香烟。在游丧开五方的过程中，孝子为答谢锣鼓师傅，也会在适当的场合给师傅们敬烟。整个开五方过程结束，带领整支队伍的长号师傅会收到十来包答谢香烟。毛巾在葬礼中的功能有两个：一是给孝子们擦拭眼泪，二是给帮忙的师傅们擦拭汗水。入夜之后，师傅们跳的大汗淋漓，就需要用毛巾来擦汗；在下葬当日清晨，送葬的亲朋好友每人获赠一条毛巾，以示孝家的谢意。以上这些实物消费与经济发展水平、孝家的经济实力有关，而其他的人工费用，比如响匠台师傅、厨师及都管每人都是 200 元工资、治丧团队其他成员每人 20 元或 50 元的答谢"封头"，是最近几年才产生的定额消费，它们与整个社区其他家庭所消耗的费用一致。

上述内容是资丘丧葬礼仪中出现的新变化，也是本地人近几十年来逐渐习惯的操演环境。每一次死亡事件发生时，孝家以及都管带领的治丧团队成员，都会以更新和更高的标准招待前来送葬和跳撒叶儿嗬的宾客。当他们进门时，都管嘴中的礼仪性话语是不变的，但招待客人的方式在不断进化：帮忙人员端来更好的茶水、递过来更好的香烟和毛巾、请客人享用更好的酒席，甚至让他们获得更好的观摩体验等。山寨中传统的口传身授操演在发生变化，但究竟发生了什么样的变化，有赖于人们的审视，以及与以前的状况进行比较。

哈布瓦赫在讨论家庭关系时，顺便提及了为家庭成员所举行的葬礼，指出它能反映出亲属关系还是最重要的家庭关系。他认为，为死亡而举办的祭祀仪式，既是活人亲属之间的情感交流机会，也是将死者送归祖先群体，进入家庭的信仰崇拜体系的过程。当人们逐渐忘记死者的姓名，这些亡人会体验到外界对他们的冷漠态度；而那些有好的声名而被后人记住的祖先，与崇拜他们的后人之间，保持了一种虚构的关系。[①]父母过世之后，子女为父母送葬，是感恩双亲的方式；亡父母需要高高兴兴与祖先团聚，后人于是热热闹闹地为他们打一场撒叶儿嗬。抛开当前葬礼的规模和花费不谈，清江中游的撒叶儿嗬仪式具有以下五种传统功能：

第一，送亡人。生死乃人世间的自然规律，热热闹闹的送行会形成声势浩大的场面，意在为亡人"壮胆"，避免它们在阴间受欺负。

第二，慰藉孝家。通过演唱赞颂亡者或述说亡者生平的歌词，众人借

---

① ［法］莫里斯·哈布瓦赫：《论集体记忆》，毕然、郭金华译，上海人民出版社 2002 年版，第 123、126 页。

此安慰失去亲人的男女。

第三，娱乐亲朋。亡者生前的众多亲朋好友前来奔丧，孝家以一场热闹的撒叶儿嗬来娱乐和招待他们，表达自己的一份谢意；此外，由于前来参加葬礼的人数众多，往往是几十上百人，通宵的表演能驱赶睡意，为孝家减少寻找床铺、借宿的麻烦。

第四，邻里互助和社区整合。"人死众家丧，一打丧鼓二帮忙"，本村村民小组的互助是村寨内部广泛存在的互惠形式。当人的生命终结，活着时形成的恩恩怨怨也会烟消云散，大家化干戈为玉帛，邻里关系得到改善。通过大家的协作，社区的凝聚力还会进一步增强，有助于社区整合。

第五，传承文化的功能。丧鼓场上的教习是爱好者学习民间文化的重要方式。

本地人世居的武陵山区，气候夏季温暖湿润，冬季寒冷积雪不化。这里荒山野岭较多，土壤贫瘠，居民广种薄收。清江沿岸或岛屿之间依靠船只通行，交通不便。即便是今日，除了水路，沿江地区只有唯一的一条公路。在历史记载中，本地人一直都以刀耕火种和狩猎捕鱼方式来实现自我补给。封建农奴制经济阶段的生计方式，一直持续到土司时代。[①] 以上这些内容，是对本地人生产生活环境的直接刻画，也是他们的深刻记忆。在恶劣的生存环境中，人们遵守"济人积德，助人为乐"的信条，普遍秉承"一家有事大家帮，一家有难大家济"的社会道德。[②] 由此，一种"契约精神"逐渐形成，促进了本地人互助分工模式的形成。[③]

本地的邻里互助是大规模集体活动得以完成的现实途径。据笔者观察，一场丧葬礼仪需要六七十人甚至七八十人来帮忙。面临物资短缺、交通不便等客观问题，众人分工协作，才能最快最好地实现集体活动的目标。此外，互助也是村庄礼尚往来的一种表现形式，在经济发展水平比较低的情况下，众人"打不起豆腐送不起情，跳一夜丧鼓送人情"，契合了"人死众家丧，一打丧鼓二帮忙"的互动精神。简言之，村寨内部极富契约精神的劳动分工模式，是当地人从过去的生产生活经验中总结出来的，也是他们

① 邓辉：《土家族区域的考古文化》，中央民族大学出版社 1999 年版，第 357 页。
② 彭继宽：《土家族传统文化小百科》，岳麓书社 2007 年版，第 102 页。
③ 胡炳章：《土家族文化精神》，民族出版社 1999 年版，第 252 页。

操演记忆保存的重要社会因素。

　　随着生产方式的改进、家庭收入的提高、交通便利以及近几十年"外出打工潮"的出现，村寨内部种地人数下降、家庭收入不再主要依赖农业、大量青壮年人口流出等一系列"现实"接踵而至，集体活动的基础受到影响，活动本身也开始发生变化。村寨中留守人员不多，孝家只能求助于村中未外出的人员，并聘请专业的服务队伍来操办流水席。前来参加跳丧的人员早早退场回家，在人员不足的情况下，孝家只好聘请专业的送葬团队。人们还发现，邻里互助的模式式微，"打不起豆腐送不起情，跳一夜丧鼓送人情"的方式也失去效力。亲朋好友前来吊唁，向孝家赠送花圈以及若干数额的"人情钱"，彼此之间礼尚往来；孝家除了赠予香烟毛巾等实物，还会购买其他日用品感谢邻里的帮助；根据应邀前来的人数以及服务内容，孝家会付给专业送葬队伍酬劳，比如，聘请一个 15 人左右的送葬队伍，兼跳撒叶儿嗬，费用最低 3500 元，其中每位师傅 200 元工资，外加给师傅们的车费补贴及杂费。

　　从目前的情况来看，撒叶儿嗬仪式送亡人、慰藉孝家以及娱乐亲朋的功能基本没有发生改变，改变最大的是贯穿于撒叶儿嗬和整个丧葬活动中的邻里互助行为。它的逐渐式微，让人们体验了丧葬礼仪的高额花费，还暗示着社区团结力、凝聚力的下降。除此之外，撒叶儿嗬所承担的文化传习功能也逐渐减弱：一方面，丧鼓场上缺少年轻人的主动加入；另一方面，撒叶儿嗬商演团队的素质参差不齐，有的表演队伍上演的仅仅是一般的娱乐节目。如此一来，通过丧葬场合传习撒叶儿嗬的文化实践，会受到不良影响。

　　综上所述，通过口传身授的操演，人们可以在较长的历时跨度中，去了解有关过去的记忆和意象。不管是撒叶儿嗬仪式还是其他的纪念仪式，它们从过去吸收了众多营养甚至是全盘接纳了过去的传统，这种一脉相承的特性使现在的人们获得了迅速认识和理解有关记忆的机会。在一些新的操演现象中，人们无法直接回忆过去，通过仔细的审视和对比，他们还是可以甄别究竟哪些内容发生了变化。在直接和间接的探索中，有关过去的记忆和源于过去的意象，会呈现在人们面前。

小　结

　　本章要解答的问题有两个：第一是本地人选择了什么记忆方式？第二是这种记忆方式传达了什么样的社会记忆？虽然在前几章已经提及，操演是当地人选择的记忆方式，但是操演并不是一开始就被选择，它受到了历史因素的影响。

　　在发展过程中，土家人有自己的语言土家语，但是缺少本族群的书写文字。对现在的研究者而言，他们只有两种收集相关资料的方式：要么从汉字书写的成文史中去追溯和考证，要么从本地人的口传身授中去发掘。鉴于文字记录以及其它记忆方式的缺失，当地人的社会记忆，一部分通过操演来传达，还有一部分却只能依靠历史的重构过程。于是，区分历史重构的过程以及社会记忆，就成为本章首先要解决的问题。

　　在人们的实践中，对于同一件事情，历史重构与社会记忆会有所差异。通过单纯的操演，人们可以快速了解仪式现在的面貌，并了解祖先的生活画面。在审视和对比的过程中，操演还可以间接告诉人们涉及变迁过程的记忆实践。借助这样一些方式，本地人的历史文化信仰、日常的禁忌、生产生活面貌、社区的变迁以及对儒家思想的吸纳，都显现出来。因此，了解本地人的社会记忆，需要关注操演的继承性以及变迁性，尤其是后者，它容易被人们所忽视。

第六章

稳定性如何影响记忆：对撒叶儿嗬个案的思考

　　身体的操演具有口述和文字书写无法比拟的优势，在撒叶儿嗬的个案中，它成为传达和维持本地人社会记忆的主要方式。尽管如此，人们也会注意到，操演还具有不稳定性的特点，它会大大影响记忆的效果。本章的观点是，操演在无文字族群的历史发展与记忆传承中扮演了重要作用，但事实的另一面也值得关注，即记忆由操演来传达，忘记也可以由操演来传达。

第一节　记忆与忘记的互嵌

　　操演在传达社会记忆的同时，人们似乎也忘记了一些内容。在研究过程中笔者发现，随着历史不断向前推进，口传的内容慢慢失真，在数量和质量上有所下降，无论是口传的记忆，还是仪式中的身体记忆，都日渐式微。尤其是在近四十多年的发展中，主体能动性的发挥，推动操演向其他方向变化。从现在的观点来看，忘记是记忆研究的另一个重要话题。

　　回溯撒叶儿嗬目前的发展过程，一些"背景"式的现象额外引人注目。首先，前文已经提及，撒叶儿嗬的歌词是对土家祖先生产生活的一种兼容并包的刻画。随着时间的流逝，原有歌曲的数量逐渐减少，这是口传不稳定带来的后果之一。为了增加一些描写现状的歌词，文艺二作者们开始了创作，比如在《摇丧》套路中传唱度较高的一首新歌：

叫：撒叶儿嗬也 撒叶儿嗬也

合：撒叶儿嗬也 撒叶儿嗬也

叫：啊土家那个文化出巴国呢

合：出巴国也

叫：山歌那个南曲撒叶儿嗬呢

合：撒叶儿嗬也

叫：扯起那个号子高声那个喊呢

合：高声那个喊也

叫：唱不那个完的巴啊土歌哦~

合：呀子呀么伙，（嘿），呀子呀么伙呀

叫：堂屋里堆的那个歌成坨呢

合：呀子呀么伙，（嘿），呀子呀么伙呀

叫：街檐下码的那个锅成摞呀

合：呀子呀么伙，（嘿），呀子呀么伙呀

叫：男男女女爱唱渔家乐也，老老那个少少会跳撒叶儿嗬哦~

合：呀子呀么伙，（嘿），呀子呀么伙呀

呀子呀么伙，（嘿），呀子呀么伙呀

在资丘撒叶儿嗬爱好者的锻炼活动中，这首歌经常被演唱。歌词中出现的山歌、南曲和撒叶儿嗬，是土家文化的"三件宝"。其中，长阳山歌早在三千多年前就已经出现，被人们称为"下里巴人"。南曲传入土家地区只有两百多年的时间，是改土归流前后引进且经历了本土化改编的一种的艺术形式。这段歌词中出现了"锅成摞"等字眼，说明歌者在创作之时，社会发展水平已经很高了。

其次，巴山舞的问世，与撒叶儿嗬活动被限定在丧葬场合有莫大的关联。文化工作者覃老师在长阳县文化馆任职之时，文化馆与长阳县城的一处广场距离很近。一次，他见到有群众在广场上跳撒叶儿嗬，艴然不悦，前去与群众沟通，告诉对方撒叶儿嗬适用于丧葬场合。尽管争议一直存在，在公共场合跳撒叶儿嗬的现象却没有彻底消失。覃老师以撒叶儿嗬为蓝本改编的巴山舞大获成功之后，成为国家体育总局推荐的全民健身舞蹈，它很快引领了广场健身的热潮。

最后，撒叶儿嗬本是男人操演的活动，在近十年流行的"包丧鼓"中，女子的身影却频繁出现。"包丧鼓"以付费服务的形式被大众接受，它与传统的撒叶儿嗬操演有所不同。资丘镇的民间艺人老魏发现很多女性留守在家，试图将她们自身的特色与民间文化的特点结合起来，将女性推向繁荣民间文化艺术的前台。他在2012年注册并创办了"女子撒叶儿嗬艺术团"，将女性带出家门打"包丧鼓"。基于撒叶儿嗬动作难易程度、姿态展现以及对体力要求等的多方面考察，他对女子所跳的撒叶儿嗬进行了改编，回避了一些较难和难看的动作，减轻了她们的体力负担。与男子撒叶儿嗬的比较中可以发现，女子撒叶儿嗬"定制动作"的操演，已经不再符合传统民间艺术的要求。

结合这些新的现象可以看出，撒叶儿嗬的传承面临一些无法回避的问题。人们看到了操演形式的更新换代，也看到了操演内容的创新和扭曲，在目前看来，操演正发生变化。传统的撒叶儿嗬操演可以传达和延续本地人的社会记忆，新兴的操演传达的只能是忘记。从心理学的角度出发，记忆是人体对事物的识记、保持和（回忆）再现的一系列过程，忘记（forget）则是回忆和再现过程的一种失败。由于各种各样的原因，人们在记忆，但是人们也在忘记。记忆与忘记不是一对互补的概念，忘记只是从属于记忆过程的一个环节。与此不同，在社会记忆的研究中，记忆与忘记是一体两面的一组概念，大卫·格罗斯（David Gross）使用"非同时性"（non Contemporaneity）的概念来表明晚期现代文化中"忘记"的含义，它是与现在不同步（out of historical sync with the present）的事物，是一些滞后于时间的时空和实践。这些非同时性的内容，有的部分消亡，有的留下了一些物理或文化的痕迹，还有的思想与行为模式完好地保存到了现在。[①]政治环境的变迁、社会的转型以及人类诉求的变化等内容，都对本地的纪念仪式造成影响，为社会记忆带来新的变化。这是否意味着，以口传身授的操演去传达和延续社会记忆不再适用？社会记忆是否还会被延续下来？

---

① Jeffrey Olick, Vered Vinitzky-Seroussi, Daniel Levy ,eds., *The Collective Memory Reader*, Oxford：Oxford University Press, 2011, pp.420-422.

在本书看来，为了厘清思路，两方面的因素需要考虑。

首先是记忆方式不稳定的后果。到目前为止，尽管出现了一些新现象，仪式中的核心价值以及其他一些内容，仍被延续至今。撒叶儿嗬的操演并没有完全背离原来的轨道，传统的操演记忆具备压倒性的优势。在埃文斯 – 普理查德与格列弗（P.H.Gulliver）关于谱系的记忆研究中，无论是人为去掉一些不重要的祖先，还是根据自己的认识去"修正"记忆的谱系，这些不稳定的记忆方式，都会造成失忆的出现。当人们向前追溯的时间越久远，比如超出了五六代人之后，这些有关过去的记忆并不是消失了，只是人们已很难清楚记得。① 加之鲜有直接见证者存活于世，有关过去的记忆和意象都处于"结构性失忆"（structural amnesia）的状态。

其次是记忆方式本身的特征。在本地人的日常生活中，长辈向晚辈传授的肢体动作和固定的言说，往往是可以被"逐字逐句"地传递下去的。除此之外，有关撒叶儿嗬和土家历史的故事及其相关内容，却很难被一直传递下去。原因在于，这些被视为"沟通记忆"的内容几乎是某种类似于短期记忆的东西，它依靠活着的经验去承载交流者们的沟通和交往，去将贴近日常生活的记忆持久固定下来，因而大约延续八十年即三四代人之久。② 随着见证者的离世，人口更新换代，口传的内容逐渐失真。

身体的操演建立在身体习惯的基础上，一旦形成便很容易保持稳定性和一致性。从撒叶儿嗬的个案可以看出，除了稳定性，身体的操演还具有可修改和可选择的特性。它不并能像书写记忆一样，无法在长时段③中"逐

---

① ［英］埃文斯 – 普理查德：《努尔人：对尼罗河畔一个人群的生活方式和政治制度的描述》，褚建芳等译，华夏印书馆 2001 年版，第 228—229 页；P.H.Gulliver, *The Family Herds: A Study of Two Pastoral Tribes in East Africa, the Jie and Turkana*, London: Routledge & Kegan Paul Ltd., 1955.

② ［德］哈拉尔德·韦尔策：《社会记忆：历史、回忆、传承》，季斌译，北京大学出版社 2007 年版，第 4—5 页。

③ 年鉴学派代表人物布罗代尔（Fernand Braudel）将历史分为三个时段：长时段、中时段、短时段。其中，短时段主要指历史上的突发事件，例如政治革命、战争、自然灾难等。这些事件往往以传统的政治编年史形式被记录下来，但正如深海掀起的"浪花"，这些事件本身只是历史的瞬间、历史的"尘埃"，对历史影响甚微。中时段指在一定时间之内出现的相对稳定的经济结构和社会结构，有"周期性波动"的特点，比如人口增减、生产的消长等对历史发展产生了一定影响的现象。中时段的历史时长有一定弹性，短则 20 年、50 年，长则百年。长时段属历史时间的最深层，是以世纪为基本计量单位，自然环境、地域条件、文化传统等长期不变或变化极慢的历史。参见张君荣等《历史学缘何重回"长时段"研究》，《中国社会科学报》2016 年 1 月 21 日。

字逐句"地保存并记忆过去的内容。随着人口的更新换代，直接见证者离我们越是久远，操演的不稳定性越突出，忘记的可能性越大。简言之，口传和身体的操演都具有不稳定的特点，假如操演没有偏离它原来的轨道，有关过去的记忆则被完好地保存下来；反之，当它逐渐失去原来的面貌，忘记就会形成。

第二节　操演与记忆的选择

　　为了回答身体的操演是如何形成忘记的问题，学者可以尝试从本地人的选择中寻找答案。它意味着人们根据群体的需求有意识地追溯或者进行取舍，可以从以下三方面展开：

　　文本的选择性。当操演再现时，歌词的内容或舞蹈的动作都可以被视为一种文本。人们可以挑选文本，也可以根据自己的喜好去更改流传下来的文本，撒叶儿嗬被改编为巴山舞，就是一个最好的例子。巴山舞以撒叶儿嗬的舞蹈为基础形成，它完全脱离了丧葬仪式的操演空间，当人们在跳巴山舞的时候，他们想到的是健身，鲜有人会关注和回溯它的起源。通过文本的选择和修改过程，有关过去的记忆已经不再。

　　规则的选择性。在社会记忆的研究中，规则与文本紧密相关。自哈布瓦赫以降，人们就被告知记忆研究离不开社会框架，换言之，人们往往很难去选择规则，而只能被规则约束。在对华南丧葬制度的研究中，华琛（James Watson）曾经指出，仪式中的动作规范更加重要——动作恰当是一个"中国人"是否合格的评判标准。[①] 罗友枝（Evelyn Rawski）也表明，只要接纳了中国的风俗和行为，就都可以成为"中国人"。[②] 华琛和罗友枝将是否恰当地执行仪式作为中国人身份识别的重要元素，这主要是由于，合规的身体操演比合规的信仰内化更加容易实现。在威廉·罗伯森·史密

---

① ［美］华琛：《中国丧葬仪式的结构——基本形态、仪式次序、动作的首要性》，《历史人类学学刊》2003 年第 2 期，第 99 页。

② ［美］罗友枝：《一个历史学者对中国人丧葬仪式的研究方法》，《历史人类学学刊》2004 年第 1 期，第 149 页。

斯的观点中，他也认同仪式比信仰更具有历史稳定性。[①] 至少从表面看来，这些研究者都看到了对动作规范的遵从是比对信仰的遵从更加重要的维度。无论如何，规则都是存在的，人们不能选择不遵守规则，但可以像埃文斯－普理查德一样，以"结构性失忆"的方式去"忘记"规则的来源和它更加久远的过去。

从历史的角度看，撒叶儿嗬是清江流域一种独特的纪念仪式；但在今天看来，该仪式只是山寨丧葬礼仪流程中的一个环节。在关注仪式的形式化表现时，人们容易忽略传统的儒家礼制与土家撒叶儿嗬的结合是如何可能的。从历时的角度考察本地人如何处理尸体的做法，不难发现它受到了我国传统丧葬活动的影响。

古人处理尸体的实践至少包括两方面，第一是埋葬的方式，第二是丧葬的礼仪。我国古代的尸体安葬方式有很多，比如土葬、水葬、火葬、天葬、岩棺葬等，土葬是最常用的埋葬方式之一。根据考古发现，土葬最早出现于山顶洞时代[②]，说明人类很早就懂得如何处理尸体，使之完整保存下来。后来人们认识到土葬可能会带来土地资源浪费、环境污染等问题，在城市中，公墓或骨灰亭这样的地方成为尸体的最终归宿。在农村地区，尤其是允许土葬的地区，人们依循传统去安置先辈的遗体。

有学者认为，土葬的根源在于我国长期处于农业文明社会，土地是养育我们的母亲，"重农"的传统衍生出人对土地的亲厚感情。[③] 这一观点有助于人们理解土葬的做法，但它不能解释为什么一定要埋葬在土里。人们常说，死后应该入土为安。为什么要"入土为安"？《礼记·祭义》指出："众生必死，死必归土，此之谓鬼。骨肉毙于下阴为野土，其气发扬于上为昭明。"《韩诗外传》记载："人死曰鬼，鬼着归也。精气归于天，肉归于地。"《礼记·郊特牲》也记载："魂气归于天，形魄归于地。"这些内容表明，人死后肉体应当被埋入土地，灵魂才有可能回到天上。[④] 受到长期的礼仪教化，人

---

① William R.Smith, *Lectures on the Religion of the Semites: The Fundamental Institutions*, New York: KTAV Publishing House, 1969, pp.23-31.
② 陈华文：《丧葬史》，上海文艺出版社 1999 年版，第 145 页。
③ 雷绍锋、张俊超：《汉族丧葬祭仪旧俗谭》，武汉出版社 1998 年版，第 165—166 页。
④ 陈华文：《丧葬史》，上海文艺出版社 1999 年版，第 145 页。

们逐渐形成了尸身要归于土地的固定做法，它有助于实现归正邱首、灵魂升天的目的。本地人十分重视土葬的方式，他们世居的武陵山区，山高水深，人口密度较低，广袤的山地为土葬提供了良好的物理条件。与此同时，人们吸收了儒道释的观点，认为人死后归于大地，死者才能"接地气"，后代才能顺利"接着这个气"繁衍下去。在巴东、恩施等地曾经流行过悬棺葬，由于棺木与地面相隔太远，"接不了地气"，对后代十分不利。①

在尸体处理的实践中，古人还形成了繁琐的丧葬礼仪，它的历史悠久，在旧石器时代晚期已经出现。氏族社会时期，丧葬礼仪较以前更为丰富。到夏商周时期，它已经朝系统化的方向演进，此时可以看作中国传统社会中丧葬礼仪的雏形期，战国时代则是丧葬礼仪的基本成形期。儒家书籍《仪礼》记载了士人丧葬礼的程序，包括招魂、复魂的"始死复"、把死者嘴巴撬开的"楔齿"、将死者两腿捆放平直的"缀足"、奠祭从酒从肉的"奠帐堂"、向国君报丧的"使人赴君"、国君赠送衣被慰问的"吊襚"、把死者姓名、官职、功名等写在白旗上置于灵堂的"为铭"、给死者沐浴并在其嘴巴内放一团米饭的"沐浴饭含"、死后次日给死者换衣服的"陈小殓衣"、尸体放入棺内并密封的"大殓"、棺木放于两楹之间或西阶上的"殡"、祭奠时的"大殓奠"、主人以下穿上丧服的"成服"、早晚都要以礼祭奠的"朝夕哭奠"、占卜坟地的"筮宅兆"、检视棺椁与随葬品的"视椁""视器"、占卜下葬日期的"卜葬日"、灵柩送到坟地的"柩车发行"、灵柩入墓穴的"窆柩"以及其后的"祭后土""回灵"。此后再行初虞、再虞、三虞的"安魂仪式"；周年"小祥祭"、两周年即二十五月"大祥祭"、两年半即二十七月的"禫祭"、三年"除服仪式"。②经过这一系列仪式程序，丧葬礼仪才算完成。

秦汉时人们大致继承了《仪礼》的做法，使之更加隆重。丧葬礼仪可分为三部分：殡丧礼仪，包括招魂、沐浴饭含、大小殓、哭丧停尸等；埋葬礼仪，包括祭奠、送葬和下棺；祭祀服丧礼仪。③汉代的做法在魏晋时得以延续，只是省略了明器的内容。南北朝兼采汉晋的做法，互相补充。唐

① 张先生口述，2017 年 3 月 18 日。

② 徐吉军：《长江流域的丧葬》，湖北教育出版社 2004 年版，第 24—25 页。

③ 徐吉军：《长江流域的丧葬》，湖北教育出版社 2004 年版，第 2 页。

代继承并发展了周朝的《礼记》，并将其系统化。宋朝借鉴历代的做法，根据当时的社会环境，重新编纂了丧葬礼仪书目，比如影响非常大的《政和礼》与《司马氏书仪》。南宋朱熹又根据《书仪》编纂成《家礼》一书，内容十分丰富。明朝的礼仪，综合了周朝《仪礼》、唐朝《开元礼》和南宋《家礼》，它与《家礼》最为类似，包括了初终、复、沐浴、袭奠、饭含、小殓、大殓、成服、朝夕奠朔望奠、吊奠赋、择地祭后土、启殡、在途及墓下棺、祠后土、题木主、反哭、虞祭、卒哭、祔、小祥、大祥、禫。清朝则延续了明朝的做法，并无大的变化。[①]

历朝历代丧葬礼仪的内容是不断丰富并系统化的，但它的流程基本一致。在五四运动之后，政府对民间的丧葬礼仪进行了改革，繁文缛节被丢弃，1929 年《丧礼草案》的内容仅包括报丧、视殓、受吊、祭式、别灵、出殡、丧仪等步骤，其中视殓包括了告殓、陈殓具、入殓、盖棺、鞠躬礼，祭式涵盖了肃立、奏哀乐、就位、参灵、献祭品、读祭文、辞灵、奏哀乐多个程序。[②] 改革后的丧葬礼仪，其形式与内容大大简化，但仍保留了我国古代丧葬礼仪的主要流程，更适合于在城市殡仪馆举行的丧葬活动。在盛行土葬的乡村地区，人们依循的是历朝历代流传下来，主要受佛教、儒家和道教影响的做法。毋庸置疑，儒家的贡献是最大的。本书在此梳理儒家丧葬礼仪的主要内容，包括殡丧、埋葬、服丧之礼。

殡丧包括初终、招魂、易服、讣告、沐浴、饭含、小殓、大殓、殡、成服、朝哭夕奠等。初终之礼包括送终、穿新衣和属纩，其中送终是指老人弥留之际，子孙后代围绕在床前，目送老人离去；穿新衣是后人给老人换上新衣服，不能让老人光着身子出发；属纩是后人以新棉絮放在老人鼻口之前，试探是否真的断气。招魂之礼是拿着死者的衣物在高处呼喊，希望死者能死而复生；送魂之礼是在死不复生的情况下，通过一些方式为死者送行，比如点引路灯、放落气鞭炮和烧冥钱等，其中引路灯是后人用棉纸沾上香油、帮助死者前往阴间报道而点燃的一盏灯，放落气鞭炮是利用鞭炮声吓走附近的恶鬼，烧冥钱是焚烧作为冥钱的黄草纸，为死者累积上

① 徐吉军、贺云翱：《中国丧葬礼俗》，浙江人民出版社 1991 年版，第 81—91 页。
② 田晓娜：《礼仪全书——丧葬礼仪》，北大青鸟电子出版社 2004 年版，第 4—6 页。

路的路费。报丧之礼是指孝家将过世的消息通过专门的报信者，送达亲朋好友。沐浴饭含是给死者洗头洗澡，换上新衣，并在死者口中放一个饭团，不让死者饿着肚子去阴间报道。小殓与大殓之礼，前者是为了保护尸身不受伤害而在死后第二天为死者穿衣，后者是死后第三日将整理好的尸体放于棺木之内。停殡，依从《礼记·王制》的规定，天子停殡七日，诸侯五日，士与庶人三日。成服，是在大殓后的第二天，所有五服之内的亲属皆按照同死者的亲疏关系，穿上相应等级的丧服。①

埋葬之礼包括筮宅兆、建棺椁和坟墓、准备冥器、卜择葬日、出殡、窆柩、祭后土、回灵等。筮宅兆是通过龟卜选定下葬的地方，因为阴宅是人死后的住处，必然不能随意选址。葬日的选择也需要趋利避害，以免给后人带来灾祸。伴宿是指在出殡前夜，所有亲属在棺木旁边守候一夜，与死者永别。将棺木从家内运送到墓地安葬是出殡，窆柩是将棺木放于墓穴内，但是需要遵守一定规则，例如要根据时辰、方位来放置棺材，下葬前要烧稻草让墓穴暖和起来，用新鲜的黄泥土掩埋在棺木上，等等。回灵是将灵位抱回，恭迎死者灵魂返回。②

服丧之礼包括题虞主、虞祭、卒哭、祔、小祥、大祥、禫等。题虞主是将死者姓名写在一块木板上，送至家庙。虞祭是为了使死者的灵魂安息，在家日夜祭奠，而祔是新亡人与祖先合享之祭。先辈死后一周年的祭礼称为小祥，死后两周年祭礼是大祥，死后三周年，家人除去丧服的祭礼是禫，表示从此后孝子的生活可归于平常。③

在丧葬礼俗中，还有一种"做七"之礼比较盛行。"做七"的风俗来自佛家经典，分为一七、二七、三七、四七、五七、六七以及七七，依次为人死后第一个七天至第七个七天。每到一个七日，家人应该予以祭奠，给亡人修福，帮助超度灵魂。《瑜伽师地论》卷一记载："又此中有，若未得生缘，极七日住。有得生缘，即不决定。若极七日，死而复生，极七日住。如是辗转，未得生缘，乃至七七日住。自此以后，决得生缘。"④在佛家的观点中，人死之

---

① 徐吉军：《长江流域的丧葬》，湖北教育出版社 2004 年版，第 25—84 页。
② 徐吉军：《长江流域的丧葬》，湖北教育出版社 2004 年版，第 85—104 页。
③ 徐吉军：《长江流域的丧葬》，湖北教育出版社 2004 年版，第 104—108 页。
④ 转引自徐吉军《长江流域的丧葬》，湖北教育出版社 2004 年版，第 108 页。

后是可以轮回转生的。每到一个七日，死者都有机会转生，如果没有，可以等到第七个七日，假如第七个七日还是没有转生，那就没有机会了。做七实质上是后人通过某些方式协助亡人超生的过程，是送亡人的最后一程。

由此可见，丧葬礼仪具有复杂的特点，从《仪礼》《礼记》《司马氏书仪》《家礼》甚至是近代的《丧礼草案》等文字编纂记忆中可以看出，我国传统社会中的丧葬礼仪呈现了前后相继的特征。历朝历代主流的丧葬礼制是一种普遍的行为模式，它不考虑历史、地域、民族等因素的细微差异，儒家礼仪构成了其最重要的部分。[①] 相形之下，本地人在丧葬礼仪中的实践表明他们采用了土葬的做法，吸收了"入土为安"的思想，具体的流程又融合了儒家礼制及其他宗教流派的实践。当村寨内部送别亡人的活动发生时，人们只是合规操演这一套"采借"的礼仪，对它是如何形成以及为何成为这样却不甚了解。本地人选择集体失忆，让儒家礼制及相关内容保持在"隐而不见"的状态。

身体实践的选择性。人们可以选择文本，可以选择忘记规则的来源，也可以在身体操演中去选择性地表达自己。曾几何时，在中国人的葬礼中，恰当地遵循礼仪流程，是"中国人"的身份的表现，在资丘的丧葬礼仪中，参与撒叶儿嗬仪式是人们作为本地人的身份指号。改土归流之后，土家人移除自己的风俗习惯，撒叶儿嗬成为他们文化遗产中所剩不多的原生态文化，一度成为本地人身份建构与身份归属的重要元素，是他们在身体实践中有意去记忆和表达的内容。反之，在丧葬礼仪中被重复操演的儒家礼制，由于不是本地人主动选择的，它们是如何形成以及为什么形成，超出了本地人记忆的范围。

小　结

本章试图回答的问题是：为什么有一些记忆没有流传下来？在本书研究中，人们通过操演去传达社会记忆的同时，也会揭示一些"忘记"的

---

① 徐吉军、贺云翱：《中国丧葬礼俗》，浙江人民出版社 1991 年版，第 138 页。

痕迹。如同理论研究所揭示的，记忆的本质就是通过一系列方式，追回人们如今"忘记"的内容，让它们再现于世。不难发现，记忆与忘记并不是一对相反或不相容的概念，它们是相互关联的：被人们找寻和追溯回来的那些过去，它成为人们的记忆；那些未被人们找寻或辨认的，它"隐而不见"，是忘记，也是失忆。

　　在本地人的仪式生活中，人们培育了一种比较稳固和实用的身体操演方式，去传达几千年的历史画面和社会记忆。口传身授的操演是可修改、可选择的，这意味着它的不稳定性应该被人们所注意。从个案的观察中可以看出，口传身授的稳定性大概保持三四代人之久。时间跨度越大，不稳定性越是突出。除了历史的和社会的因素，人们的主动选择，成为它不稳定的原因之一。

　　跨越漫长的时间维度，从初生到成熟阶段，撒叶儿嗬所发生的变化并不算太大。不同的县、镇的艺术表现形式有所差异，例如资丘的撒叶儿嗬动作十分豪放，但巴东县的撒叶儿嗬节奏动作皆悠扬缓慢，此外，社区与社区、歌师与歌师的操演方式都呈现细微差别。尽管如此，这些人依旧是在传承祖先的操演。近四十余年，撒叶儿嗬被改编成为群众健身舞蹈或者改编为其它娱乐大众的歌舞形式，其中既有使传统文化焕发活力的成功案例，也不乏人为的粗制滥造以及失败案例。随着历史的推进，撒叶儿嗬的原始面貌更加难以刻画，每代人及每个人都可以根据自己的经验对它进行重构。人们在记忆的同时，群体忘记也会逐渐产生。

第七章

结　语

　　根据前文的内容，本章总结了社会记忆研究的内涵及特点。首先，正如康纳顿所言，社会记忆、纪念仪式与身体实践之间确实存在逻辑性关联，在资丘的个案中，社会记忆是可以通过身体的操演来传达和维持的，但是它也存在不足之处。其次，操演的社会记忆具有一些特征，操演的中介性和继承性使它传达记忆成为可能，而变迁性和选择性推动相关的记忆流传至今。最后，社会记忆研究不能脱离对其文化意义（meanings）的分析，个案研究的目的远不止于此。

第一节　对操演与社会记忆的反思

　　记忆是个体的官能，社会记忆是一系列社区意识的综合，后者反映的是在历史发展过程中，一个社群或社区所共享的内容。在前人的研究中，社会记忆是个人与群体关系的中介，它贯穿了过去与现在，将个体整合为群体的一部分。自哈布瓦赫以降，个体与群体之间的关联就成为社会记忆研究的重要内容。

　　针对哈布瓦赫尚未解决的问题，康纳顿提出个人与群体在保存和重现记忆的方式上存在区别，他最终将纪念仪式和身体实践作为社会记忆研究的两个重要领域加以说明。社会记忆、纪念仪式与身体实践之间形成的逻辑关系，在理论上是可行的，从资丘的田野调查可以发现，他的观点也可以用于解释当地的实践，具有现实意义。如前所述，由于缺少其他的记忆媒介，本地人只能依靠口传身授去表达和传承有关过去的记忆，操演成为社会记忆的最主要方式。

以此为基础，理论概念之间的关系，可以通过民族志的研究加以阐明。首先是纪念仪式与社会记忆的关系问题，纪念仪式是一个群体内部服务于纪念性目的的集体活动，通过成员重复性的操演，人们纪念的人或事可以在某种形式中不断再现。在本地人的仪式生活中，有关祖先的图像、情感和实践，都会通过歌舞鼓的形式延续下来。人们纪念是为了记忆。在这个意义上，纪念仪式与社会记忆具有了共享的特征：它们都是群体实践的表现形式，周期性的纪念仪式是表现社会记忆的方式之一，仪式中重复记忆的内容也会成为当地人深刻的社会记忆。建立于互动之上的纪念仪式，还是一种活态的传承形式，具有文本、图像以及空间等媒介不可比拟的优势。这说明，纪念仪式不仅仅是社会记忆的表现方式之一，还是它最重要的表现方式。

其次是身体实践与社会记忆的关系。在群体层次上，社会记忆可以由纪念仪式来传达，在个体层次上，社会记忆是由身体实践来呈现。操演的本质就是身体实践，它依赖于个体习惯的习得，在群体集会中，身体对社会习惯的遵从成为纪念仪式重复上演的前提。在本地人的仪式生活中，身体实践被划分为刻写和体化两类，在缺少本族群书写文字的情况下，人们主要借助体化实践去传达和维持社会记忆，以活态的方式去体验现在或者过去。资丘的个案可以表明，习惯与身体体验相辅相成，搭建了身体实践与社会记忆之间的桥梁。基于一些共同的体验，人们逐渐达成共识，做出仪式化的呈现，建立了对习惯的需求。在习惯形成之后，人们又利用它去体验生活，如此循环。所以，社会记忆要延续下去，它需要借助类似于撒叶儿嗬的纪念仪式，也需要集合社群中的个体的努力，二者缺一不可。

除此之外，还有一些内容是理论的概念或框架不曾涉及的。第一，纪念仪式是群体保存和再现记忆的方式，但是学者并没有告诉人们为什么要一定选择纪念仪式，它的重要性并不突出。通过对撒叶儿嗬的研究可知，在缺少本族群书写文字的前提下，以操演为本质特征的纪念仪式成为人们最重要的记忆方式。在近四十余年，随着本地文化部门有意识地去收集、记录和传播相关内容，纪念仪式丧失了它独特的地位，口传身授的操演也失去了它原来的意义。

第二，操演具备的表达能力，得益于身体习惯的形成，也与身体体验相关。尤其是后者，学者们缺少对它的关注。身体习惯的累积，是一种向内的过程，它使记忆通过熟练的肢体、肌肉动作沉淀在身体之中，等待下次被唤起和使用。在本地人的仪式生活中，具身的表达，还是一种向外的过程，它使沉淀于身体之中的记忆被激活。人们借由之前的知识去体验现在的世界，或者借助现在的情形去体验过去的内容。在撒叶儿嗬的个案研究中，身体体验与身体习惯相互补充，都对记忆做出了贡献。

第三，在操演是如何表达过去的话题上，继承性和变迁性的特征同样重要。建立在习惯积累的基础上，操演本质上与过去存在一种继承关系，很多学者都注意到这一点，撒叶儿嗬的研究者也不例外。在缺少长时段案例研究的情况下，类似于康纳顿的学者就难以发现，从一些新的操演现象中，现在的人们也可以回溯过去。他们仔细审视新现象，将之与以前的状况进行对比，最终可以了解究竟哪些方面发生了变化。由此，有关过去的记忆和意象，会呈现在人们面前。

第四，记忆与忘记是一对统一的概念，在以往的研究中，人们关注的大都是短、中时段的记忆问题，比如在七八十年的时间跨度中，记忆可以追溯，相应的身体操演也很稳定。换言之，在非长时段的社会记忆研究中，操演的不稳定性很难显现。中国拥有悠久的历史和灿烂文化，长时段的记忆研究是可能和必须的。以撒叶儿嗬为例，它流传千年，仪式操演的不稳定性随着时间流逝而凸显，当受到国家权力、社会变迁等因素的影响时，传统的操演也会发生变化，现在的人们也有意做出改编。因此，操演既可以传达有关过去的记忆，也可以传达那些"隐而不见"的群体性忘记。

综上所述，社会记忆在群体与个体层次上存在不同记忆方式的划分，具有一定的普遍意义。社会记忆的研究与纪念仪式和身体实践的关联，从理论和技术层面回答了个人与群体之间的关系问题。毫无疑问，康纳顿的贡献在这一点上是有目共睹的。通过对资丘撒叶儿嗬仪式的分析还可以发现，已有理论尚不能解释其他疑问，比如纪念仪式的重要性如何体现，身体体验是否值得关注，记忆变迁的意义，以及操演的不稳定性等，有待人们进一步思考。

第二节 操演社会记忆的特征

操演是纪念仪式的重要特征，它是以言行事的表达，涉及言说和肢体行为。通过对一些固定言说、姿势、手势和动作的掌握，仪式之中模式化的操演，可以帮助人们简化人际沟通的繁琐程序，使人们快速知晓对方的表达并向他人传达具身的经验，维系仪式之中的秩序。

理论和实践已证明，作为纪念仪式的重要内容，操演是社会记忆的表达方式。同时，作为一个社群或社会意识的综合，社会记忆也需要依靠身体的操演来维持。在撒叶儿嗬的实践中，社会记忆成为一种操演的语言。身体习惯的稳固特征与操演的继承特性，使社会记忆得以延续，随着外部环境的变迁，操演也选择性地发生变化，这使社会记忆传承至今成为可能。鉴于此，记忆呈现了四个特点：

中介性。本书案例可以说明，社会记忆通过操演的方式代代相传，身体是服务于操演的中介，但它并不是社会记忆的唯一中介。如前所述，自口头－书写的传统到大众媒介的大爆炸，以及城市、宗教、科学、记忆等其他实体的加入，记忆联系过去、现在和未来的能力不断增强，这些方式都成为社会记忆实现自我表达的介质。在缺少族群书写文字的历史背景下，撒叶儿嗬的千年传承依靠口传身授来实现，以口头传唱、肢体跳跃和双臂挥动的方式来完成。在过去的四十余年里，文化站及相关部门通过记录、录音、录像等方式对文化遗产进行"抢救"和保护，大量现世的歌词本、录像带、网络视频等文化成果，是对口传身授记忆的良好补充。

继承性。社会记忆的继承性，指的是我们与祖先传统之间的关系，现代人从传统中吸取了诸多的养料，甚至是原封不动地继承了祖先的遗产。如果操演能传达有关过去的记忆和意象，那它必然是从过去发源、发展而来。人们现在所做的社会记忆研究，旨在使有关过去的内容"再现"，反之，矫饰或者篡改的做法应属于重构的范畴，与社会记忆研究不同。对撒叶儿嗬歌舞鼓的内容进行分析，它的歌词记录了本地人日常生产生活中的事件，它的舞蹈是人们对所见行为的模仿，乐器的使用也与前人的传统有关，它们来源于生活，又高于生活。由此可见，口传身授不仅仅是依靠口述—身体的重复传达行为，更为重要的是，通过口传身授的操演，有关过去的记忆和意象，能被现在的人们所了解和认识。

变迁性。社会记忆的变迁性，是与历史变迁相关的特性，时间向前，过去向后，各种外部因素对传统文化、思想和记忆产生了影响。从产生到成熟、从消亡到复兴、从过去到现在，撒叶儿嗬受到两股强大力量的影响：第一股力量是历朝历代中央政府为了思想统一所做的努力，在这个过程中，巫术的影响力被削弱，它的衰落导致民间巫术信仰集中体现为为人民生产生活服务的巫术禁忌。此外，儒学思想产生了重要的影响力，孝文化、统一的丧葬流程、厚葬的方式和伦理观念出现在仪式场合，也影响了本地的性别社会分工。第二股力量是民族之间的交往、交流、交融，使撒叶儿嗬成为文化融合的典型案例。在历史上的某些阶段，它是由国家来主导的，权力因此也成为人们关注的热点话题。权力与记忆的关系究竟如何重要①，可以再作探讨。

选择性。选择性意味着社会记忆的形成、保持和延续、回忆和再现的过程，都涉及主体的能动性作用。在本书案例中，人们竞相习得身体的操演，内化儒家的伦理规范等，都与主体的选择有关。沃茨奇在讨论记忆问题的时候，提出记忆的"功能二元性"，即记忆一方面能准确反映过去，是"准确性标准"；另一方面它为行动者及事件提供解释，为当前的目标所利用，是"有用的过去"。②记忆能准确地反映过去的内容，说明群体记忆中的误差很小，基本能反映真实的过去。记忆要为当前的目标所利用，这是从建构主义的角度出发，发掘过去的当代价值。沃茨奇承认在历史学、社会学及人类学研究中，很多人都是只看中"有用的过去"，而他本人希望两

---

① 参见莫里斯·哈布瓦赫《论集体记忆》，毕然、郭金华译，上海人民出版社2002年版；景军：《社会记忆理论与中国问题研究》，《中国社会科学季刊（香港）》1995年秋季卷；刘亚秋：《从集体记忆到个体记忆——对社会记忆研究的一个反思》，《社会》2010年第5期；谢洋：《"高考改变命运"——一项社会记忆研究》，硕士学位论文，浙江大学，2014年。

② James Wertsch, *Voices of Collective Memory*, Cambridge: Cambridge University Press, 2004, pp.31-32.

者都能得到重视。就本书而言，口传身授的操演继承了过去的传统，它基本能够"准确反映过去"。人们借助各方面的力量，对即将消失的文化遗产进行保护并传播，扶持其发展，也需要它"为当前的需求服务"。其中，撒叶儿嗬所获的荣誉和累积的声誉为它的传承贡献了一份力量，也是可以另作探讨的。

第三节　操演社会记忆的意义

媒介技术的推陈出新，推动了现代社会记忆的方式发生改变。在已有的研究中，人们持续关注言语、文本和身体操演，主要是因为它们能储存遥远的过去，能传达有关过去的意象，是记忆中不可或缺的一部分。与此同时人，们也发现，图像、录影、录音、云空间等被广泛运用的新技术，实际上也与传统记忆方式息息相关。它们出现的时间并不长，那些传统的技术却有悠久的历史，记载了珍贵又灿烂的细节；如果没有它们的助力，社会记忆的研究便不可能。

社会记忆的重要性或意义是什么，是本书始终关注的问题。在歌词文本、舞蹈动作和节奏韵律的分析中，土家先民生产生活中的一幅幅画面跃然纸上。从时令节气、两性关系，到婚丧嫁娶、图腾祭祀，集体情感在字里行间和舞蹈韵律中积淀下来，流传至今。当撒叶儿嗬上演的时候，个人整合于群体之中，彼此互助，平凡的生活充满了热闹的氛围。个体的身体也逐渐变成了社会性的身体，它参与建构了社会，同样也是由社会构成的。从体验的角度来看，身体不再是一个单纯的中介，透过身体可以思考社会；反之亦然。

意义是社会记忆研究的重要元素，无论是个体的还是群体的记忆，它除了涉及符号、象征和叙述，还涉及更深层次的人们对历史变迁过程的理解和阐释。[①]出现在人们眼前的歌舞，并不只是一种艺术形式。从撒叶儿嗬的发展过程，人们可以推演出本地人的族群发展历史，以及族群之间交往

---

① 钱力成：《记忆研究的未来：文化和历史社会学的联结》，《南京社会科学》2020 年第 3 期。

的历史，其中儒家文化被推介到土家山寨，成为当地人社会记忆的参考文本，影响了它今日的形态。当撒叶儿嗬重复上演时，民众还会体验当地的历史文化信仰、社会分类法则、社会关系结构以及族群身份等等内容，隶属于社会记忆研究的核心要素。

与过去相比，现代社会发生了天翻地覆的变化，它是一个忘记的社会。纪念仪式的重复上演，是为了记忆，为沟通过去与现在，也是为了更好地服务现在。从撒叶儿嗬个案的分析中不难看出，在传承传统文化之外，社会记忆研究的现实意义还在于利用现有的资源和机会去实现它的可持续发展，使记忆"有迹可循"。

参考文献

中文文献

[德] 阿蕾达 · 阿斯曼:《回忆有多真实》,载哈拉尔德 · 韦尔策《社会记忆:历史、回忆、传承》,季斌等译,北京大学出版社 2007 年版。

[法] 阿诺尔德 · 范热内普:《过渡礼仪》,张举文译,商务印书馆 2010 年版。

[英] 爱德华 · 泰勒:《原始文化》,连树声译,上海文艺出版社 1992 年版。

[芬兰] 爱德华 · 韦斯特马克:《人类婚姻史》,李彬等译,商务印书馆 2002 年版。

[英] 埃文斯 – 普理查德:《努尔人:对尼罗河畔一个人群的生活方式和政治制度的描述》,褚建芳等译,华夏印书馆 2001 年版。

[英] 埃文斯 – 普理查德:《阿赞德人的巫术、神谕和魔法》,覃俐俐译,商务印书馆 2006 年版。

白晓萍:《撒叶儿嗬——清江土家跳丧》,湖北美术出版社 2006 年版。

柏贵喜、张晨:《艺术场视角下土家族撒尔嗬重构研究》,《中南民族大学学报》(人文社会科学版)2017 年第 3 期。

[美] 保罗 · 康纳顿:《社会如何记忆》,纳日碧力戈译,上海人民出版社 2000 年版。

[英] 布莱恩 · 特纳:《身体与社会》,马海良译,春风文艺出版社 2000 年版。

曹毅:《土家族情歌的两个阶段及女性心态》,《民族论坛》1994 年第 3 期。

陈华文:《丧葬史》,上海文艺出版社 1999 年版。

陈丽:《村庄集体记忆的重建——以安徽宅坦村为例》,《安徽行政学院学报》2012 年第 3 期。

陈宁:《社会记忆:话语和权力》,《社会学家茶座》2007 年第 1 期。

陈思慧:《瑶族归侨的社会记忆与认同建构——以广西十万山华侨林场为例》,《广西民族研究》2011 年第 4 期。

陈蕴茜:《国家典礼、民间仪式与社会记忆——全国奉安纪念与孙中山符号的建构》,《南京社会科学》2009 年第 8 期。

戴曾群:《土家族"跳丧"的渊源与巴人白虎图腾的关系》,载王善才主编《中国早期巴文化·香炉石遗址发掘与研究》,长阳土家族自治县民族宗教事务委员会 1997 年版。

戴建国:《水书与水族社会记忆》,《前沿》2011 年第 3 期。

邓辉:《土家族区域的考古文化》,中央民族大学出版社 1999 年版。

邓启耀、邓圆也:《古村的空间认知和社会记忆》,载冯骥才主编《当代社会中的传统生活:国际学术研讨会论文集》,天津社会科学院出版社 2014 年版。

董国礼、蒋宁:《社会记忆与蒋介石形象的塑造:1949—2014》,《华东理工大学学报》(社会科学版)2014 年第 6 期。

杜荣东:《土家巫术是本民族历史文化的载体》,http://www.cy-tujia.com,2005 年 12 月 12 日。

段渝:《略论巴、蜀与楚的文化交流关系》,载《长江文化论集》,湖北教育出版社 1995 年版。

冯友兰:《中国哲学简史》,赵复三译,新世界出版社 2004 年版。

关丙胜:《对精英、记忆和民族的思考》,《前沿》2010 年第 12 期。

郭沫若:《甲骨文合集》,中华书局 1982 年版。

郭景萍:《社会记忆——一种社会再生产的情感能量》,《学习与实践》2006 年第 6 期。

郭于华:《死的困扰与生的执着——中国民间丧葬礼仪与传统生死观》,中国人民大学出版社 1992 年版。

郭于华:《心灵的集体化:陕北骥村农业合作化的女性记忆》,《中国社会科学》2003 年第 4 期。

[德] 哈拉尔德·韦尔策:《社会记忆:历史、回忆、传承》,季斌译,北京大学出版社 2007 年版。

何光岳:《南蛮源流史》,江西教育出版社 1992 年版。

何新华:《覃发池与长阳巴山舞》,《人民日报海外版》2001 年 10 月 12 日第 5 版。

何潇:《"苦":上海打工者的社会记忆和日常体验》,《北方民族大学学报》(哲学社会科学版)2014 年第 4 期。

何伟军:《资丘村调查》,中国经济出版社 2011 年版。

胡炳章:《土家族文化精神》,民族出版社 1999 年版。

胡觅:《红白黑:土家族葬礼中颜色使用的文化人类学阐释》,《民族论坛》2017 年第 4 期。

胡晓红:《社会记忆中的新生代农民工自我身份认同困境——以 S 村若干新生代农民工为例》,《中国青年研究》2008 年第 9 期。

胡新生:《中国古代巫术》,山东人民出版社 1998 年版。

黄柏权:《土家族白虎文化》,中国文联出版社 2001 年版。

黄光学:《中国的民族识别》,民族出版社 1994 年版。

黄楸喻:《土家族丧葬仪式音乐——以湖北省长阳县资丘镇为例》,硕士学位论文,台南艺术大学,2012 年。

[美] 华琛:《中国丧葬仪式的结构——基本形态、仪式次序、动作的首要性》,《历史人类学学刊》2003 年第 2 期。

华学诚:《扬雄方言校释汇证》,王智群等协编,中华书局 2006 年版。

[意] 吉奥乔·阿甘本:《宁芙》,蓝江译,重庆大学出版社 2016 年版。

[英] 詹姆斯·乔治·弗雷泽:《金枝:巫术与宗教之研究》,徐育新等译,大众文艺出版社 1998 年版。

[英] 詹姆斯·乔治·弗雷泽、吕静:《原始宗教中的灵魂不灭》,《史林》1991 年第 1 期。

江绍原:《古俗今说》,上海文艺出版社 1997 年版。

景军:《社会记忆理论与中国问题研究》,《中国社会科学季刊(香港)》1995 年秋季卷。

康忠慧:《民间信仰与社会记忆——对桂西壮族岑氏土官崇拜的文化解释》,《民族文学研究》2006 年第 4 期。

雷绍锋、张俊超:《汉族丧葬祭仪旧俗谭》,武汉出版社 1998 年版。

李波、伍进:《聚居少数民族传统文化的社会记忆载体探析》,《贵州社会科学》2013 年第 8 期。

李红武、胡鸿保:《国外社会记忆研究概述》,《学习月刊》2011 年第 12 期。

李技文:《亻革家人的社会记忆与族群认同》,《湖北民族学院学报》(哲学社会科学版)2010 年第 5 期。

[法]列维 – 布留尔:《原始思维》,丁由译,商务印书馆 1985 年版。

林汇泉:《巴山舞之父的民族文化不了情》,《民族大家庭》2008 年第 6 期。

林萍:《颜色词的基本象征意义在中西方文化中的异同》,《教育研究》2008 年第 3 期。

林继富:《撒叶儿嗬与乡村社会关系建设》,《湖北民族学院学报》(哲学社会科学版)2011 年第 5 期。

刘守华:《山野奇花的旷世魅力——撒叶儿嗬简论》,《民俗研究》2014 年第 1 期。

刘筱红:《神秘的五行——五行说研究》,广西人民出版社 1994 年版。

刘亚秋:《"青春无悔":一个社会记忆的建构过程》,《社会学研究》2003 年第 2 期。

刘亚秋:《从集体记忆到个体记忆——对社会记忆研究的一个反思》,《社会》2010 年第 5 期。

刘莹:《土家族传统文化的创造性转换与发展——长阳巴山舞的文化内涵探寻》,《湖北民族学院学报》(哲学社会科学版)2007 年第 6 期。

刘增惠:《道家文化面面观》,齐鲁书社 2000 年版。

陆文东:《集体记忆和族群认同——以瑶族长鼓舞为考察对象》,《广西师范大学学报》(哲学社会科学版)2014 年第 1 期。

[法]罗伯特·赫尔兹:《死亡与右手》,吴凤玲译,上海人民出版社 2011 年。

罗彩娟:《权力与社会记忆》,《中国社会科学报》2009 年 8 月 20 日第 7 版。

[美]罗友枝:《一个历史学者对中国人丧葬仪式的研究方法》,《历史人类学刊》2004 年第 1 期。

[英]玛丽·道格拉斯:《洁净与危险》,黄剑波等译,民族出版社 2008 年版。

[法]马塞尔·莫斯、昂利·于贝尔:《巫术的一般理论:献祭的性质和功能》,杨渝东等译,广西师范大学出版社 2007 年版。

[法]莫里斯·哈布瓦赫:《论集体记忆》,毕然、郭金华译,上海人民出版

社 2002 年版。

纳日碧力戈:《各烟屯蓝靛瑶的信仰仪式、社会记忆和学者反思》,《云南大学社会科学学报》2002 年第 2 期。

纳日碧力戈:《万象共生中的族群与民族》,中国社会科学出版社 2015 年版。

牛津:《集体记忆理论研究的文献综述》,《群文天地》2012 年第 22 期。

潘光旦:《湘西北的"土家"与古代的巴人》,载《中国民族问题研究集刊·第四辑》,中央民族学院研究部 1955 年版。

彭继宽:《土家族传统文化小百科》,岳麓书社 2007 年版。

彭曲:《土家族民间遗存舞蹈巫文化研究——土家族民间遗存舞蹈形象调查与研究之二》,《中南民族大学学报》(人文社会科学版)2009 年第 1 期。

彭兆荣、朱志燕:《族群的社会记忆》,《广西民族研究》2007 年第 3 期。

[法] 皮埃尔·布迪厄、华康德:《实践与反思:反思社会学导引》,李猛、李康译,中央编译出版社 1998 年版。

钱力成:《记忆研究的未来:文化和历史社会学的联结》,《南京社会科学》2020 年第 3 期。

钱力成、张翮翾:《社会记忆研究:西方脉络、中国图景与方法实践》,《社会学研究》2015 年第 6 期。

覃远新:《撒叶儿嗬的歌舞套路初探》,三峡宜昌网,2013 年 11 月 3 日。

郑玄、贾公彦:《周礼注疏》,载阮元《十三经注疏》,中华书局 1980 年版。

沈关宝、杨丽:《社会记忆及其建构——关于黄道婆的集体记忆研究》,《东岳论丛》2012 年第 12 期。

宋镇豪:《中国风俗通史·夏商卷》,上海文艺出版社 2001 年版。

孙楚凝、杨楚晗:《土家族撒叶儿嗬的当代流变及其动因》,《中国民族报》2016 年 6 月 19 日。

孙希如:《汉民族丧服色彩的民俗学研究》,硕士学位论文,浙江师范大学,2012 年。

索端智:《历史事实、社会记忆、族群认同——以青海黄南吾屯土族为个案的研究》,《青海民族学院学报》2006 年第 1 期。

谭志满:《土家族撒尔嗬仪式变迁的人类学研究》,《宗教学研究》2012 年第 3 期。

田晓娜:《礼仪全书——丧葬礼仪》,北大青鸟电子出版社 2004 年版。

田万振:《土家族生死观绝唱——"撒尔嗬"》,中央民族大学出版社 1999 年版。

田玉成:《山歌与村笛》,三峡电子音像出版社 2013 年版。

田玉成:《巴土文化探究集》,中央民族大学出版社 2011 年版。

田玉成:《我们的家园》,三峡电子音像出版社 2011 年版。

田玉成、刘光菊:《人类非物质文化遗产的代表作——土家撒叶儿嗬》,《民族大家庭》2006 年第 1 期。

[法] 涂尔干:《乱伦禁忌及其起源》,汲喆等译,上海人民出版社 2006 年版。

[法] 涂尔干:《宗教社会的基本形式》,渠东、汲喆译,上海人民出版社 1999 年版。

土家族简史编写组:《土家族简史》,湖南人民出版社 1986 年版。

王汉生、刘亚秋:《社会记忆及其建构——一项关于知青集体记忆的研究》,《社会》2006 年第 3 期。

王会莹、Warunee Wang:《泰东北伊沙恩人社会记忆重构中的族群认同》,《湖北民族学院学报》(哲学社会科学版) 2012 年第 5 期。

王明:《道家与传统文化研究》,中国社会科学出版社 1995 年版。

王明珂:《华夏边缘——历史记忆与族群认同》,社会科学文献出版社 2006 年版。

王文宝、江小蕙:《江绍原民俗学论集》,上海文艺出版社 1998 年版。

王文光:《中国古代的民族识别》,云南大学出版社 1997 年版。

[英] 维克多·特纳:《象征之林:恩登布人仪式散论》,赵玉燕等译,商务印书馆 2006 年版。

文镛盛:《中国古代社会的巫觋》,华文出版社 1999 年版。

翁独健:《中国民族关系史纲要》,中国社会科学出版社 2001 年版。

吴俊范:《上海棚户区污名的构建与传递:一个历史记忆的视角》,《社会科学》2014 年第 8 期。

[奥] 西格蒙德·弗洛伊德:《图腾与禁忌》,文良文化译,中央编译出版社 2005 年版。

肖群忠:《中国孝文化研究》,台北:五南图书出版股份有限公司 2002 年版。

萧国松：《中国民间故事全书·湖北·长阳卷》，知识产权出版社 2007 年版。

谢洋：《"高考改变命运"——一项社会记忆研究》，硕士学位论文，浙江大学，2014 年。

徐吉军：《长江流域的丧葬》，湖北教育出版社 2004 年版。

徐吉军、贺云翱：《中国丧葬礼俗》，浙江人民出版社 1991 年版。

徐文华：《跳丧舞的源流与特征》，http：//www.tujiazu.org.cn，2005 年 12 月 20 日。

虚云法师等：《佛家二十讲》，华夏出版社 2008 年版。

杨庆堃：《中国社会中的宗教：宗教的现代社会功能及其历史因素之研究》，上海人民出版社 2007 年版。

杨晓明：《知青后代记忆中的"上山下乡"——代际互动过程中的传递与建构》，《青年研究》2008 年第 11 期。

杨治良：《漫谈人类记忆的研究》，《心理科学》2011 年第 1 期。

尹旦萍：《改土归流前后土家族女性婚姻自主权的抗争与调试》，《武汉大学学报》（哲学社会科学版）2012 年第 2 期。

应劭：《风俗通义校注》，王利器校注，台北：明文书局 1988 年版。

于海：《西方社会思想史》，复旦大学出版社 2005 年版。

[加] 约翰·奥尼尔：《身体五态——重塑关系形貌》，李康译，北京大学出版社 2010 年版。

詹鄞鑫：《心智的误区——巫术与中国巫术文化》，上海教育出版社 2001 年版。

张霁雪、陶宇：《单位人的集体记忆与身份生产——基于 H 厂三代工人口述历史的研究》，《学习与探索》2014 年第 6 期。

张俊华：《社会记忆研究的发展趋势之探讨》，《北京大学学报》（哲学社会科学版）2014 年第 5 期。

张君荣等：《历史学缘何重回"长时段"研究》，《中国社会科学报》2016 年 1 月 21 日。

张步天：《山海经解》，香港：天马图书有限公司 2004 年版。

张玉玲：《鄂西土家族撒叶儿嗬舞台化问题探讨》，《三峡大学学报》（人文社会科学版）2013 年第 6 期。

郑广怀：《社会记忆理论和研究述评——自哈布瓦奇以来》，http：//www.

sociologyol.org/ yanjiubankuai/fenleisuoyin/shehuixuelilun/2007-04-23/1539.html。

《中华历史文库·后汉书卷十一》，银冠电子出版有限公司 2004 年版。

《中华历史文库·后汉书卷八十六》，银冠电子出版有限公司 2004 年版。

《中国民族民间舞蹈集成·湖北卷》（上、下），中国 ISBN 中心出版 1995 年版。

钟年：《社会记忆与族群认同——从《评皇券牒》看瑶族的族群意识》，《广西民族学院学报》（哲学社会科学版）2000 年第 4 期。

周海燕：《吴满有：从记忆到遗忘——《解放日报》首个"典型报道"的新闻生产与社会记忆建构》，《江苏社会科学》2012 年第 3 期。

周耘：《荆楚遗风——跳丧》，《文艺研究》1990 年第 4 期。

朱力：《群体性偏见与歧视——农民工与市民的磨擦性互动》，《江海学刊》2001 年第 6 期。

朱祥贵：《土家族"撒尔嗬"源流内涵及功能探讨》，《中南民族学院学报》（哲学社会科学版）1992 年第 4 期。

（春秋）左丘明：《左传》，吉林大学出版社 2011 年版。

英文文献

Aleida Assmann, 2008, *Cultural Memory Studies: An International and Interdisciplinary Handbook*, Berlin: Walter de Gruyter.

Alexis de Tocqueville, 1863, *Democracy in American*, Cambridge: Sever & Francis.

Alfred Radcliffe-Brown, 1945, "Religion and Society", *Journal of the Royal Anthropological Institute of Great Britain and Ireland*, 75(1/2).

Allan Megill, 2007, Historical Knowledge, *Historical Error: A Contemporary Guide to Practice*, Chicago: University of Chicago Press.

Alon Confino, 1997, "Collective Memory and Cultural History: Problems of Method", *American Historical Review*, 102(5).

André Leroi-Gourhan, 1993, *Gesture and Speech*, Cambridge: MIT Press.

Anthony Smith, 1991, *The Ethnic Origins of Nations*, Maiden: Blackwell.

Antonius Robben, 2004, *Death, Mourning and Burial*, Malden: Blackwell Publishing Ltd..

Barbie Zelizer, 2008, "Why Memory's Work on Journalism Does not Reflect Journalism's Work on Memory", *Memory Studies*, 1(1).

Barbara Denison, ed., 2011, *History, Time, Meaning and Memory: Ideas for the Sociology of Religion*, Leiden, the Netherlands: Koninklijke Brill NV.

Barry Schwartz, 1991, "Social Change and Collective Memory: The Democratiza-tion of George Washington", *American Sociological Review*, 56(2).

Barry Schwartz, 2000, *Abraham Lincoln and the Forge of American Memory*, Chicago: University of Chicago Press.

Bronislaw Malinowski, 1974, *Magic, Science and Religion and Other Essays*, Glencoe, Ill.: Free Press.

Carl Becker, 1932, "Everyman His Own Historian", *American Historical Review*, 37(2).

Catherine Bell, 2009, *Ritual: Perspectives and Dimensions*, New York: Oxford University Press.

Charles Blondel, 1926, "Revue Critique: M. Halbwachs Les cadres sociaux de la memoire", *Revue Philosophique*, 101.

Charles Horton Cooley, 1918, *Social Process*, New York: Charles Scribner's Sons.

Christopher Knight, 1991, *Blood Relations: Menstruation and the Origins of Culture*, New Haven & London: Yale University Press.

Claude Levi-Strauss, 1966, *The Savage Mind*, Chicago: University of Chicago Press.

Clifford Geertz, 1973, *The Interpretation of Cultures*, New York: Basic Books.

Daniel Dayan and Elihu Katz, 2006, *Media Events: The Live Broadcasting of History*, Cambridge: Harvard University Press.

Danièle Hervieu-Leger, 2000, *Religion as a Chain of Memory*, Piscataway: Rutgers University Press.

Edmund Leach, 1966, "Ritualization in Man in Relation to Conceptual and Social Developments", *Philosophical Transactions of the Royal Society of London*, 251(772).

Edward Casey, 1987, *Remembering: A Phenomenological Study*, Bloomington: Indiana University Press.

Edward E.Evans-Pritchard, 1974, *Nuer Religion*, New York: Oxford University Press.

Edward Shils, 1981, *Tradition*, Chicago: University of Chicago Press.

Eric Hobsbawm and Terence Ranger, 1983, *The Invention of Tradition*, Cambridge: Cambridge University Press.

Ernest Renan, 1990, "What is a Nation", in Homi Bhabha, ed., *Nation and Narration*, London: Routledge.

George Lipsitz, 1990, *Time Passages: Collective Memory and American Popular Culture*, Minneapolis: University of Minnesota Press.

George Mead, 1929, "The Nature of the Past", in John Coss, ed., *Essays in Honor of John Dewey*, New York: Henry Holt.

George Mead, 1959, *The Philosophy of the Present*, London: Open Court Publishing Company.

Gladys Lang and Kurt Lang, 1988, "Recognition and Renown: The Survival of Artistic Reputation", *American Journal of Sociology*, 94(1).

Hans-Georg Gadamer, 1989, *Truth and Method*, New York: Continuum International.

Harald Welzer, Sabine Moller and Karoline Tschuggnall, 2002, *"Opa War Kein Nazi": Nationalsozialismus und Holocaust im Familiengedachtnis*, trans., Danie Levy and Jeffrey Olick, Frankfurt: Fischer.

Harold Weinrich, 2004, *Lethe: The Art and Critique of Forgetting*, Ithaca: Cornell University Press.

Jack Goody, 1998, "Memory in Oral and Literate Traditions", in Patricia Fara and Karalyn Patterson, eds., *Memory*, Cambridge: Cambridge University Press.

James Fentress and Chris Wickham, 1992, *Social Memory*, Oxford, UK: Blackwell.

James George Frazer, 1955, *The Golden Bough: A Study in Magic and Religion*, London: Macmillan.

James Watson, 1988, "The Structure of Chinese Funerary Rites Elementary Forms, Ritual Sequence, and the Primacy of Performance", in James Watson and Evelyn Rawski, eds., *Death Ritual in Late Imperial and Modern China*, Berkeley: University of California Press.

James Wertsch, 2004, *Voices of Collective Memory*, Cambridge: Cambridge University Press.

James Young, 2002, *At Memory's Edge: After-Images of the Holocaust in Contem-porary Art and Architecture*, New Heaven: Yale University Press.

Jan Assmann, 1997, *Moses the Egyptian: The Memory of Egypt in Western Monotheism*, Cambridge: Harvard University Press.

Jan Assmann, 1995, "Collective Memory and Cultural Identity", *New German Critique*, 65(65).

Jay Winter, 2006, *Remembering War: The Great War Between Memory and History in the Twentieth Century*, New Haven: Yale University Press.

Jeffrey Olick, 1999, "Collective Memory: The Two Cultures", *Sociological Theory*, 17(3).

Jeffrey Olick and Daniel Levy, 1997, "Collective Memory and Cultural Con-straint: Holocaust Myth and Rationality in German Politics", *American Sociological Review*, 62(6).

Jeffrey Olick and Joyce Robbins, 1998, "Social Memory Studies: From Collec-tive Memory to the Historical Sociology of Mnemonic Practices", *Annual Review of Sociology*, 24(1).

Jeffrey Olick, Vered Vinitzky-Seroussi, Daniel Levy, eds., 2011, *The Collective Memory Reader*, Oxford: Oxford University Press.

John Bodnar, 1992, *Remarking America: Public Memory, Commemoration, and Patriotism in the Twentieth Century*, Princeton: Princeton University

Press.

John Thompson, 1996, "Tradition and Self in a Mediated World", in Paul Heelas, Scott Lash and Paul Morris, eds., *Detraditionalization: Critical Reflections on Authority and Identity*, Maiden: Blackwell.

Joyce Appleby, Lynn Hunt, Margaret Jacob, 1994, *Telling the Truth About History*, New York: Norton.

Kendall Phillips, 2004, *Framing Public Memory*, Tuscaloosa, Alabama: University of Alabama Press.

Ley Vygotsky, 1978, *Mind in Society*, Cambridge: Harvard University Press.

Lori J.Ducharme and Gary A.Fine, 1995, "The Construction of Nonpersonhood and Demonization: Commemorating the 'Traitorous'Reputation of Benedic Arnold", *Social Forces*, 73(4).

Marc Bloch, 1974, *Feudal Society*, trans., L.A.Manyon, Chicago: University of Chicago Press.

Marianne Hirsch, 2008, "The Generation of Postmemory", *Poetics Today*, 29(1).

Marita Sturken, 1997, *Tangled Memories: The Vietnam War, the AIDS Epidemic, and the Politics of Remembering*, Berkeley: University of California Press.

Max Gluckman, 1962, *Essay on the Ritual of Social Relations*, Manchester: Manchester University Press.

Maurice Bloch, 1971, *Placing the Dead: Tombs, Ancestral Villages, and Kinship Organization in Madagascar*, London and New York: Seminar Press.

Maurice Bloch, 1989, *Ritual, History and Power: Selected Papers in Anthropology*, London: the Athlone Press.

Maurice Bloch, 1986, *From Blessing to Violence: History and Ideology in the Circumcision Ritual of the Merina of Madagascar*, Cambridge: Cambridge University Press.

Maurice Bloch and Jonathan Parry, 1982, *Death and the Regeneration of Life*, New York: Cambridge University Press.

M.Christine Boyer, 1994, *The City of Collective Memory: Its Historical Imagery and Architectural Entertainments*, Cambridge: MIT Press.

Merlin Donald, 1991, *Origins of the Modern Mind: Three Stages in the Evolutionof Culture and Cognition*, Cambridge: Harvard University Press.

Michael Herzfeld, 2005, *Cultural Intimacy: Social Poetics in the Nation-State*, New York: Routledge.

Michael Schudson, 1989, "The Past in the Present Versus the Present in the Past", *Communication*, 11

Michel Foucault, 1975, "Film in Popular Memory: An Interview With Michel Fou-cault", trans., Martin Jordan, *Radical Philosophy*, 11(11).

Michel-Rolph Trouillot, 2000, "Abortive Rituals: Historical Apologies in the Global Era", *Interventions*, 2(2).

Milton Cohen, 1984, "Death Ritual: Anthropological Perspective", in Philip Pecorino, ed., *Perspectives on Death and Dying*, Waltham, MA: Ginn Pub.Co..

Nancy Munn, 1973, "Symbolism in a Ritual Context", in John Honigmann, ed., *Handbook of Social and Cultural Anthropology*, Chicago: Rand McNally.

Nicolas Russell, 2006, "Collective Memory Before and After Halbwachs", *The French Review*, 79(4).

Orlando Patterson, 2007, *Slavery and Social Death: A Comparative Study*, Cambridge: Harvard University Press.

Patrick Hutton, 1993, *History as an Art of Memory*, Burlington: University of Vermont Press.

Paul Connerton, 1989, *How Societies Remember*, New York: Cambridge University Press.

Paul Ricoeur, 2006, "Memory-Forgetting-History", in Jorn Rusen, ed., *Meaning and Representation in History*, Oxford: Berghahn Books.

Peter Berger, 1963, *Invitation to Sociology: A Humanistic Approach*, New York: Doubleday.

Peter Burke, 1989, "History as Social Memory", in Thomas Butler, ed., *Memory: History, Culture and the Mind*, Maiden: Blackwell.

Peter Novick, 1999, *The Holocault in American Life*, Boston: Houghton Mifflin Company.

Pierre Nora, 1989, "Between Memory and History: Les Lieux de Memoire", *Representations*, 26(26).

Pierre Nora, 2002, "Reasons for the Current Upsurge in Memory", *Transit*, 22.

Pierre Bourdieu, 1984, *Distinction: A Social Critique of the Judgement of Taste*, Cambridge: Harvard University Press.

Pierre Bourdieu, 1997, *Pascalian Meditations*, Stanford: Stanford University Press.

P.H.Gulliver, 1955, *The Family Herds: A Study of Two Pastoral Tribes in East Africa, the Jie and Turkana*, London: Routledge & Kegan Paul Ltd..

Popular Memory Group, 1998, "Popular Memory: Theory, Politics, Method", in Robert Perks and Alistair Thomson, eds., *Oral History Reader*, New York: Routledge.

Raphael Samuel, 1996, *Theatres of Memory*, London: Verso.

Richard Huntington and Peter Metcalf, 1979, *Celebration of Death: The Anthro-pology of Mourtury Ritual*, London: Cambridge University Press.

Richard Sennett, 1998, "Disturbing Memories", in Patricia Fara and Karalyn Patterson, eds., *Memory*, Cambridge: Cambridge University Press.

Robert Bellah, Richard Madsen, William Sullivan, Ann Swidler and Steven Tipton, 1985, *Habits of the Heart: Individualism and Commitment in American Life*, Berkeley: University of California Press.

Robin Wagner-Pacifici, 1996, "Memories in the Making: The Shapes of Things That Went", *Qualitative Sociology*, 19(3).

Roman Jacobson, 1960, "Lingusitics and Poetics", in Thomas Sebeok, ed., *Style in language*, Cambridge, Mass: MIT Press.

Ron Eyerman, 2004, "The Past in the Present: Culture and the Transmission of Memory", *Acta Sociologica*, 47(2).

Roy Rappaport, 1979, *Ecology, Meaning, and Religion*, Richmond: North Atlantic Books.

Sara Read, 2013, *Menstruation and the Female Body in Early Modern England*, Hampshire: Palgrave Macmillan.

Sophie Laws, 1990, *Issues of Blood——The Politics of Menstruation*, Hampshire: The Macmillan Press.

Theodor Adorno, 1983, *Prisms*, Cambridge: MIT Press.

T.Schieder, 1978, "The Role of Historical Consciousness in Political Action", *History and Theory*, 17(4).

Vered Vinitzky-Seroussi, 2002, "Commemorating a Difficult Past: Yitzhak Rabin's Memorials", *American Sociological Review*, 67(1).

Walter Benjamin, 1936, *The Work of Art in the Age of Mechanical Reproduction*, New York: Schocken/Random House.

William R.Smith, 1969, *Lectures on the Religion of the Semites: The Fundamental Institutions*, New York: KTAV Publishing House.

Yael Zerubavel, 1995, *Recovered Roots: Collective Memory and the Making of Is-raeli National Tradition*, Chicago: University of Chicago Press.

Yosef Hayim Yerushalmi, 1982, *Zakhor: Jewish History and Jewish Memory*, Seattle: University of Washington Press.

附录一

图文资料

图片集

白虎当堂是家神

1. 土家人的服饰（来源百度：土家族）

2. 土家人的图腾

3. 土家人的祖先

4. 资丘新镇——桃山

5. 资丘镇桃山港码头

6. 桃山港码头的阶梯

7. 手工绣花鞋垫

8. 清江沿岸的地貌

灵堂		
厨房区	流水席区	跳丧区

9. 孝家布置图
（灵堂、跳丧区域、做饭区域）

10. 跳丧

11. 置于木盆内的鼓

12. 开方收方

13. 大叫亡人（上菜）

14. 响匠台

15. 做生斋（来源于录像截屏）

16. 孝家外墙上的执事人员名单

17. 鼓手／歌师

18. 跳丧的男性舞者

19. 女子包丧鼓

20. 巴山舞（来源百度：巴山舞）

21. 群众自娱自乐跳撒叶儿嗬　　　　　　22. 四大步

23. 杨柳　　　　　　　　　　　24. 幺姑姐

25. 叶儿嗬　　　　　　　26. 幺哩儿嗬（凤凰闪翅）

27. 摇丧　　　　　　　　　　28. 资丘民间文化艺术团

研究问题

1. 土家人的丧礼为什么称为"喜丧"？这与中国北方地区流行的"八十岁以上、福寿双全"的喜丧有什么区别？

2. 喜丧的表达方式有哪些？

3. 什么是"好的生活"？

4. 土家葬礼发生的时间及持续天数、礼仪步骤、步骤之间的关系是什么？

5. 参与葬礼的人有哪些？人之间形成什么样的关系？

6. 传统的停尸地点在哪？

7. 葬礼之中每个步骤都有哪些特别注意的地方？

8. 葬礼结束之后还有哪些后续的祭祀礼仪？要求分别是什么？

9. 什么是"红中有白，白中有红"？

10. 红、白与黑色是如何与土家人的日常生活关联起来的？

11. 土家人周期性的祭祀仪式通常发生于春节和社日，除此之外，在婚礼、出生礼等家庭的重要场合中，又是如何祭祀的？

12. 土家的葬礼过程与其它地方的葬礼有哪些差别？是否受到了后者的影响？

13. 土家人跳丧的起源传说。

14. 跳丧的人员、地点、时间、歌曲类型、动作类型分别是怎样的？

15. 跳丧中鼓师、演员与群众之间的关系是什么？

16. 跳的舞蹈究竟是什么？

17. 为什么只能男人跳丧，女人不能跳丧？

18. 男性与女性在葬礼中是如何分工的？

19. 为什么资丘如今又出现了女人跳丧的场景？

20. 人们如何看待由撒叶儿嗬改编的"巴山舞"？

21. 撒叶儿嗬被改编为"巴山舞"之后经常出现在广场舞的行列之中。那么人们如何理解"要锻炼的身体"？

22. 在土家人的观念中，人死后身体发生了什么变化？

23. 土家人的死亡观念是什么？

24. 跳丧是如何保存下来的？

25. 跳丧的功能有哪些？复兴后的功能发生了什么样的变化？

26. 土家人的死亡仪式，有哪部分是发生了变化的？哪部分没有？为什么发生这种变化？

27. 土家人的信仰系统、政治组织、经济状况、亲属关系分别是怎样的？

28. 土家人的主要象征（key symbolism）是什么？

29. 经济状况的差异如何反应在丧葬活动中？

30. 丧葬活动成功与否的评判标准是什么？

31. 记载中的撒叶儿嗬与现实的撒叶儿嗬有哪些差异（tell、think 和 do 是不一样的)？

32. 政治环境的改变是如何影响撒叶儿嗬的发展的？

33. 有哪些因素对社会记忆的保存、建构、传承产生了作用？

34. 书写文字对社会记忆的保存有哪些作用？

歌词集

（一）开场歌词（只唱不跳）

孝家堂前三炷香，今日丧鼓开了场。开场开场，日吉时良，亡者升天，停在中堂，各位歌师请进孝堂。开场开场，是开个长的，是开个短的？开个长的，要开到明儿早晨；开个短的，要开到明儿天明。孝家的屋大好停丧，门大好出丧，千年不死一单，万年不死一双，永远不死少年亡。开场开场，开个长的天长地久，开个短的地久天长。天长地久，地久天长，荣华富贵，金玉满堂，万事如意，长发吉祥。

（二）撒叶儿嗬专用歌词（适合各种套路的跳法）

搞起来，伙起来，拖起斧头乱劈柴，好柴不用榔头打，一斧落地两渣开，你是对手上场来。

半夜听到丧鼓响，不知南方是北方，你是南方我要去，他是北方我要行，打一夜丧鼓送人情。

杉木的枋子六块板，四块长的两块短，四块长的四面向，两块短的两头躺，亡者有福睡中央。

会跳丧的是条汉，不会跳丧的巴门站，会跳丧的上场玩，不会跳丧的靠墙边，巴门站，靠墙边，眼睛鼓起像鸡蛋。

好生些打，好生些音，高山高领有人听，观音听见勒住马，和尚听见住了经，这些歌师好声音。

好生些打，好生些跳，莫把脚步走错了，叫错号子有人说，走错脚步又是可，好汉莫把人识破。

打鼓的师傅莫乱打，要打三六一十八，左打六锤龙现爪，右打六锤虎翻身，再打鲤鱼跳龙门。

把鼓颠把鼓颠，要换歌师呼单烟；把鼓刹把鼓刹，要换歌师喝杯茶；把鼓扬把鼓扬，要换歌师歇会儿凉。

把人换把人换，一人难跳这一歇，把人接把人换，一人难挑千斤担。

这个号子不叫它，把它压在鼓脚下，这个号子好改节，改节要跳风夹雪，风夹雪雪夹霜，跳丧要跳几十样。

姐儿下河洗罗裙，头上乌鸦叫三声，昨日下河就还好，今日下河乌鸦叫，恐怕情哥在不好。

洗哒罗裙转回程，一对书生来送信，你的情哥在不好，他是为你得的病，水有源来树有根。

初一的早晨去看郎，头发梳起耀眼光，左手提起白大米，右手提起籽砂糖，口问情哥病怎样。

初二的早晨去看郎，手拿药单进药房，一抓天上雷雪短，二抓地下海中金，只要病好奴宽心。

初三的早晨去看郎，药罐儿炖在火盘上，左手拿起莲花碗，右手绕开红罗帐，叫声情哥喝汤药。

初四的早晨去看郎，情哥死在象牙床，铜盆打水来抹澡，澡儿抹起四角方，收拾打扮见阎王。

初五的早晨接和尚，和尚接在高堂上，青南白布来扎彩，彩儿扎起四角方，情哥死的好风光。

初六的早晨接阴阳，阴阳接来看地方，一看龙头出天子，二看龙尾出宰相，一心埋在龙身上。

初七的早晨去打井，八把金锄九个人，打井的哥哥深些打，埋人的阴阳浅点埋，恐怕情哥哥还转来。

初八的早晨去出丧，四十八人站停当，上坡下领慢慢走，过沟过坎慢慢行，莫把情哥闹翻身。

初九的早晨去拢坟，老哇子头上哇三声，扁毛畜生该万死，大天白儿的闹个什么沉，闹得奴家死情人。

初十的早晨去安灵，红绫子孝衫白凌子裙，道士先生前面走，一双小脚随后跟，一声姐妹一声人。

正月来时无花戴，二月来时花才开，三月清明吊白纸，四月秧草无人栽，五月龙船拖下水，六月花扇绕风来，七月有个云南会，八月黄雀朝南飞，九月重阳造好酒，十月娇女送衣来，冬月大雪飘飘下，腊月凌片打不开，打不开来要打开，打开凌片舀水来。

柳叶青柳叶青，我把十梦讲您们听：

一梦墙上去跑马，二梦枯井万丈深，三梦白虎当堂坐，四梦推开姐房门，五梦堂前打青伞，六梦锣鼓闹沉沉，七梦钢刀十二把，八梦麻索十二根，九梦屋后松柏林，十梦浪里把船行。

紧紧撬撬撬紧，我把十梦破哒您们听：

一梦墙上去跑马，墙上跑马挞死人；二梦枯井万丈深，枯井原是害人坑；三梦白虎当堂坐，白虎当堂乱咬人；四梦推开姐房门，推开房门似牢门；五梦堂前打青伞，堂前打伞两重天；六梦锣鼓闹沉沉，锣鼓喧天在埋人；七梦钢刀十二把，把把都是杀郎身；八梦麻索十二根，根根奸作捆丧绳；九梦屋后松柏林，松柏林里好葬坟；十梦浪里把船行，浪里行船淹死人。

大麦黄小麦青，我把十梦圆您们听：

一梦墙上去跑马，墙上跑马是能人；二梦枯井万丈深，枯井原是聚宝盆；三梦白虎当堂坐，白虎当堂是家神；四梦推开姐房门，推开房门好叫情；五梦堂前打青伞，堂前打伞我情人；六梦锣鼓闹沉沉，锣鼓原是热闹人；七梦钢刀十二把，把把都是保郎身；八梦麻索十二根，根根好作马缰绳；九梦屋后松柏林，松柏林里好扎阴；十梦浪里把船行，浪里行船买卖人。

（三）滚身子（阴儿嗬阳儿嗬）

打上个一换上个一，初一十一，二十一，这不是话，那不是话，阴儿嗬阳儿嗬，撒叶儿嗬，阴嗬阳嗬，撒叶儿嗬。

打上个二换上个二，初二十二，二十二，这不是话，那不是话，阴儿嗬阳儿嗬，撒叶儿嗬，阴嗬阳嗬，撒叶儿嗬。

打上个三换上个三，初三十三，二十三，这不是话，那不是话，阴儿嗬阳儿嗬，撒叶儿嗬，阴嗬阳嗬，撒叶儿嗬。

打上个四换上个四，初四十四，二十四，这不是话，那不是话，阴儿嗬阳儿嗬，撒叶儿嗬，阴嗬阳嗬，撒叶儿嗬。

打上个五换上个五，初五十五，二十五，这不是话，那不是话，阴儿嗬阳儿嗬，撒叶儿嗬，阴嗬阳嗬，撒叶儿嗬。

打上个六换上个六，初六十六，二十六，这不是话，那不是话，阴儿嗬阳儿嗬，撒叶儿嗬，阴嗬阳嗬，撒叶儿嗬。

打上个七换上个七，初七十七，二十七，这不是话，那不是话，阴儿嗬阳儿嗬，撒叶儿嗬，阴嗬阳嗬，撒叶儿嗬。

打上个八换上个八，初八十八，二十八，这不是话，那不是话，阴儿嗬阳儿嗬，撒叶儿嗬，阴嗬阳嗬，撒叶儿嗬。

打上个九换上个九，初九十九，二十九，这不是话，那不是话，阴儿嗬阳儿嗬，撒叶儿嗬，阴嗬阳嗬，撒叶儿嗬。

打上个十换上个十，初十二十到三十，这不是话，那不是话，阴儿嗬阳儿嗬，撒叶儿嗬，阴嗬阳嗬，撒叶儿嗬。

（四）幺哩儿嗬

凤凰闪翅，虎抱头，双拜堂，克蚂晒肚，老汉推车，狗撒尿，犀牛望月，犀牛困泥，猴子搬儿，猴子爬岩，白蛇脱剑，鲜鸡公塔水，金线吊斗，筛子筛钱，簸箕腾云，扫帚当马骑，枯树盘根，飞蛾爬壁，懒婆娘晒浆，懒婆娘洗菜，两口子回娘屋，鳊鱼蓄水，一合手，一面长，一背长，背后穿针。

（五）哑谜子

老鼠子爬秤钩子，自称自。

屋檐上的葫芦，二面滚。

屋檐上挂粪桶，臭名在外。

屋檐上挂锁，无言所答。

力弓子抬水，是台湾。

脚盆包豆腐，是圆箱。

道场里栽菜，菜桩坪。

道场失火，火烧坪。

马儿打屁，是宜都。

沙牛儿屙尿，是宜昌。

打起赤包牵衣兜，光扯皮。

老虎的屁儿，摸不得。

屁股的扇扇子，屁儿风。

屁儿的插炮竹，想不得。

屁儿的别粽叶子，铆起哒。

瞎子害火眼，又很又厉害。

瞎子赶婆娘，越赶越远。

酒醉佬靠帐子，越靠越远。

墙上栽芭王，够断牛颈项。

嘴上烧电焊，是汉口。

（六）摇丧

这个号子丢开去，再把摇丧来带起。

怀胎正月正，奴家不知音，水上的浮草，情哪哥哥，为何生了根。

怀胎二月二，有话不好说，新接的媳妇，情哪哥哥，脸皮有点薄。

怀胎三月三，茶水都不沾，只想和情哥，情哪哥哥，红罗帐里玩。

怀胎四月八，拜上爹和妈，多喂鸡子，情哪哥哥，少呀少喂鸭。

怀胎五月五，实在怀的苦，只想酸麦李，情哪哥哥，吃的几十个。

怀胎六月热，实在怀不得，只怪情哥哥，情哪哥哥，丧的这种德。

怀胎七月半，扳起指头算，算去算来，情哪哥哥，还有二月半。

怀胎八月八，庙里把香插，保佑奴家，情哪哥哥，得个胖娃娃。

怀胎九月九，实在怀的丑，儿在腹中，情哪哥哥，打个倒跟头。

怀胎十月尽，肚子有点疼，疼去疼来，情哪哥哥，疼的满屋滚。

丈夫你走开，公婆你拢来，是男是女，情哪哥哥，一把搂起来。

娃娃落了地，满屋都欢喜，收起包袱，情哪哥哥，家家去报喜。

舅母来筛茶，说些掉气话，恭喜呀姑姑，情哪哥哥，屁股胀破哒。

（七）红白喜事通用类歌词

五句子歌儿才起头，堂屋里灯盏干了油，无钱的哥哥上灯草，有钱的姐儿上灯油，免得一心挂两头。

五句子歌儿逢您们撩，看您上桥不上桥，一不是撩您们来迎酒，二不是撩您们下象棋，专门撩您们跳丧的。

五句子歌儿五句子歌，文的少来武的多，说讲文来我也有，说讲武来我也多，文武双全怕哪个。

五句子歌儿三句子半，灯草有桅杆纸糊的船，灯草的桅杆风吹倒，纸糊的船儿过不得河，这几位歌师真不错。

高楼大厦师傅们住，门口一根摇钱树，一个早工摇四两，两个早工摇半斤，那才是天下有名人。

莫用丢少用丢，莫等水落二三丘，水落一丘轮流转，水落二丘架车油，水落三丘架瓢舀，水落四丘自回头，人到中年万事休。

天上的大星对小星，堂屋的金凳对银凳，金凳对起沙市口，银凳对起刘伯温，一朝天子一朝臣。

高山岭上一树茶，年年摘来年年发，头道摘哒买把伞，二道摘哒买树花，打发么姑到婆家。

高山岭上一树花，花树脚下好人家，哥哥出来骑白马，嫂嫂出来戴鲜花，哪才是天下第一家。

高山岭上一树桑，桑树脚下开染坊，青蓝白布拿来染，绫罗缎匹拿来浆，旧布染成新衣裳。

高山岭上搭亮棚，打把剪子学裁缝，青蓝白布拿来剪，绫罗缎匹拿来裁，裁成弯弯姐做鞋。

高山岭上一丘谷，不知粘谷是糯谷，粘谷口里出白米，糯谷口里出沙糖，秀才口里出文章。

高山岭上一丘秧，不知粘秧是糯秧，粘秧口里出白米，糯谷口里出沙糖，秀才口里出文章。

这山望见哪山低，望见哪山好田地，没种田的吃好米，没种花的穿好衣，单身汉儿没卯妻。

隔河望见桂花红，扯起回来栽一棚，早晨去给它浇点儿水，黑哒转来把土塯，正儿殷勤花不红。

隔河望见一坡沙，豇豆田里种芝麻，芝麻开花往上长，豇豆开花往上爬，今儿等丧鼓缠到哒。

隔山隔岭又隔岩，叫个号子甩过来，接的到的是妙手，接不到的莫见怪，买卖不成仁义在。

一山门半山开，我把师傅请进来，请到上席三杯酒，请到下席三个揖，二回来哒到屋里。

石榴开花夜夜白，您有好歌我没得，您把好歌告兴我，我把孬歌传别人，风吹荷花远传名。

叫我唱我就说，左说右说没说脱，少读诗书文章浅，石炭写字白字多，唱不好您莫笑我。

您在唱我在听，蜜蜂绕绕没听明，有朝一日听明了，您一声来我一声，好像活活二神仙。

屋檐上滴水响叮咚，贵客来到我穷家中，拿出酒来无好酒，拿出菜来无好菜，唱几个歌儿办招待。

屋檐上滴水响叮咚，我们来到富家中，拿出酒来是好酒，拿出菜来是好菜，谢谢东家好招待。

（八）红白喜事通用类歌词（情歌类）

丧鼓场中有点儿窍，不带姐郎不热闹，带的姐来姐是死，带的郎来郎是亡，菜籽开花秧下场。

郎在高山打伞来，姐在屋里做大鞋，左手接到郎的伞，右手把郎抱在怀，你是神风吹拢来。

叫声情姐我的妻，我在枝江转来的，哪回在您的歇一晚，亲自许我一双鞋，不为鞋子我不得来。

叫声情哥我的郎，鞋子做起只差上，您今在这儿歇一晚，明灯高照把鞋上，明日穿鞋回家乡。

叫声情姐我的妻，我今儿在这歇不得，哪回您歇一晚，回去受了妻子的气，七天七夜受孤寂。

叫声情哥我的郎，哪有妻子怕婆娘，一日不给她三遍打，三日给她九遍敲，看她犯呀不犯呀。

叫声情姐我的妻，我的妻子打不得，早晨给我头脸水，黑哒给我换脚鞋，半夜时候热茶来。

叫声情哥我的郎，打死妻子我填房，早晨给你头脸水，黑哒给你换脚鞋，半夜时候泡茶来。

叫声情姐我的妻，我的妻子还好些，早晨铜盆儿洗脸水，黑哒缎子换脚鞋，半夜时候糖茶来。

叫声情哥我的郎，哪有汉子怕婆娘，她讲打来我也打，她讲骂来我也骂，大伙当个乱船儿划。

叫声情姐我的妻，我的妻子打不得，她和我是屋上的瓦，我和她是瓦上的霜，菜籽开花秧下场。

这山望见那山高，望见娇娇打柴烧，没得柴烧请人砍，没得水吃请人挑，莫把娇娇累成劳。

这山望见那山高，望见那山好茅草，割草还要刀儿快，捞姐儿还要嘴儿乖，站到说哒拽下来。

隔河望见姐爬坡，打个排哨姐等我，姐儿听到排哨响，趴脚手难爬坡，阴凉树下等情哥。

昨日遇姐同过河，郎骑海马姐骑骡，郎在马上叫情姐，姐在骡上叫情哥，叫不缘来虱子多。

昨日遇姐同过河，看到两个抓木脚连脚，郎喊姐儿看抓木，扇子遮脸笑呵呵，好像昨黑哒您和我。

昨日遇姐同过河，钥匙掉在回水沱，你要沉来沉下底，你要流来流出头，免得一心挂两头。

昨日遇姐同过沟，钥匙掉在水里头，你要沉来沉下底，你要流来流出头，免得一心挂两头。

昨日遇姐同过街，郎卖簸箕姐卖筛，您的簸箕簸两簸，买您的筛子筛两筛，你是因缘团拢来。

昨日遇姐同过荒，劝姐儿放点来生账，您今死哒变男人，您今死哒变姑娘，有朝一日还您的账。

昨日遇姐同过坪，风又大来雨又淋，风又大撑不开伞，雨又淋来叫不到情，人不坑人天坑人。

昨日遇姐同过河，捡个石头打情哥，只有情哥斗情姐，哪有情姐逗情哥，生蛋的鸡母自跳窝。

昨日遇姐同过沟，二人低头看水流，郎说深些打个井，姐说细水放长流，天干的日期在后头。

姐儿住在河那边，过去过来要船钱，早晨过河斤把米，黑哒转来半斤盐，豆腐拌成肉价钱。

姐儿住在对门岩，下雪下凌有人来，去的时候翻衣穿，转来的时候倒穿鞋，只看到去的没转来。

姐儿住在斜对门，看到看到长成人，去年就想动她的手，看她人小下不得心，哪晓得她弄的有别人。

姐儿住在三岔溪，弄个情哥打铳的，早晨出门铳挎起，黑哒回来提野鸡，今日黑哒又有野鸡吃。

好花开在刺窟窿，好姐站在人当中，看到的好花摘不到，看到的好姐拢不得身，把郎欠成相思病。

郎害相思要吃药，弄姐的头发冲酒喝，你要头发我跟你剪，你要心肝我跟你割，只要病好哒记得我。

鸦雀走路蹦蹦跳，偷人的姐儿一脸笑，站到就把身子扭，坐到又把眼睛眨，那才是偷人的老行家。

天上星多月不明，地上坑多路不平，河里鱼多闹浑水，姐儿郎多闹花心，闹得黄河水也混。

撒叶儿嗬的歌舞鼓艺术

歌、舞、鼓是艺术表现形式，它也是仪式的语言维度。[①] 在"口头－书写"长期占主导地位的社会传统中，由于缺乏本族群的书写文字，撒叶儿嗬没有通过文字记录下来，而是通过口头传唱和肢体表演的方式保存下来。它以歌舞鼓的动态形式传播，说、唱、鼓成为该艺术的语言形式化表现和象征性语言。[②]

撒叶儿嗬是一种歌舞鼓三位一体的表演艺术，在资丘镇，它包括著名的"五大件"："四大步"、"叶儿嗬"、"幺哩儿嗬"、"杨柳"、"幺姑儿姐"；除了这几种最基本的套路，在申请非遗项目的资料中还有"哑迷子"、"滚身子"、"摇丧"。这些名词，既可以看作是基本的套路，也可以是歌词或歌名，或者曲牌，它们是将歌舞鼓串联起来的核心要素。其中"四大步"、"叶儿嗬"、"幺哩儿嗬"、"幺姑儿姐"已经有几千年的历史，"杨柳"的历史稍短，"滚身子"在解放前已经出现，"哑迷子"则出现在解放后，"摇丧"则是二十世纪五、六十年代从巴东县起源的。苍劲有力的鼓点、嘹亮高亢的歌声、奔放乃至疯狂的舞姿，以及"只有农民才跳的出的味道"，使撒叶儿嗬成为歌、舞、鼓"三位一体"的表演艺术。它贯穿了土家人的过去与现在，是先民日常生活的写照。

[①] Maurice Bloch, *Ritual, History and Power: Selected Papers in Anthropology*, London: the Athlone Press, 1989.

[②] Antonius Robben, *Death, Mourning and Burial*, Malden: Blackwell Publishing Ltd., 2004, pp.156-157.

一 撒叶儿嗬中的歌

撒叶儿嗬的歌，来源于生活，又高于生活。本地人操演记忆中的语言，是从他们的生产生活经验中积累起来的，是对过去的一种刻画和记忆。歌曲在农民群体中传唱，所以它的形式和内容并无太多华丽之感。尽管先辈们创造了较为固定的变化规则和串联模式，但撒叶儿嗬的曲库资源尤其丰富，在表演中，演唱套路灵活多变、一点儿也不乏味枯燥，歌者舞者全神贯注、激情四射。

（一）歌词内容与土家人生活的关联

撒叶儿嗬的歌词被研究者们称为"诗歌"。[1] 相传屈原被放逐，见巴楚之地祭祀歌舞用词鄙陋，所以想要做出一些修改。后来他对丧葬场合使用的歌词进行提升与美化，具体可参见其《楚辞》之中的《九歌》篇。[2]

> 《国殇》
> 操吴戈兮被犀甲，车错毂兮短兵接；
> 旌蔽日兮敌若云，矢交坠兮士争先；
> 凌余阵兮躐余行，左骖殪兮右刃伤；
> 霾两轮兮絷四马，援玉枹兮击鸣鼓；
> 天时怼兮威灵怒，严杀尽兮弃原野；
> 出不入兮往不反，平原忽兮路超远；
> 带长剑兮挟秦弓，首身离兮心不惩；
> 诚既勇兮又以武，终刚强兮不可凌；
> 身既死兮神以灵，魂魄毅兮为鬼雄。
> 《礼魂》
> 成礼兮会鼓，传芭兮代舞；
> 姱女倡兮容与；
> 春兰兮秋菊，长无绝兮终古。

---

① 田玉成、刘光菊：《人类非物质文化遗产的代表作——土家撒叶儿嗬》，《民族大家庭》2006 年第 1 期。

② 徐文华：《跳丧舞的源流与特征》，http://www.tujiazu.org.cn，2005 年 12 月 20 日。

《九歌》全篇都具有浓厚的祭祀色彩，其中《国殇》直白地描述士兵上战场杀敌，身亡之后变成鬼魂，身死但是精神却长存，而《礼魂》就是让后人对这些亡人战士以礼祭祀，鸣鼓献花，且一直持续不决断。《九歌》是屈赋中非常精美、华丽的诗篇，它代表了屈原另一种风格的艺术成就。由此观之，土家巴人的祭祀歌舞历史悠久，而且还可能受到了诗歌体艺术的影响。在屈原看来，昔日的巴人祭祀歌曲粗俗浅薄，通观今日的祭祀歌曲，本文认为"鄙陋"或许是对农民群体的生产生活状况的直接刻画，是最质朴而最"接地气"的另一种表达。

普通歌词能被称为"诗歌"，可见其兼具了诗的美感与歌的感染力。本地人的传统文化，是依附于山寨农耕文明的土壤生长起来的一种民间文化。[1] 研读撒叶儿嗬的歌词不难发现，它们是土家人生产生活的情感性表达，是他们对图腾的信仰、对祖先的崇拜、生产生活的颂歌、对生命的感叹以及对两性关系的揶揄等内容集合而成的一幅壮丽画卷。

《十月怀胎》
怀胎正月正，奴家不知音，水上的浮草，为何生了根。
怀胎二月二，有话不好说，新接的媳妇，脸皮有点薄。
怀胎三月三，茶水都不沾，只想和情哥，红罗帐里玩。
怀胎四月八，拜上爹和妈，多喂鸡子呀，少呀少喂鸭。
怀胎五月五，实在怀的苦，只想酸麦李，吃的几十个。
怀胎六月热，实在怀不得，只怪情哥哥，丧的这种德。
怀胎七月半，扳起指头算，算去呀算来，还差二月半。
怀胎八月八，庙里把香插，保佑奴家呀，得个胖娃娃。
怀胎九月九，实在怀的丑，儿在呀腹中，打个倒跟头。
怀胎十月尽，肚子有点疼，疼去呀疼来，疼的满屋滚。
丈夫你走开，婆婆你拢来，是男呀是女，一把搂起来。
娃娃落了地，满屋都欢喜，收起呀包袱，去呀去报喜。
走到家屋里，叫家请敬意，恭喜呀家家，得了外孙女。

---

① 田玉成:《巴土文化探究集》，中央民族大学出版社 2011 年版，第 56 页。

舅母来倒茶，说些掉气话，恭喜呀姑姑，屁股胀破哒。

《十月怀胎》又称为"怀胎歌"，是在跳"摇丧"套路时常用的歌词。它以一种通俗诙谐的方式讲述了母亲初嫁到夫家、怀孕十月十分不易，最后生下孩子的过程。对出嫁女事迹生动的刻画，成为本地人脑海中深深的记忆。在资丘的习俗中，不管是母亲去世还是结婚生子的场合，都会演唱"十月怀胎"。在丧事场合，这是表达对已故母亲的谢意和不舍的一种方式，是对母亲这一伟大角色的回忆；当喜事发生时，人们赞颂并感谢母亲将胎儿带到人世。

《五句子》
向王天子一支角，
吹出一条清江河，
声音高洪水涨，
声音低洪水落，
弯弯拐拐清江河。

"五句子"是撒叶儿嗬歌词之中使用频率最高、内容最丰富的一类句式。在《清江河》这一小段五句子歌中，提到了向王天子，他是一位土家先祖，亦称为"廪君"，歌词记述了先祖使用一支号角吹出了一条清江河。实际上，这种字面的解释是不太准确的，它应该表达的是向王在清江流域经营出了一片天地，而且人民被他统治地服服帖帖。歌词意在赞颂先祖向王的丰功伟业，这是群体成员共享的社会记忆。

《十二月》
正月来时无花戴，二月来时花才开，
三月清明吊白纸，四月秧草无人栽，
五月龙船拖下水，六月花扇绕风来，
七月有个云南会，八月黄雀朝南飞，
九月重阳造好酒，十月娇女送衣来，

> 冬月大雪飘飘下，腊月凌片打不开，
> 打不开来要打开，打开凌片舀水来。

《十二月》是对时令节气的历时性描述，它在"叶儿嗬"、"幺姑姐"套路中被频繁使用。细究之下，"十二月"中描述的并不是它处的节气，而是当地的自然环境和节令，是本地人对生活环境的一种记忆。土家人生活在武陵山区，大山之中四季分明，一到冬日，大雪飘飘下，温度骤降河水结冰。若要用水，人们必然需要破除冰凌。冬日过后，二月春天来临，万物复苏。从农历二月开始直至清明节之前的一段时间，春意盎然，阳光明媚，是踏青祭祖的好时机，是该地流行的"春社"节日。

《幺哩儿嗬》
> 虎抱头，要跳幺哩儿嗬。
> 凤凰扇翅，要跳幺哩儿嗬。
> 犀牛望月，要跳幺哩儿嗬。

"幺哩儿嗬"既不是工整的七言五句诗，也不是五句子多段体。"幺哩儿嗬"是套路的名称，同时也是歌词中衬词的名称。动物的肢体形象从中呼之欲出，比如两只面对面的老虎在互相玩味或较劲时而形成的"虎抱头"，两只面对面的凤凰仿佛在比美而扇动翅膀形成"凤凰扇翅"等等。本地人以"白虎"为图腾，有"白虎当堂是家神"的说法，他们对白虎既敬畏又喜爱，所以在撒叶儿嗬的套路中使用老虎作为歌词，又在动作之中频频模仿老虎，也就不足为奇了。

《五句子》
> 这个号子要改调，
> 改调要把别的叫，
> 山鼓场中有些窍，
> 不带姐郎不热闹。
> 姐儿生的一脸白，

眉毛弯弯眼睛黑，
　　　　眉毛弯弯好饮酒，
　　　　眼睛黑来好贪色，
　　　　夜里无郎睡不得。

　　这段歌词属于《五句子》中"带姐带郎"的"荤歌"或者情歌，是对本地两性关系的一种诙谐描述。在曲库中，它们数量较多，在庄重肃穆的丧事中，主要发挥插科打诨、活跃气氛的作用。这类欢喜热闹、又能令人发笑的歌词主要是在后半夜演唱，它能为前来守夜的亲朋好友们赶走睡意。

　　从以上列举的几段歌词可以看出，撒叶儿嗬的歌描写了土家人日常生活中的时令节气，涉及了对生命的产生、两性关系等世俗话题的诙谐讨论，也追溯了本地人神圣生活中的祖先及图腾的崇拜，是对人们生产生活的一种兼容并包的刻画，他们的感情融入于诗意的表达方式中。由此可以推断，撒叶儿嗬歌词是来源于生活却又高于生活的艺术产品，它是对本地生产生活的回忆性表述，也是操演记忆最直接的语言维度。

　　（二）歌词中的句法

　　撒叶儿嗬演唱的一大特色，是所有的歌词不能直接使用，领唱的歌师根据每种套路的特点，将歌词修改成适应曲体结构的内容，比如他们在句子中加入一些表示过渡语气的衬词，并用方言演唱。改编之后的歌词朗朗上口，易记易背，非常适合在农民群体中传唱，加之演唱的歌曲内容丰富，表演起来相当精彩，颇受人们的欢迎。"平易近人"的句法与撒叶儿嗬丰富的曲库交相辉映，令传统的操演记忆熠熠生辉，历久弥新。

　　1."五句子"

　　"五句子"，即撒叶儿嗬中使用频率最高的一种"五句子歌"，它是湖北传统乐舞中最普遍的曲体结构之一。[①]每一小段歌词都有五句诗歌组合在一起，每句一般七个字，称为"七言五句"。在本地流行的山歌、花鼓子戏、撒叶儿嗬、南曲之中，都可以见到"五句子"的身影。它的内容丰富多样，

────────────

① 黄楸喻：《土家族丧葬仪式音乐——以湖北省长阳县资丘镇为例》，硕士学位论文，台南艺术大学，2012 年，第 84 页。

被称为民间歌曲艺术的宝库。

　　撒叶儿嗬歌词中的"五句子"分为两种：单段"五句子"与多段"五句子"。① 单段的意思是指，相关联的五句诗歌能够完整表达一个情境、一种情绪，在其之后出现的诗句与它们无关。多段"五句子"，则是指五句诗歌及其之后的句子，所表达的事件、人物以及情感等息息相关。

　　　《五句子》②
　　　　五句子歌我起头，
　　　　堂屋灯盏干了油，
　　　　大姐有心上灯草，
　　　　二姐无心上灯油，
　　　　免得一心挂两头。
　　　　五句子歌撩两撩，
　　　　要把歌师撩上桥，
　　　　一不撩你来饮酒，
　　　　二不撩你下象棋，
　　　　专门撩你唱歌滴。
　　　《五句子》
　　　　姐儿住在山间坡，
　　　　会打鼓来会唱歌，
　　　　打鼓就像鸡啄米，
　　　　唱歌好像响铜锣，
　　　　对歌是个利巴角。
　　　　姐儿住在花草坪，
　　　　身穿花衣花围裙，
　　　　脚穿花鞋走花路，
　　　　手拿花扇扇花人，

---

① 黄楸喻：《土家族丧葬仪式音乐——以湖北省长阳县资丘镇为例》，硕士学位论文，台南艺术大学，2012 年，第 85—87 页。
② 田玉成：《山歌与村笛》，三峡电子音像出版社 2013 年版，第 238 页。

花上加花爱死人。

从上述列举的《五句子》中可以看出，单段与多段的区分在于前后的内容是否相关。前一种单段"五句子"显得比较枯燥，后一种多段"五句子"则是花样百出，具有更多的可塑性。由于人们使用西南官话成渝片方言演唱，"五句子"歌一般都会"押韵"。以"五句子歌我起头，堂屋灯盏干了油，大姐有心上灯草，二姐无心上灯油，免得一心挂两头"为例，每句最后的一个字分别为"头、油、草、油、头"，除了第三个字不押"ou"之韵，其它句子都体现了这段"五句子"的工整韵律，这类"五句子"是比较明显的"诗体"。而以"姐儿住在山间坡，会打鼓来会唱歌，打鼓就像鸡啄米，唱歌好像响铜锣，对歌是个利巴角"为例，每句最后一个字分别为"坡、歌、米、锣、角"，用普通话发音的时候是不押韵的，在方言发音中它们分别为"po、guo、mi、luo、guo"，"歌"与"角"的音发生了变化，因此这个"五句子"其实是押"o"的韵。由此观之，"五句子"歌内容丰富、灵活多样，在演唱时押韵，它是一种世俗题材的"诗歌体"。

2. 衬词

为完整表现歌曲，人们会使用衬词，即穿插一些语气词、形声词或谐音词在句子中。衬词不是歌词中的正式内容，但它有助于连贯起歌词之间传达的语气、情感，推动段落之间过渡的顺利实现，并增强歌曲的表现力。

在撒叶儿嗬的演唱中，"五句子"十分常见，如果说"五句子"代表着撒叶儿嗬"诗性"的一面，语气衬词的使用则代表撒叶儿嗬"乡土性"的一面。"也，呀，啊，哟，喂"等词汇的使用，使撒叶儿嗬演唱变得完整。

《四大步》
正月（呀）不来（呀）二月（呀）来（呀），
撒叶儿嗬也。
《杨柳》
隔山（那个）隔领（也）又隔崖（也），
跳撒叶儿嗬也。
《幺姑姐》

这山望见那（呀）山高，

幺（啊）幺姑姐（呀喂），幺（啊）幺姑姐（呀喂）。

《叶儿嗬》

正（啊）月（个）里（呀）来，要跳叶叶儿嗬（也），

要跳叶叶儿嗬（也）。

《幺哩儿嗬》

虎抱（啊）头（哇喂），要跳幺哩儿嗬（也），

嗬也嗬也，要跳幺哩儿嗬（也）。

《哑迷子》

哑（是）哑谜儿嗬，哑（是）哑谜儿嗬，稻场里失火是哪方（呀）？哑是哑谜儿嗬。

哑（是）哑谜儿嗬，哑（是）哑谜儿嗬，稻场里失火是火烧坪（呀），哑是哑谜儿嗬。

《滚身子》

打一个（呀）一（呀），换上个一（也），

初一（那个）十一，二十（啊）一，

这不是话（也），那不是（的）话（也），

阴阳儿嗬（也），阳阴儿嗬（也），

撒叶儿嗬（也）。

《摇丧》

打一个一（呀），换一个（也），

打那个撒叶儿嗬（也），打那个撒叶儿嗬（也），

初一（也）十一（呀）二十（也）一（也）。

在上述套路括号内的词语，比如也、呀、啊、喂、哇、哟等，都是常用的语气助词。这些衬词并不是歌师随意添加的，而是代代相传，由上至下逐渐形成了固定的句法以及相应的衬词使用模式。它们既是句子被分割的体现，又是句子生活化的重要媒介。除了带括号的衬词之外，句中还有"那个""这个"这类不常出现的助词，它们在整个演唱中发挥的作用与其它词语大同小异。

还有一些短句或套路衬词①，如"四大步"中的"撒叶儿嗬也"，"杨柳"中的"跳撒叶儿嗬也"，"幺姑姐"中的"幺啊幺姑姐呀喂"，"幺哩儿嗬"中的"嗬也嗬也，要跳幺哩儿嗬也"，"滚身子"中的"阴儿嗬，阳儿嗬"，"摇丧"中的"打那个撒叶儿嗬"，"哑迷子"中的"哑是哑谜儿嗬"等，它们是被固定下来的。识别每种套路中的固定句式，对初级研究者而言是十分重要的，它有助于理清不同套路之间的关联。由此可见，了解固定的衬词使用，是人们从歌词句式转向歌词段落甚至是套路研究的重要一步。

（三）套路与段落

一场完整的撒叶儿嗬演唱，包括了开场与换号子，也包括了套路的分解和串联。套路的分解，是指在演唱中，每个段落都要根据演唱的曲牌作出调整，形成一唱一和的形式；套路的串联，是指在整个演唱中将不同的套路串起来形成一个整体。变化后的演唱套路，生动又不失规范，成为本地人社会记忆中的亮点。

1. 开场与换号子

撒叶儿嗬的演唱方式由叫歌与合唱两部分组成。歌师是撒叶儿嗬表演中的灵魂人物，他是敲击鼓点兼叫歌之人，他是领唱，也是决定演唱内容与句式的人物。除了歌师之外，其余参与者，是舞者也是合唱者。在撒叶儿嗬中，"合唱"并不是一般意义上的团体合作，它指的是舞者集体回应歌师所唱的句式，以附和或者加强语气的形式将歌曲转向下一轮。叫歌者是主导人物，他决定了演唱内容，但是合歌者却将歌曲所表达的情感推向高潮。

开场一般都在晚饭过后，此时前来参加葬礼的群众茶足饭饱，参与或者旁观的热情高涨。歌师站在灵堂前的空地处，以槌击鼓吸引大家的注意力，表示好戏即将拉开帷幕。大家主动让出灵堂前的一块地方，跃跃欲试者逐渐向空地聚拢。开场的方式一般有两种：第一种是歌师抡起鼓锤直接开始击鼓演唱，引领参与的群众跳舞。直接开场的方式一般是由"开场歌"起，紧接着过渡到"四大步"的演唱中，然后顺延其他的套路。

①　黄楸喻：《土家族丧葬仪式音乐——以湖北省长阳县资丘镇为例》，硕士学位论文，台南艺术大学，2012年，第90页。

《开场歌》

叫：啊敲起呀来吧又 伙起呀来哒

合：撒叶儿嗬也

叫：拖起呀斧头 乱劈柴呀

合：敲起呀来吧 伙起呀来呀 莫让丧鼓 冷了台呀

叫：好柴不用那 榔头啊打也

合：撒叶儿嗬也

叫：一斧呀落地呀 两渣开呀

合：好柴不用那榔头呀打呀 一斧落地两渣呀开呀

叫：榔头呀打也 两渣开也

合：撒叶儿嗬也

叫：您啊是对手呀上场来也

合：榔头哇打也喂两渣呀开也，您是对手呀上场来也

第二种开场的方式不同于即兴演唱，歌师站在灵堂前，以一种口白的方式独自完成一段文字的念唱。[①] 这段文字的内容主要是叙述本次活动的目的，以及参与人员对丧家的一些祝福话语。

孝家堂前三炷香，今日丧鼓开了场。开场开场，日吉时良，亡者升天，停在中堂，各位歌师请进孝堂。开场开场，是开个长的，是开个短的？开个长的，要开到明儿早晨；开个短的，要开到明儿天明。孝家的屋大好停丧，门大好出丧，千年不死一单，万年不死一双，永远不死少年亡。开场开场，开个长的天长地久，开个短的地久天长。天长地久，地久天长，荣华富贵，金玉满堂，万事如意，长发吉祥。[②]

开场之后，灵堂前的群众随着鼓点跳动起来。跳撒叶儿嗬是重体力活，歌师聚精会神地击鼓领唱，舞者要跟随鼓点跳舞并合唱，也要避免出错，

---

① 黄楸喻：《土家族丧葬仪式音乐——以湖北省长阳县资丘镇为例》，硕士学位论文，台南艺术大学，2012年，第92页。

② 张言科：《长阳土家族跳丧教鼓师歌词专集》，手写稿，2007年。

以免旁人笑话。在夏季，一般开场十来分钟，歌师和舞者都会满头大汗，感觉比较吃力，这时候就需要有人上场来接替歌师击鼓领唱，台下的舞者也需要请旁人替换。

替换歌师的方式有两种：一种是歌师比较累了，会发出请求更替的信号，比如"把人换，把人换，歌师们跳哒汗上汗"①，这类信号发出去后，便会有观众跑上来接替歌师；第二种是台下的人比较积极，意欲大显身手，不经过歌师的同意就跑上去接过鼓锤，唱到"我来接，我来接，我换歌师旁边歇""我来换，我来换，我换歌师旁边站"②，也有歌师上台之后直接击鼓演唱其它的套路。第二种方式极富竞争意味，也更能烘托丧鼓场上热烈的气氛。无论是哪种替换的方式，都与丧鼓场上的技艺切磋密切相关，是让歌师及舞者补充体力、保持饱满情绪的策略。

新的歌师上场后可能会更换演唱套路，"换号子"时亦如此，后者也有两种方式：一种是提示换号，一种是不提示换号。当歌师在演唱中明确喊出"这个号子不叫它，再把别的往上拿""这个号子不叫它，把它压在鼓脚下"③，就说明歌师将要换号，但是换什么号子呢？一些歌师会指明"改节改节再改节，改节要跳风夹雪；风夹雪，雨夹霜，山鼓要跳十几样"，于是舞者都知道歌师将跳"风夹雪"，即"四大步"、"幺哩儿嗬"、"幺姑姐"等一系列固定连接起来的套路。有的歌师提示了换号，接下来仅通过更改鼓点节奏，让舞者自行领悟新的套路是什么。还有的歌师不提示换号，只在击鼓换号的过程中"硬转"。据笔者观察，这种方式使用的频率还比较高，在上一个套路结尾与下一个套路开始的短暂过渡期，歌师会稍微放慢击鼓速度，熟练的舞者会很快领悟新的"号子"是哪个，他们的身体动作也会及时调整。每个套路都会对应固定的鼓点节奏及舞蹈动作，当新手舞者碰到没有提示的"换号子"时，他犯错误的机率会明显增加。

2. 套路的分解

前文曾经提及，长阳撒叶儿嗬有著名的"五大件"，即"四大步"、"叶儿嗬"、"幺哩儿嗬"、"杨柳"、"幺姑儿姐"，此外还有"哑迷子"、"滚身

---

① 田玉成：《山歌与村笛》，三峡电子音像出版社 2013 年版，第 236 页。
② 田玉成：《山歌与村笛》，三峡电子音像出版社 2013 年版，第 236 页。
③ 田玉成：《山歌与村笛》，三峡电子音像出版社 2013 年版，第 237 页。

子"、"摇丧"，这些专用名词即所谓的"套路"。"套路"是当地人的一种叫法，根据其使用情境，本文认为它是句法、节奏及对应动作的模板。某一套路的歌词在演唱时会发生一些变化，相应的动作也发生改变。一言蔽之，它本身是一种"模式（model）"，能代表撒叶儿嗬不同分支类型的歌舞鼓框架。本文在此讨论的撒叶儿嗬套路主要有以下几种："四大步"、"叶儿嗬"、"幺哩儿嗬"、"杨柳"、"幺姑儿姐"、"哑迷子"、"滚身子"以及"摇丧"。每种套路的命名、句式及其舞蹈特色，将在下文逐一展开。

"四大步"是以脚步舞蹈动作命名的。前文提及，撒叶儿嗬中使用的大部分曲调都是规范的 6/8 拍和 2/4 拍的节奏。"四大步"为 6/8 拍的节奏，是以八分音符为单位拍，每小节有六个八分音符。在脚步活动的过程中，每小节会形成三拍，两个小节会形成六拍，而这六拍正是脚步在行进过程中，完成四个大步又转回原地所对应的节拍。

"四大步"不但经常作为开场的套路出现，在不同套路衔接时，它也扮演着整合舞者脚步的基本角色，可以说是撒叶儿嗬的核心套路。[1] 在演唱时，除了会增加衬词或专用句式，形成一叫一合的对歌模式，还会涉及更改句子的顺序或位置。尽管每种套路都有这个特点，但它们更改的内容有所差异，形成的段落形式不一样。

《五句子》（原文）
半夜听到丧鼓响，
不知南方是北方，
它是南方我要去，
它是北方我要行，
打夜丧鼓送人情。
《四大步》（更改句法）
叫：半夜听到丧鼓响也
合：撒叶儿嗬也

---

① 黄楸喻：《土家族丧葬仪式音乐——以湖北省长阳县资丘镇为例》，硕士学位论文，台南艺术大学，2012 年，第 99 页。

叫：不知南方是北方也

合：半夜听到丧鼓响也　不知南方是北方也

叫：它是南方我要走也

合：撒叶儿嗬也

叫：它是北方我要行也

合：它是南方我要走也　它是北方我要行也

叫：我要走也　我要行也

合：撒叶儿嗬也

叫：打夜丧鼓送人情也

合：我要走也　我要行也　打夜丧鼓送人情也

从以上一首常见的"五句子"歌可以看出，歌师叫第一句，舞者合的是一个固定句式"撒叶儿嗬也"；歌师叫第二句时，舞者合的是第一句、第二句；接下来歌师叫第三句和第四句时，舞者重复的是第一、二句时的做法；紧接着，歌师拆分了原文第三和第四句，抽取了各句句末的三个字，加以重复，舞者合"撒叶儿嗬也"；歌师叫最后一句时，舞者重复倒数第二句，接着叫出歌师演唱的最后一句。

与"四大步"句子结构较类似的是"杨柳"，后者也属于长阳著名的"五大件"之一，但它存在的历史稍短。"杨柳"中使用的固定句式是"跳撒叶儿嗬也"，比"四大步"的固定句式多出了一个字，二者稍有不同。"杨柳"套路中使用的依然是6/8拍的节拍。

《五句子》（原文）

隔山隔领又隔崖，

叫个号子甩过来，

接的到的是妙手，

接不到的莫见怪，

买卖不成仁义在。

《杨柳》（更改句法）

叫：隔山那个隔领也又隔崖也

合：跳撒叶儿嗬也

叫：叫个那个号子甩过来也

合：隔山那个隔领也又隔崖也

叫：跳撒叶儿嗬也

合：叫个那个号子甩过来也

叫：接的到的呀是妙手也

合：跳撒叶儿嗬也

叫：接不啊到的莫见哪怪也

合：接的那个到的呀是妙手也

叫：是妙手也

合：接不到的莫见怪也

叫：是妙手啊 莫见怪也

合：跳撒叶儿嗬也

叫：买卖呀不成仁义呀在也

合：接不到的莫见怪也

叫：跳个撒叶儿嗬也

合：买卖呀不成仁义在也

在演唱"杨柳"的时候，歌师叫第一句，舞者合"跳撒叶儿嗬也"，叫第二句时，舞者重复的是歌师的第一句，当歌师唱第三句"跳撒叶儿嗬也"，舞者再次合唱歌师叫的第二句；接下来的一叫一合实际是重复了这个模式。"杨柳"与"四大步"的类似之处，在于歌师同样抽取了"五句子"原文中第三句和四句的后三个字，用来形成固定的句式，增强句子与整个段落的气势。

"幺姑姐"是以衬词命名的一种套路，它采用2/4拍的节奏，即以四分音符为单位拍，每小节有两个四分音符。在演唱过程中，"幺姑姐"体现了欢快、明朗的特点。在实地考察中，笔者发现了"幺姑姐"有两种不同唱法，第一种是适用于"五句子"歌的"幺姑姐"。

《五句子》(原文)

这山望见那山高，

望到那山好茅草，

割草还要刀儿快，

捞姐还要嘴儿乖，

站到说哒拽下来。

《幺姑姐》（更改句法）

叫：这山望见那呀山高

合：幺啊幺姑姐呀喂，幺啊幺姑姐呀喂

叫：望到一个那山

合：姐的哦嗬也，好茅的草哇，幺啊幺姑姐（此句唱两遍）

叫：割草还要刀儿快呀

合：幺啊幺姑姐呀喂，幺啊幺姑姐呀喂

叫：捞啊姐那个还要那

合：姐的哦嗬也，嘴儿乖呀，幺啊幺姑姐（此句唱两遍）

叫：刀儿快也 嘴儿乖也

合：幺啊幺姑姐呀喂，幺啊幺姑姐呀喂

叫：站到那个说哒呀

合：姐的哦嗬也，拽下来呀，幺啊幺姑姐（此句唱两遍）

在歌师叫第一句的时候，众人合的是两遍“幺啊幺姑姐呀喂”；当歌师叫第二句的前四个字时，舞者合的是加入了第二句后三字的固定句式“姐的哦嗬也，幺啊幺姑姐”，此句演唱两遍；第三句与第四句的唱法与前两句相同。当歌师叫倒数第二句时，歌词来源于第三句、四句的后三字，这种用法与“四大步”、“杨柳”的模式是一样的。最后一句的演唱，仍旧采用第二个固定句式“姐的哦嗬也，幺啊幺姑姐”来回应。

“幺姑姐”的第二种唱法与“十二月”歌词的改编有关。从“十二月”歌词在演唱时发生的变化可以看出，每一个七言句被拆分成 4+3 的形式，前面的四个字被歌师用来叫唱，紧接“幺啊姑儿姐呀，幺啊姑儿姐呀”，后三个字用于接下来的第二句叫唱，接“姐的哦嗬也，伙也是伙呀，幺啊姑儿姐呀”，依次循环。依据“十二月”歌词作出的更改，比依据“五句子”作出的更改更简单，但沿用的固定句式基本不变。

《十二月》（原文）

正月来时无花戴，二月来时花才开，

三月清明吊白纸，四月秋草无人栽，

五月龙船拖下水，六月花扇绕风来，

七月有个云南会，八月黄雀朝南飞，

九月重阳造好酒，十月娇女送衣来，

冬月大雪飘飘下，腊月凌片打不开，

打不开来要打开，打开凌片舀水来。

《幺姑姐》（更改句法）

叫：正月里来呀 幺啊姑儿姐呀喂

合：幺啊姑儿姐呀 幺啊姑儿姐呀

叫：无呀花的戴呀 幺啊姑儿姐呀

合：姐的哦嗬也 伙也是伙呀 幺啊姑儿姐呀

叫：二月里来呀 幺啊姑儿姐呀喂

合：幺啊姑儿姐呀 幺啊姑儿姐呀

叫：花呀才的开呀 幺啊姑儿姐呀

合：姐的哦嗬也 伙也是伙呀 幺啊姑儿姐呀

（依次循环，略）

　　"叶儿嗬"也是以衬词命名的一种套路，采用4/4拍的节奏，它使用的固定句式是"要跳叶儿嗬也"。在套用"十二月"歌词时，歌师拆分句子的方式没有变化，与前述"幺姑姐"的做法一样。"叶儿嗬"演唱时，歌师叫第一句，即原文第一句的前四个字，并接"要跳叶叶儿嗬也"，舞者合的是后面这个固定句式；歌师叫第二句，即原文第一句的后三个字，并唱"要跳叶叶儿嗬也"，舞者合的固定句式"姐的哦嗬哎呀也，要跳叶叶儿嗬也"。接下来的唱法依月份次序不断循环。

《十二月》（原文）

正月来时无花戴，二月来时花才开，

三月清明吊白纸，四月秋草无人栽，

五月龙船拖下水，六月花扇绕风来，

七月有个云南会，八月黄雀朝南飞，

九月重阳造好酒，十月娇女送衣来，

冬月大雪飘飘下，腊月凌片打不开，

打不开来要打开，打开凌片舀水来。

《叶儿嗬》（更改句法）

叫：正啊月个里呀来 要跳叶叶儿嗬也

合：要跳叶叶儿嗬也

叫：无花也戴呀也 要跳叶叶儿嗬也

合：姐的哦嗬哎呀也 要跳叶叶儿嗬也

叫：二啊月个里呀来 要跳叶叶儿嗬也

合：要跳叶叶儿嗬也

叫：花正开呀也 要跳叶叶儿嗬也

合：姐的哦嗬哎呀也 要跳叶叶儿嗬也

（依次循环，略）

还有另外一种以衬词命名的套路，即"幺哩儿嗬"，它采用了2/4拍的节拍。"幺哩儿嗬"也是撒叶儿嗬唯一一个歌词与句子固定搭配的套路类型，不同于其它套路。"幺哩儿嗬"中的"专有名词"包括虎抱头、凤凰扇翅、双拜堂、克蚂晒肚、老汉推车、狗撒尿、犀牛望月、猴子爬岩、耳朵摸两下、屁股拍两下等等。在具体的演唱中，歌师以"专有名词"开头，连接"要跳幺哩儿嗬也"，舞者合的是固定句式"嗬也，嗬也，要跳幺哩儿嗬也"。整段演唱依次替换不同的"专有名词"，固定句式不变。它对应的舞蹈是比较有难度的，舞者需要根据名词来模仿相应的不同动作，舞艺精湛者往往获得满堂喝彩。

《幺哩儿嗬》（原文）

虎抱头，凤凰扇翅，双拜堂，老汉推车，克蚂晒肚，

狗撒尿，犀牛望月，犀牛困泥，猴子搬儿，猴子爬岩，

白蛇脱剑，鲜济公踏水，金线吊斗，簸箕腾云，扫帚当马骑，

枯树盘根，懒婆娘晒酱，懒婆娘洗菜，两口子回娘屋。[①]

《幺哩儿嗬》（更改句法）

叫：虎抱哇头哇喂 要跳幺哩儿嗬也

合：嗬也 嗬也 要跳幺哩儿嗬也

叫：凤凰哪扇翅哪 要跳幺哩儿嗬也

合：嗬也 嗬也 要跳幺哩儿嗬也

（依此方式填充歌词，略）

"哑迷子"，顾名思义，是以猜谜为内容的一种套路，它采用2/4拍的节拍。"哑迷子"的原文中有十分工整的一问一答，还有类似歇后语的猜谜。在演唱时，一问一答被嵌入到固定的句式中，叫歌的固定句是"哑是哑谜儿嗬，哑是哑谜儿嗬，那为怎么说呀，哑是哑谜儿嗬"，而舞者合的固定句去掉了"哪为怎么说呀"。相较于前面的几种套路，"哑迷子"固定句式的使用前后基本一致，记忆难点在于谜语及其答案。

《哑迷子》（原文）

道场失火是哪方？道场失火是火烧坪。

背心背鼓是哪方？背心背鼓古老背。

阳沟流水是哪方？阳沟流水是后河。

港子行船是哪方？港子行船是浙江。

沙牛撒尿是哪方？沙牛撒尿是宜昌。

戴不起的是哪方？戴不起的帽子山。

马儿打屁是哪方？马儿打屁是宜都。

拿不起的是哪方？拿不起是令牌山。

力工抬水是哪方？力工抬水是台湾。

打起赤包牵衣兜？净扯皮。

老虎的屁儿？摸不得。

瞎子害火眼？又很又厉害。

---

① 张言科：《长阳土家族跳丧教鼓师歌词专集》，手写稿，2007年。

瞎子赶婆娘？越赶越远。

老鼠子爬称钩子？自称自。

屋檐上挂葫芦？二面滚。

屋檐上挂粪桶？臭名在外。

墙上栽芭王？够断牛颈亢。

嘴上烧电焊？是汉口。①

《哑迷子》（更改句法）

叫：哑是哑谜儿嗬，哑是哑谜儿嗬，老虎的屁儿那为怎么说呀，哑是哑谜儿嗬。

合：哑是哑谜儿嗬，哑是哑谜儿嗬，老虎的屁儿摸不得呀，哑是哑谜儿嗬。

叫：哑是哑谜儿嗬，哑是哑谜儿嗬，脚盆里包豆腐是哪相（乡）啊，哑是哑谜儿嗬。

合：哑是哑谜儿嗬，哑是哑谜儿嗬，脸盆里包豆腐是圆乡啊，哑是哑谜儿嗬。

（依照此模式套用，其余略）

"滚身子"是以身体动作来命名的，在跳舞时，相对的二人以背相靠，滚动身子再倒退回来，所以也称为"倒叉子带滚身子"②，它也被称为"阴儿嗬，阳儿嗬"，采用6/8拍的节拍。在演唱时，它要套用长篇数字类歌词③，原文中数字所在的长句会被依次改编成六句式的演唱段落，除了几个衬词的加入之外，变化的内容并不多。

《滚身子》（原文）

打上个一换上个一，初一十一，二十一，这不是话，那不是话，阴儿嗬阳儿嗬，撒叶儿嗬，阴嗬阳嗬，撒叶儿嗬。

---

① 张言科：《长阳土家族跳丧教鼓师歌词专集》，手写稿，2007年。

② 白晓萍：《撒叶儿嗬——清江土家跳丧》，湖北美术出版社2006年版，第156页。

③ 黄楸喻：《土家族丧葬仪式音乐——以湖北省长阳县资丘镇为例》，硕士学位论文，台南艺术大学，2012年，第110页。

打上个二换上个二，初二十二，二十二，这不是话，那不是话，阴儿嗬阳儿嗬，撒叶儿嗬，阴嗬阳嗬，撒叶儿嗬。

打上个三换上个三，初三十三，二十三，这不是话，那不是话，阴儿嗬阳儿嗬，撒叶儿嗬，阴嗬阳嗬，撒叶儿嗬。

打上个四换上个四，初四十四，二十四，这不是话，那不是话，阴儿嗬阳儿嗬，撒叶儿嗬，阴嗬阳嗬，撒叶儿嗬。

打上个五换上个五，初五十五，二十五，这不是话，那不是话，阴儿嗬阳儿嗬，撒叶儿嗬，阴嗬阳嗬，撒叶儿嗬。

打上个六换上个六，初六十六，二十六，这不是话，那不是话，阴儿嗬阳儿嗬，撒叶儿嗬，阴嗬阳嗬，撒叶儿嗬。

打上个七换上个七，初七十七，二十七，这不是话，那不是话，阴儿嗬阳儿嗬，撒叶儿嗬，阴嗬阳嗬，撒叶儿嗬。

打上个八换上个八，初八十八，二十八，这不是话，那不是话，阴儿嗬阳儿嗬，撒叶儿嗬，阴嗬阳嗬，撒叶儿嗬。

打上个九换上个九，初九十九，二十九，这不是话，那不是话，阴儿嗬阳儿嗬，撒叶儿嗬，阴嗬阳嗬，撒叶儿嗬。

打上个十换上个十，初十二十到三十，这不是话，那不是话，阴儿嗬阳儿嗬，撒叶儿嗬，阴嗬阳嗬，撒叶儿嗬。[1]

《滚身子》（更改句法）

叫：打一个呀一呀，换上个一也

合：初一那个十一，二十啊一也

叫：这不是话也，那不是的话也

合：阴阳儿嗬也，阳阴儿嗬也

叫：撒叶儿嗬也

合：阴儿嗬那个阳儿嗬，我们撒叶儿嗬也

（依照此模式套用，其余略）

"摇丧"的节奏比较复杂，它的演唱一般是以6/8拍的节拍开始，然后

---

[1] 张言科：《长阳土家族跳丧教鼓师歌词专集》，手写稿，2007年。

过渡到 2/4 拍的节拍，其间穿插使用两套不同的歌词，三拍子与四拍子交错轮替。① 常见的用法是将"阴儿嗬阳儿嗬"与"十月怀胎"歌放在一起，按数字顺序演唱，以"哟～哟～，打那个撒叶儿嗬"为自己的特色。当"阴儿嗬阳儿嗬"过渡到"十月怀胎"歌时，会出现口白的形式。在下列歌词中，带括号的"嘿"就是舞者即时回应歌师所唱的第一句，带括号的"您说"表明舞者即时回应歌师所唱第二句。实际上，此处的"您说"应该是"你说"，但是本地人惯于礼貌性地称呼他人为"您"，用方言演唱时是"ni'er shuo"。每六小句，即三叫三合构成一个演唱段落，每段的最后一句还加入了"幺姑姐"的句子，糅合成为固定句式"撒叶儿嗬，幺啊幺姑姐啊喂，撒叶儿嗬"。

　　　　《摇丧》（更改句法）
　　　　叫：打一个一呀，换一个一也
　　　　合：打那个撒叶儿嗬也，打那个撒叶儿嗬也
　　　　叫：初一也十一呀，二十也一也
　　　　合：打上一，换上一，初一十一，哟～哟～，二十的一啊打那个撒
叶儿嗬
　　　　叫：怀胎正月正（嘿），奴家不知音（您说），
　　　　　　水上那个浮草啊，情哪哥哥
　　　　合：哟～哟～为何生了根哪，打那个撒叶儿嗬
　　　　　　撒叶儿嗬，幺啊幺姑姐啊喂，撒叶儿嗬
　　　　叫：打一个二呀，换一个二呀
　　　　合：打那个撒叶儿嗬，打那个撒叶儿嗬
　　　　叫：初二也十二呀，二十也二也
　　　　合：打上二，换上二，初二十二，哟～哟～，二十的二啊打那个撒
叶儿嗬
　　　　叫：怀胎二月二（嘿），有话不好说（您说），
　　　　　　新接的那个媳妇，情哪哥哥

---

① 黄楸喻:《土家族丧葬仪式音乐——以湖北省长阳县资丘镇为例》，硕士学位论文，台南艺术大学，2012 年，第 112 页。

合：哟～哟～脸皮有点儿薄，打那个撒叶儿嗬

撒叶儿嗬，幺啊幺姑姐呀喂，撒叶儿嗬

（依照此模式套用，其余略）

以上内容将更改后的演唱歌词与原文进行了对照，简要梳理了资丘撒叶儿嗬中的常用套路及其相关特点。在演唱每种套路的时候，歌师都会从衬词、固定句式以及使用规范出发，对原文作出相应的调整。句子更改的常用方式有两种：一是将七言句拆分为4+3的形式，叫歌者演唱前四字，舞者合后三字，比如"四大步"、"杨柳"、"幺姑姐"及"叶儿嗬"；另一种是舞者重复演唱歌师使用的句子，比如"四大步"和"杨柳"。除此之外，还有几种修改之处较少，可以直接套用的套路，比如"幺哩儿嗬"、"哑迷子"、"滚身子"以及"摇丧"。在这些套路中，句式最复杂的是"摇丧"，一旦歌者舞者熟悉了常用的"阴儿嗬阳儿嗬"和"十月怀胎"歌词，演唱的难度大大降低。

3. 套路的连贯

人们注意到，每种演唱套路的句子结构会产生变化，那么不同套路之间是如何连接的？歌师发挥了重要的引导作用，他口中传唱的内容，也有其出场的规律。

（1）一般的套路组合

在撒叶儿嗬开场的时候，一般会有一段或唱或念的"开场歌"，也称之为"帽子歌"，它用于提示在场的群众清理空地并走上前来，好戏即将开始。接着"帽子歌"的，是"四大步"，这几乎是相沿成习的。在有些情况下，"帽子歌"本身就是"四大步"。歌师与舞者每次稍作休息后再次上场，也以"四大步"开头，此后的套路则任意切换，直至跳丧结束。[①]根据笔者多次现场观察，跳丧结束时使用的套路往往也是"四大步"。每场表演的最后时刻，歌师与舞者变得异常兴奋，舞者往往会改变二人相对的队形，众人围成圆圈，舞者们积极地凑向圆心，伸高双手大唱"撒叶儿嗬也～"；另一种情况是舞者们列队，以直线队形集体向灵堂作揖，结束舞蹈。

---

① 《中国民族民间舞蹈集成·湖北卷》（上、下），中国 ISBN 中心出版 1995 年版，第 1153 页。

套路组合——《四大步》《叶儿嗬》《幺哩儿嗬》《杨柳》《幺姑姐》《摇丧》

《四大步》

叫：啊敲起呀来吧又伙起呀来哒

合：撒叶儿嗬也

叫：拖起呀斧头乱劈柴呀

合：敲起呀来吧 伙起呀来呀 莫让丧鼓冷了台呀

叫：好柴不用那榔头啊打也

合：撒叶儿嗬也

叫：一斧呀落地呀两渣呀开呀

合：好柴不用那榔头呀打呀 一斧落地两渣呀开呀

叫：榔头呀打也两渣呀开也

合：撒叶儿嗬也

叫：你啊是对手呀上场来也

合：榔头哇打也喂两渣呀开也，你是对手呀上场来也

《叶儿嗬》

叫：正啊月个里呀来 要跳叶叶儿嗬也

合：要跳叶叶儿嗬也

叫：无花也戴呀也 要跳叶叶儿嗬也

合：姐的哦嗬哎呀也 要跳叶叶儿嗬也

叫：二啊月个里呀来 要跳叶叶儿嗬也

合：要跳叶叶儿嗬也

叫：花正开呀也 要跳叶叶儿嗬也

合：姐的哦嗬哎呀也 要跳叶叶儿嗬也

《幺哩儿嗬》

叫：虎抱哇头哇喂 要跳幺哩儿嗬也

合：嗬也 嗬也 要跳幺哩儿嗬也

叫：凤凰哪扇翅哪 要跳幺哩儿嗬也

合：嗬也 嗬也 要跳幺哩儿嗬也

《杨柳》

叫：隔山那个隔领也又隔崖也

合：跳撒叶儿嗬也

叫：叫个那个号子甩过来也

合：隔山那个隔领也又隔崖也

叫：跳撒叶儿嗬也

合：叫个那个号子甩过来也

叫：接的到的呀是妙手也

合：跳撒叶儿嗬也

叫：接不啊到的莫见哪怪也

合：接的那个到的呀是妙手也

叫：是妙手也

合：接不到的莫见怪也

叫：是妙手啊 莫见怪也

合：跳撒叶儿嗬也

叫：买卖呀不成仁义呀在也

合：接不到的莫见怪也

叫：跳个撒叶儿嗬也

合：买卖呀不成仁义在也

《幺姑姐》

叫：这山望见那呀山高

合：幺啊幺姑姐呀喂，幺啊幺姑姐呀喂

叫：望到一个那山

合：姐的哦嗬也，好茅的草哇，幺啊幺姑姐（此句唱两遍）

叫：割草还要刀儿快呀

合：幺啊幺姑姐呀喂，幺啊幺姑姐呀喂

叫：捞啊姐那个还要那

合：姐的哦嗬也，嘴儿乖呀，幺啊幺姑姐（此句唱两遍）

叫：刀儿快也 嘴儿乖也

合：幺啊幺姑姐呀喂，幺啊幺姑姐呀喂

叫：站到那个说哒呀

合：姐的哦嗬也，拽下来呀，幺啊幺姑姐（此句唱两遍）

《摇丧》

叫：撒叶儿嗬也 撒叶儿嗬也

合：撒叶儿嗬也 撒叶儿嗬也

叫：啊土家那个文化出巴国呢

合：出巴国也

叫：山歌那个南曲撒叶儿嗬呢

合：撒叶儿嗬也

叫：扯起那个号子高声那个喊呢

合：高声那个喊也

叫：唱不那个完的巴啊土歌哦～

合：呀子呀么伙，（嘿），呀子呀么伙呀

叫：堂屋里堆的那个歌成坨呢

合：呀子呀么伙，（嘿），呀子呀么伙呀

叫：街檐下码的那个锅成摞呀

合：呀子呀么伙，（嘿），呀子呀么伙呀

叫：男男女女爱唱渔家乐也，老老那个少少会跳撒叶儿嗬哦～

合：呀子呀么伙，（嘿），呀子呀么伙呀

　　呀子呀么伙，（嘿），呀子呀么伙呀

（略）

　　（2）经典套路组合——风夹雪

　　所谓的经典套路组合，是指在表演过程中必须按照一定顺序进行串联的套路组合，它是整个演唱过程的一部分。撒叶儿嗬中有"杂号子"歌词："改节改节再改节，改节要跳风夹雪；风夹雪，雨夹霜，山鼓要跳十几样"。在巴东县流行跳丧的村镇，经典的套路组合是"四合一"，它按照"摇丧"、"幺哩儿嗬"、"哑迷子"、"怀胎歌"的顺序依次组合。①长阳资丘的经典套

---

① 白晓萍：《撒叶儿嗬——清江土家跳丧》，湖北美术出版社2006年版，第202页。

路组合，有学者认为就是"风夹雪"，它必须按照"四大步"、"幺哩儿嗬"、"幺姑姐"的顺序来组合。[1] 除了这个要求之外，其余的演唱套路可随意穿插，由歌师来引领。[2]

《风夹雪》《幺哩儿嗬》《幺姑姐》[3]

《风夹雪》

叫：这个呀号子要改呀节呀，改节呀要跳风夹呀雪呀，

风夹呀雪呀，雪夹呀风哎，跳丧啊要跳虎抱啊头啊。

《幺哩儿嗬》

叫：虎抱哎头啊，合个幺哩儿嗬

合：嗬也，嗬也，合个幺哩儿嗬也

《幺姑姐》

叫：隔河呀望到，姐呀姐爬坡哟喂

合：幺啊幺姑姐呀喂，幺啊幺姑姐呀喂

叫：打上一个排哨嘛

合：姐的哦嗬也

叫：姐等我呀

合：幺啊幺姑姐

齐：姐的哦嗬也，姐等我呀，幺啊幺姑姐

《四大步》

叫：排哨子响啊，姐呀姐爬坡哟喂

合：幺啊幺姑姐哟喂，幺啊幺姑姐哟喂

叫：荫凉那个树下

合：姐的哦嗬也

叫：等情哥呀

合：幺啊幺姑姐

齐：姐的哦嗬也，等情哥呀，幺啊幺姑姐

---

① 覃远新：《撒叶儿嗬的歌舞套路初探》，三峡宜昌网，2013 年 11 月 3 日。
② 《中国民族民间舞蹈集成·湖北卷》（上、下），中国 ISBN 中心出版 1995 年版，第 1153 页。
③ 白晓萍：《撒叶儿嗬——清江土家跳丧》，湖北美术出版社 2006 年版，第 148 页。

资丘民间文化艺术团的专家则认为，"风夹雪"并非如上所述，必须要求固定的套路相互连接。"风夹雪"是指各种套路都可以掺杂在一起，这个一句，那个一句，这种情况正如购买调料，既可以分开买胡椒、花椒、生姜，也可以买混合调料十三香。资丘现在流行的"四大步"、"叶儿嗬"、"幺哩儿嗬"、"杨柳"、"幺姑儿姐"依次相连的演唱套路，是当地文化站为文化周表演而在排练中形成的一种"不成文规定"，它并非金科玉律。时间久了，大部分歌师都会在演出中依循这种套路出场顺序，它构成了一种操演习惯。

二　撒叶儿嗬中的鼓

　　鼓是资丘撒叶儿嗬表演艺术中的唯一一种乐器，它是操演得以表达的有力工具。人们在灵堂前方的空地左侧架起一个牛皮大鼓，鼓被放置于一个大圆木盆中。盆与鼓架的作用实质上相同，置于木盆内的牛皮大鼓在敲击中纹丝不动，鼓的音响共鸣效果也能得到改善。[1]

　　撒叶儿嗬中大部分使用的曲调都是规范的 6/8 拍和 2/4 拍的节奏，强弱交替鲜明，节奏感强。此外，鼓师击鼓也有规可循，他们以轻击、重击、敲击鼓心、鼓边与鼓帮等多种技法[2]，来促成撒叶儿嗬仪式的上演。在此过程中，鼓点的特色是节奏稳健、强弱关系鲜明以及寄托的情感色彩丰富。

　　6/8 拍节奏：强 弱 弱，次强 弱 弱

　　2/4 拍节奏：强 弱，次强 弱

　　曲谱

6/8 $\underline{\times \cdot \times}$ $\underline{\times \times}$ $\underline{\times \times}$ $\times$ $\times$ $\underline{\times \times}$ | $\underline{\times \cdot \times}$ $\underline{\times \times}$ $\underline{\times \times}$ $\times$ $\times$ $\times$ |

它适用于所有 6/8 拍的撒叶儿嗬曲谱；

2/4 $\times \times \times \times$ $\underline{\times \times}$ | $\times$ $\underline{\times \times}$ $\underline{\times \times}$ |

它适用于大部分 2/4 拍的撒叶儿嗬曲谱，反复演奏时可即兴加花。[3]

　　撒叶儿嗬的歌师与鼓师一般由同一名男性担任，由于鼓师既为舞蹈伴

① 《中国民族民间舞蹈集成·湖北卷》（上、下），中国 ISBN 中心出版 1995 年版，第 1155 页。
② 《中国民族民间舞蹈集成·湖北卷》（上、下），中国 ISBN 中心出版 1995 年版，第 1155 页。
③ 中国民族民间舞蹈集成编辑部：《中国民族民间舞蹈集成·湖北卷（上、下）》，中国 ISBN 中心出版 1995 年版，第 1156-1157 页。

奏，又是撒叶儿嗬活动的现场指挥，他在领唱和敲击鼓的过程中引领步伐和套路的更换，所以这是一个相当难和难得的职位。难，是因为击鼓比领唱的技术要求更高，且鼓点准不准，会影响到舞者的热情与步伐。[①] 难得，意味着成为鼓师的要求很高，张先生总结了一名好鼓师的标准：鼓点子准、唱腔要正、吐词清楚、表情要真。这十六个字看起来比较简单，但是当这四类要求综合起来时，普通人并不容易做到。在资丘的撒叶儿嗬培训班，同期有 400 余人参加舞蹈培训，但却只有几十人参与鼓师培训。根据资丘镇的一名专业女鼓手琴大姐介绍，她的师傅之所以同意教授女弟子，主要原因在于琴大姐女士打鼓的鼓点很准，在短短半年时间的集训中，琴大姐与师父的水平相差无几。这说明，刻苦练习并不是一名好鼓师诞生的唯一条件，一名好的鼓师，能达到张先生所总结的十六字水平，恰恰是非常不容易的。由此可见，在撒叶儿嗬的表演活动中，鼓不仅是一种乐器，它是土本地人回忆祖先和传统、现在与过去的重要工具，更是串联起歌者与舞者、节奏与情感之间的灵魂。

三 撒叶儿嗬中的舞

撒叶儿嗬中的男性舞者，两人或四人或多人，赤膊上阵，围绕在灵堂前面的空地上起舞。也有研究指出，传统的男性舞者应当是头缠白色包头巾，身穿白色对襟便衣与青布裤，脚着青布鞋，系布腰带。[②] 在当代，撒叶儿嗬的舞者一般会统一着装前往孝家，在对外表演活动亦是如此。

撒叶儿嗬从战舞发展而来，它在前人的基础上，产生了一些新变化。与战舞相比，现在的舞蹈更加精细、更富于娱乐精神。为了了解撒叶儿嗬的舞，首先需要对其基本动作进行分解，并加以阐述。第一类动作是撒叶儿嗬的手法，手的基本动作包括里绕手、外绕手、交替里挽手、交替小穿掌、左右小翻掌及穿掌摸肘。[③] 对于有舞蹈基础的人而言，这些手部动作都是简单易学的；对于没有舞蹈基础的群众而言，他们在学习与参与撒叶儿嗬的过程中，只是模仿了他人的手势和姿态，并没有将动作做到位，比

---

① 白晓萍：《撒叶儿嗬——清江土家跳丧》，湖北美术出版社 2006 年版。
② 《中国民族民间舞蹈集成·湖北卷》（上、下），中国 ISBN 中心出版 1995 年版，第 1172 页。
③ 《中国民族民间舞蹈集成·湖北卷》（上、下），中国 ISBN 中心出版 1995 年版，第 1172 页。

如在群众自发跳撒叶儿嗬的场合中，穿掌与绕手动作的形态差异并不明显。第二类是颤与摆的动作[1]，这里的颤是专门针对双膝而言，双膝随节奏上下颤动，脚踝也随之微弱颤动。摆，则是在上下颤动的基础上，随着节奏左右摆胯。第三类是步法，主要有行进颤步、颤摆布、跑颤步和踢毽步。[2] 在行进过程中，脚步随着鼓点一步一颤，向前进或后退，向左转圈或向右转圈，步伐迈出去之后最终又会返回原位。第四类是舞者站位，在大部分情况下，两人面面相对而立称为"面场"，也有以左肩或右肩相对的"面场"，或两两背对的"背场"。除了两人相对起舞的形式，还有站成一线、围成圆圈的形式，后两种都穿插在具体的舞蹈套路之中。根据步法、站位以及膝胯等部位的运动，形成了撒叶儿嗬舞蹈中的一些基本动作路线，即脚步行进路线，如半边月、升子底、车身及双车身。[3]

半边月　　　　升子底　　　　车身　　　　双车身

图一　撒叶儿嗬脚步基本动作路线

根据白晓萍的研究，撒叶儿嗬舞蹈动作的总体特点可以概括为三个字，即顺、曲、颤。[4] 顺，即是同手同脚共进退，在舞蹈中出左腿时要伸出左手，迈右腿时要伸出右手；曲，是指跳舞的过程中，手臂和腿一直都处于一种弯曲的状态；颤，是指腿、胯、肩部甚至全身各部都处于或强或弱的颤动或颤摆之中。她比较了资丘与巴东的舞蹈，认为资丘的撒叶儿嗬在韵律和力度上都讲求到位，动作上更重于摆胯，腰、臀到肩背呈整体的左右摆动，所以资丘的撒叶儿嗬更讲求男子舞蹈的力量美，处处透出阳刚之气，舞姿坚实稳健、雄浑威武。[5]

人们对手、脚、膝、胯、背等部位的动作进行分解是比较容易做到的，

---

① 《中国民族民间舞蹈集成·湖北卷》（上、下），中国 ISBN 中心出版 1995 年版，第 1172 页。
② 《中国民族民间舞蹈集成·湖北卷》（上、下），中国 ISBN 中心出版 1995 年版，1173 页。
③ 《中国民族民间舞蹈集成·湖北卷》（上、下），中国 ISBN 中心出版 1995 年版，1173 页。
④ 白晓萍：《撒叶儿嗬——清江土家跳丧》，湖北美术出版社 2006 年版，第 274 页。
⑤ 白晓萍：《撒叶儿嗬——清江土家跳丧》，湖北美术出版社 2006 年版，第 165 页。

一旦将各部位的动作揉为一体进行描述时，却又稍显复杂。撒叶儿嗬的基本动作有二三十个，这些基础动作"杂糅"产生了舞蹈的套路。单纯的文字描述或者图片注解将动态舞蹈化约为平面描述，很难让人们发现撒叶儿嗬的舞蹈美感。尽管最好的方式是现场观看，囿于条件，本文依旧做一些简单的文字刻画。

"四大步"要求舞者脚步走"升子底"线路，双手持续不断做或上或下的绕手动作；从身体右侧位置穿行，与搭档交换位置，原地踏步稍作停顿，又穿回原位互换位置。在跳舞的过程中，舞者经常与其它组交换舞蹈搭档。"四大步"的根本特色，就是在每个八拍节奏中，脚上只能走四步，然后回到原地。

"叶儿嗬"的动作特点是两人相对时，会伸开双臂然后缓慢下蹲，称为"一面长"；然后二人转身背对彼此，伸开双臂下蹲，形成"一背长"。

"幺哩儿嗬"的舞蹈动作以模仿动物体态为主要内容，比如"虎抱头"是两人双手互抱头，脚交互踩地，仿佛两只老虎在面面相觑；"凤凰扇翅"则是舞者两腿深深下蹲，伸开双臂，上、下扇动翅膀；"猴子爬岩"就是模仿猴子双脚向上登，双手向上攀爬的形象等等。

"杨柳"的动态特征体现在四人转圈队形的形成中。围成一圈的舞者，在绕手与脚步行进同时进行时，又灵活地绕回原位，在原地稍做动作，然后沿顺时针方向前进，依次类推。它的脚步行进路线主要是"半边月"。

"幺姑姐"的动作较为活泼有趣，相对的两人在不断做双绕手的情况下，慢慢下蹲，然后起立站立；通过转身向前迈进、转身向后退步的步伐完成整个过程。

四　结语

与撒叶儿嗬艺术宝库中璀璨绚丽的诗歌、粗犷豪放的舞蹈内容相比较，本文所做的仅仅是皮毛式的介绍。从军前舞和祖先祭祀中发展而来，撒叶儿嗬根植于本地人的生产生活环境，将人们过去的记忆浓缩在歌舞鼓的表演艺术之中，成为山寨日常生活必不可少的一部分。千年之后的今天，口传身授的歌舞鼓操演，依然向后人讲述有关过去的故事和有关过去的传统。撒叶儿嗬保存了过去，也展望了未来。它是非物质文化遗产保护的对象，也是艺术学、文化人类学、民族学和社会学众学科研究者们趋之若鹜的研究对象。在过去的几十年里，它的发展曾遭遇阻碍，世事变迁，也是在过去的四十余载，它迎来了历史性的发展机遇。类似于撒叶儿嗬的纪念仪式，它不仅仅是一种传统，也是群体的记忆。没有人们的努力，尤其是村寨中年轻人的传承和创新，活的艺术会慢慢消亡，活的记忆亦会慢慢消散。在当下的环境中，研究这一问题不仅仅是为了维持和保存记忆，也是为了理解和做到有效的创新。

后 记

　　本书是在我的博士论文基础上修订完成的。2013 年我进入复旦大学社会发展与公共政策学院，在战战兢兢中通过了社会学系博士生入学的复试。面试环节之后，我有幸成为了纳日碧力戈教授的研究生，在老师的指导下攻读博士学位。

　　博士论文的选题和资格考、开题与预答辩的过程一样，都是几经波折。值得庆幸的是，我得到了多位良师益友的鼓励和帮助。2015 年开始，我着手准备毕业论文，在与导师的双向交流中，他建议我做社会记忆理论的研究。从选题、写作，到修改以及答辩，纳日老师都给与了悉心指导和莫大的鼓励。另一位值得我纪念并感谢的老师是资丘镇非物质文化遗产土家撒叶儿嗬项目国家级代表性传承人张先生，他为我的论文提供了重要的材料。我曾多次拜访他，遗憾的是，老先生于 2017 年 3 月底病逝，他最终未能看到学生拙作的出版。

　　死亡是我一直很感兴趣的一个话题。小时候，每每面对长者离去，我感到手足无措。长大之后，我开始对不同类型的丧葬礼仪感兴趣。死亡始终是人们不会随意触碰的禁忌，我很难从他人口中得到深入又完整的观点。通过解构一个有关死亡的话题，本书的首要目的是梳理并理解其中的内容，为自己答疑解惑，其次是将经验素材与理论研究结合起来，推动对话的形成。在博士论文成形之际，答疑解惑的目标已基本实现，但是如何将论文再提升，依旧是本人孜孜以求的事情之一。

　　道阻且长，行则将至，感谢多年来给与我帮助的人！向 Gerasimos Makris 教授、刘光菊、涂直明、覃远新、资丘民间文化艺术团成员以及关心、支持本书研究的女士们、先生们表示衷心感谢！向为本书编辑工作付出大量心血的王莎莎女士深表谢忱。

胡　觅

2022 年 4 月 25 日于中南民族大学